New Horizons
Welcome to
Animal Crossing
Turbulente Inseltage
KOKONASU☆RUMBA

Die Inselbewohner

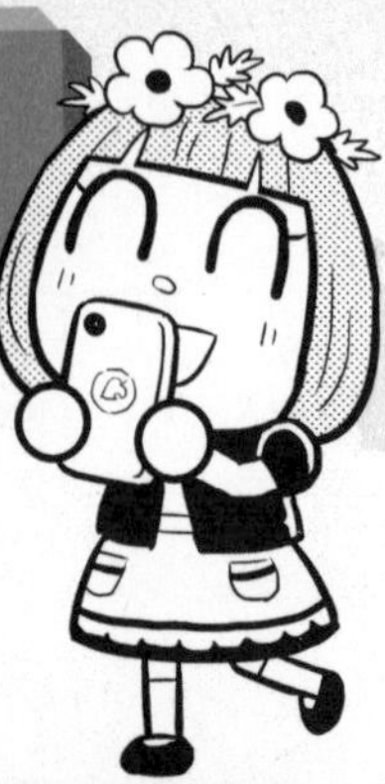

Himepoyo
Eine Freundin von Coroyuki und ebenso reiche wie ausgebuffte Prinzessin.

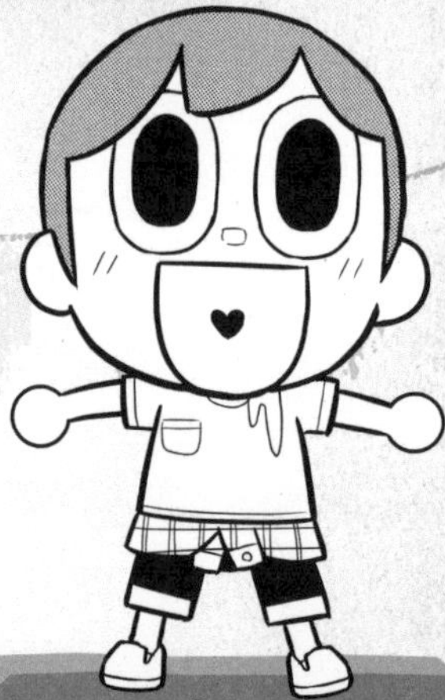

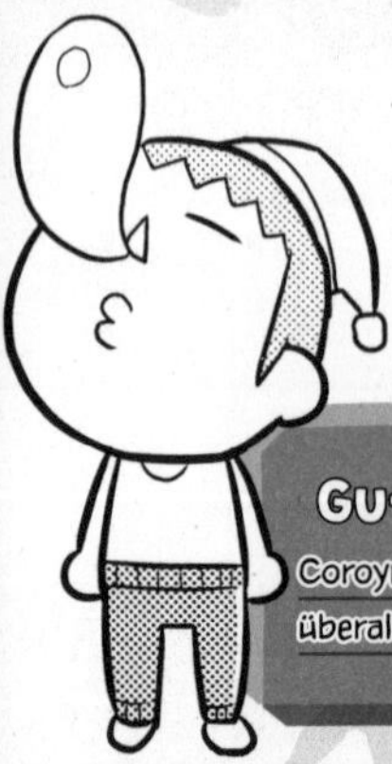

Gu-chan*
Coroyukis Freund, der einfach überall schlafen kann!

Coroyuki
Der verfressene und wissbegierige Hauptcharakter und Anführer der Gruppe.

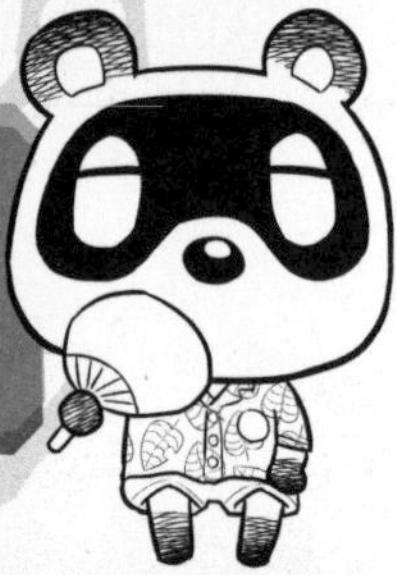

Tom Nook
Chef der Nook Inc.
Für alle Fragen des Lebens der richtige Waschbär.

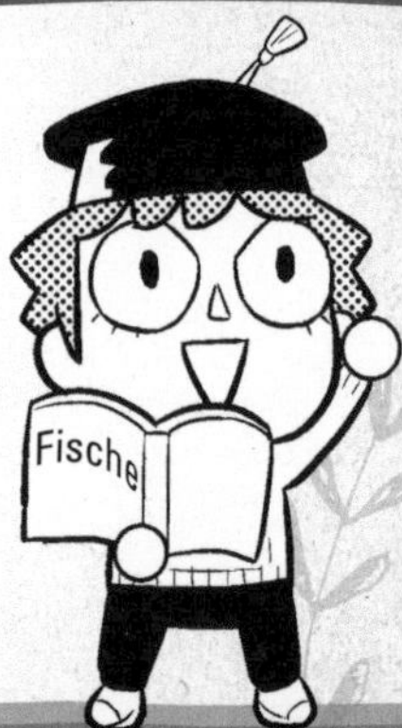

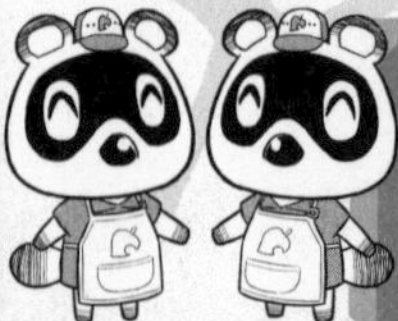

Nepp & Schlepp
Nepp ist der Ältere der beiden Zwillinge, die einen Laden betreiben.

Benben
Coroyukis Freund und wissbegierige Leseratte.

*verniedlichende Anrede für gute Freunde und kleine Kinder

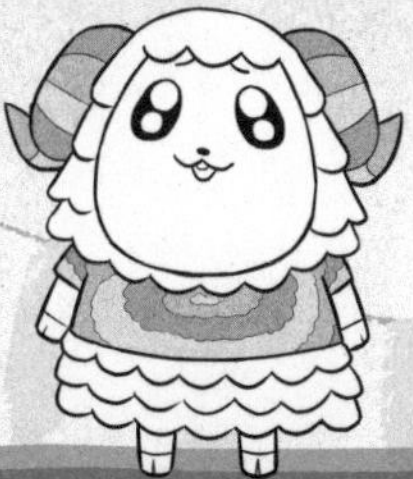

Gunnar

Ein selbstverliebter und cooler Inselbewohner. Sagt oft »weeßte«.

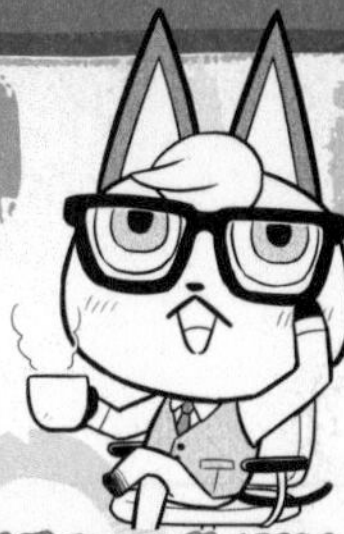

Dominik

Knopfäugiger, fröhlicher Inselbewohner. Hat Angst vor Geistern.

Inhalt

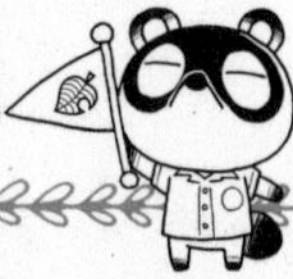

Angelt einen Marlin! 4

Die tiefgründige Welt der Kammmuscheln 21

Verbessert das Insel-Image! 38

Reich werden mit Rüben 55

Vorsicht vor falschen Kunstwerken! 67

Ein Prinz aus dem Paradies 83

Wie man ein gelungenes Halloween feiert 99

Bonus-Tagebuch

Rumbas ureigene Vorstellung der Tiere 116

Rumbas Animal-Crossing-Tagebuch 120

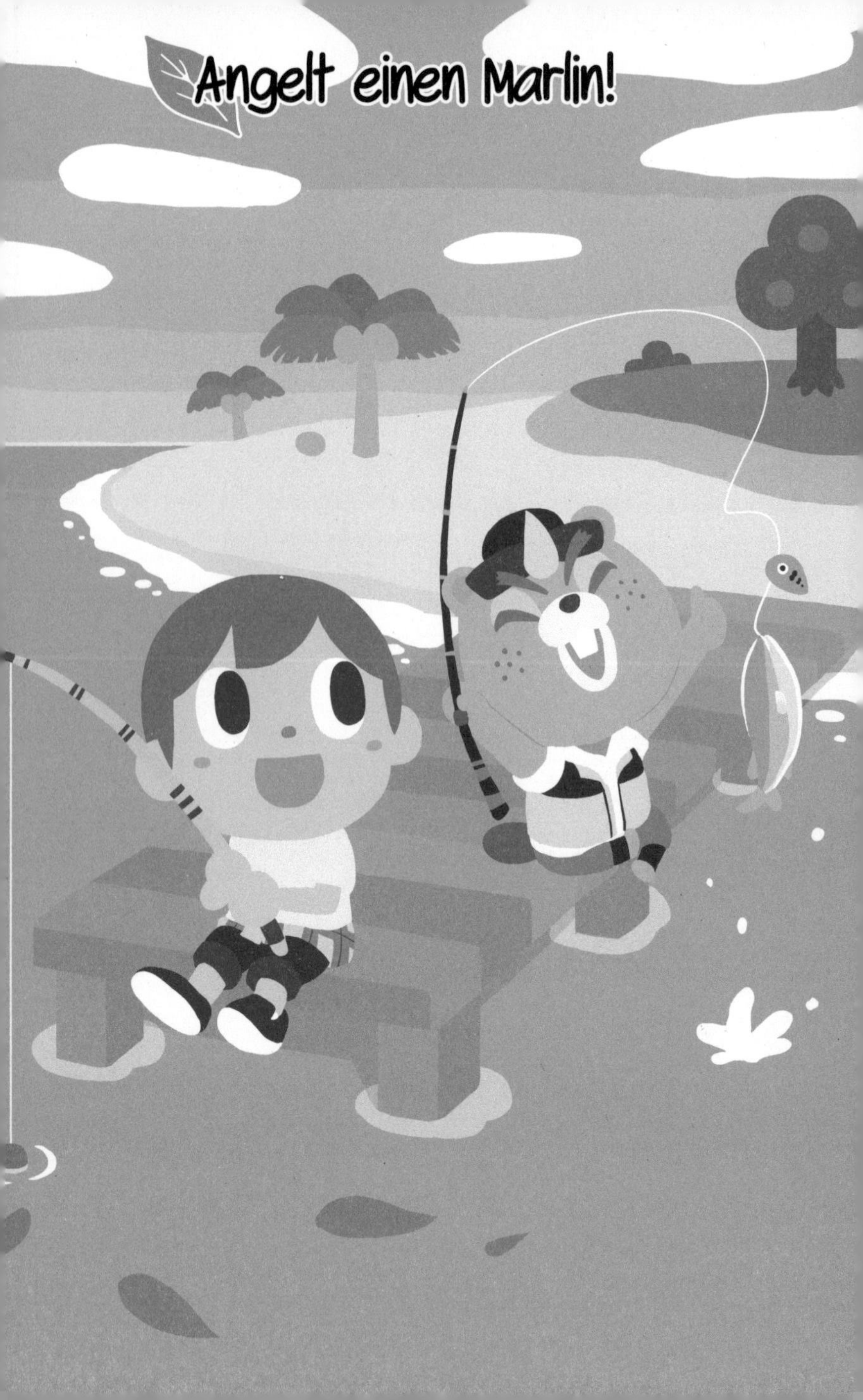
Angelt einen Marlin!

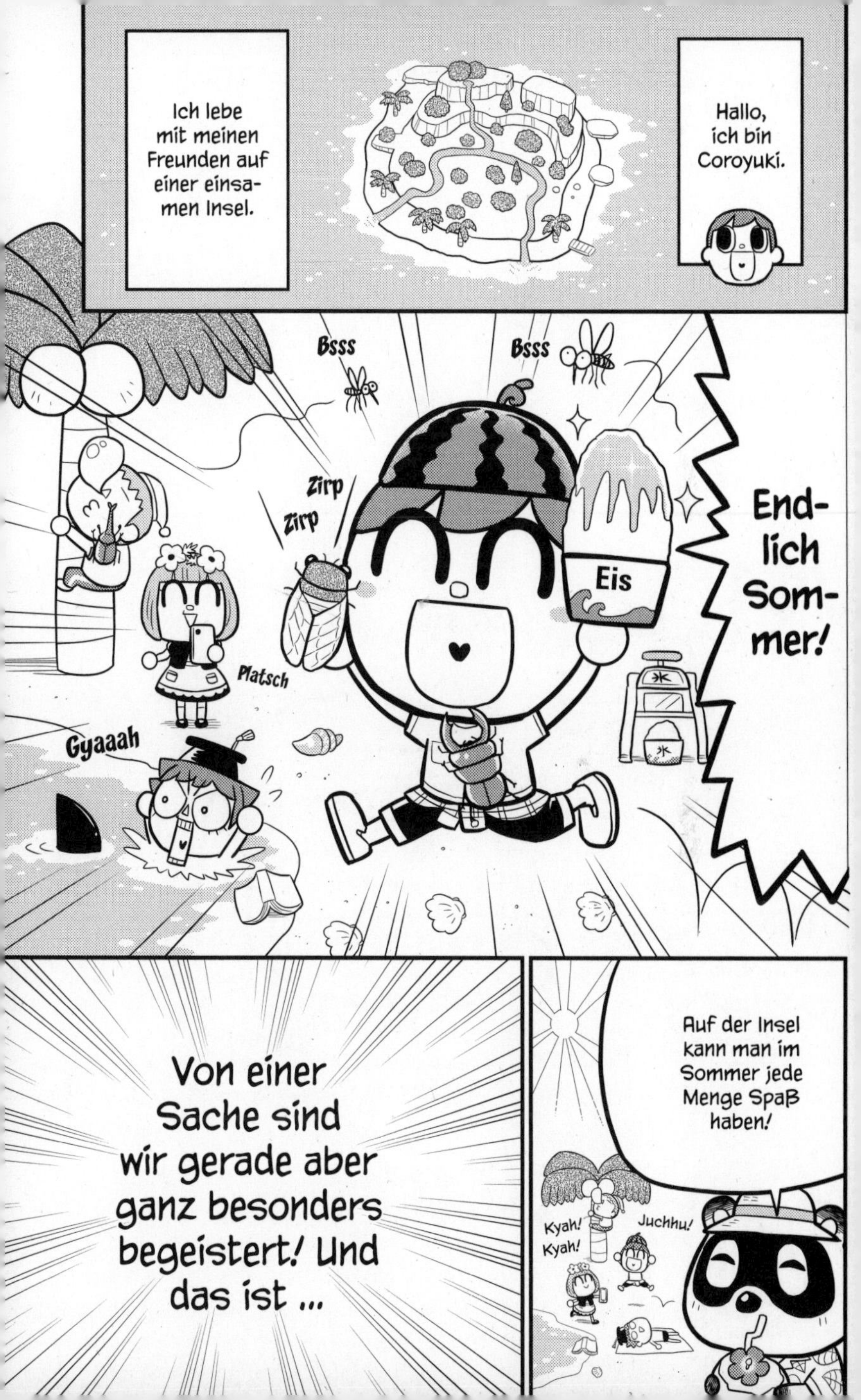
Ich lebe mit meinen Freunden auf einer einsamen Insel.
Hallo, ich bin Coroyuki.
Bsss
Bsss
Zirp
Zirp
Eis
End-lich Som-mer!
Platsch
Gyaaah
Von einer Sache sind wir gerade aber ganz besonders begeistert! Und das ist ...
Auf der Insel kann man im Sommer jede Menge Spaß haben!
Kyah! Kyah!
Juchhu!

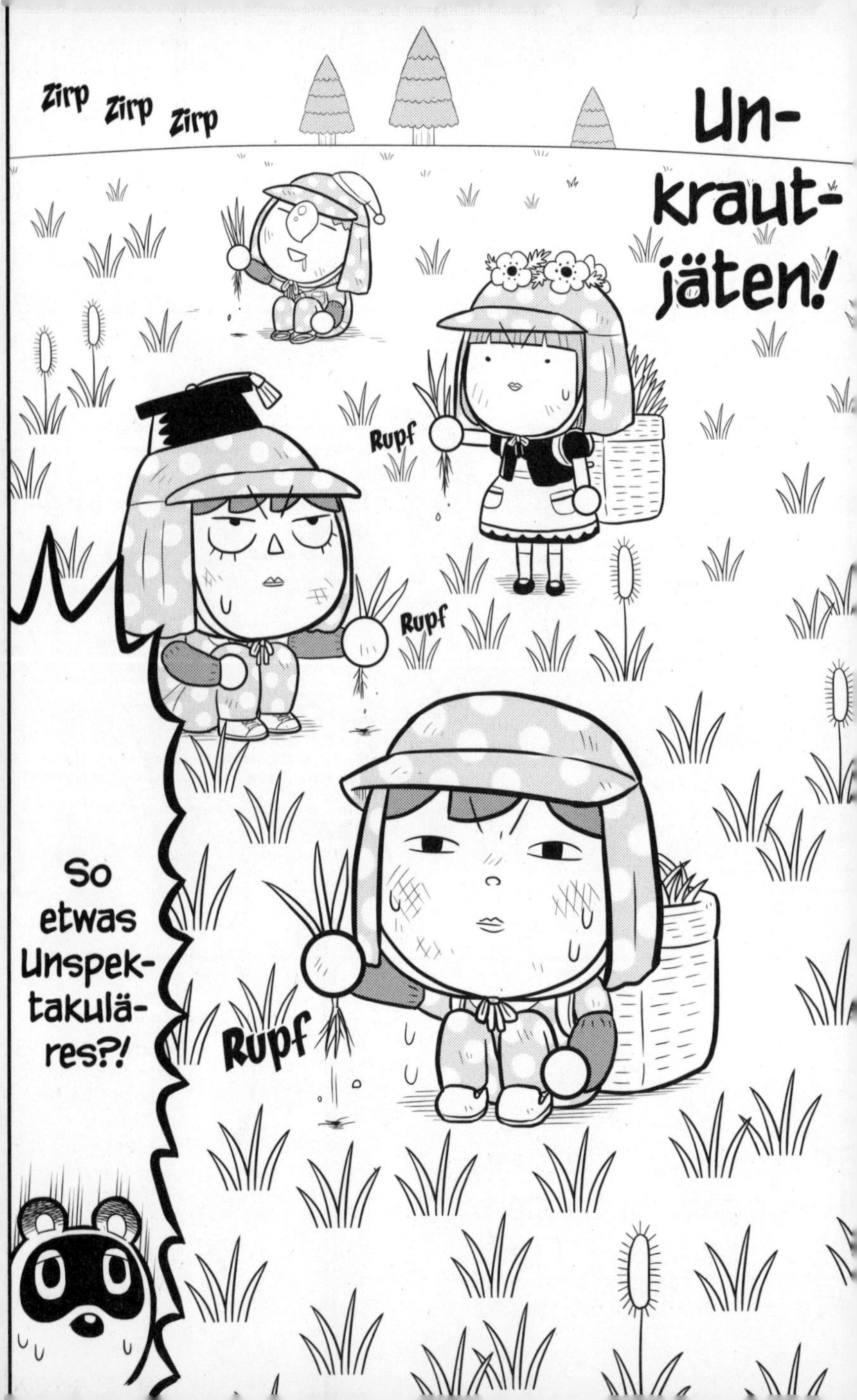
Zirp Zirp Zirp
Un-kraut-jäten!
Rupf
Rupf
Rupf
So etwas Unspektakuläres?!

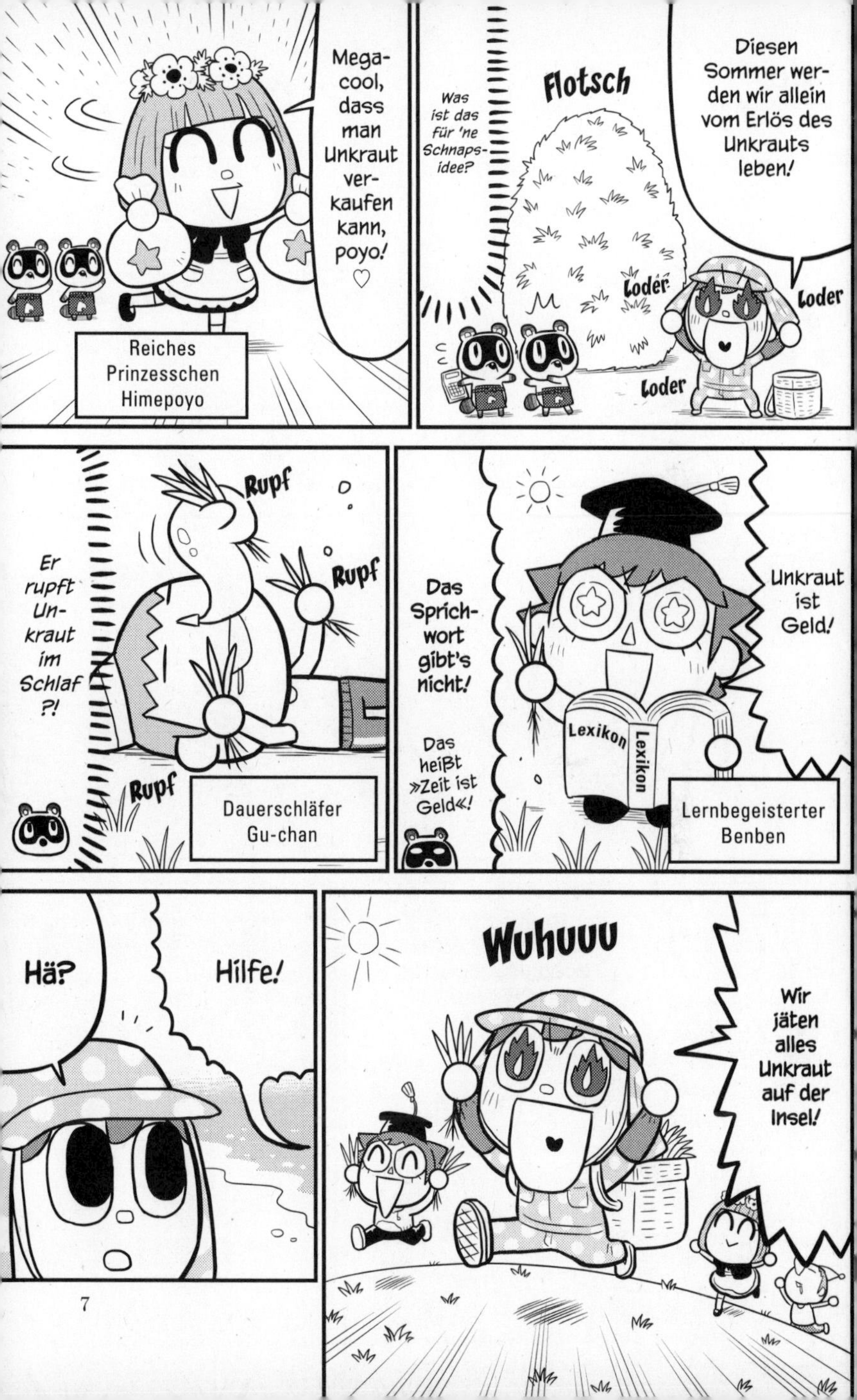

Mega-cool, dass man Unkraut verkaufen kann, poyo! ♡
Reiches Prinzesschen Himepoyo
Diesen Sommer werden wir allein vom Erlös des Unkrauts leben!
Flotsch
Was ist das für 'ne Schnapsidee?
Loder
Loder
Loder
Rupf
Rupf
Er rupft Unkraut im Schlaf?!
Rupf
Dauerschläfer Gu-chan
Unkraut ist Geld!
Das Sprichwort gibt's nicht!
Das heißt »Zeit ist Geld«!
Lexikon
Lexikon
Lernbegeisterter Benben
Hilfe!
Hä?
Wuhuuu
Wir jäten alles Unkraut auf der Insel!

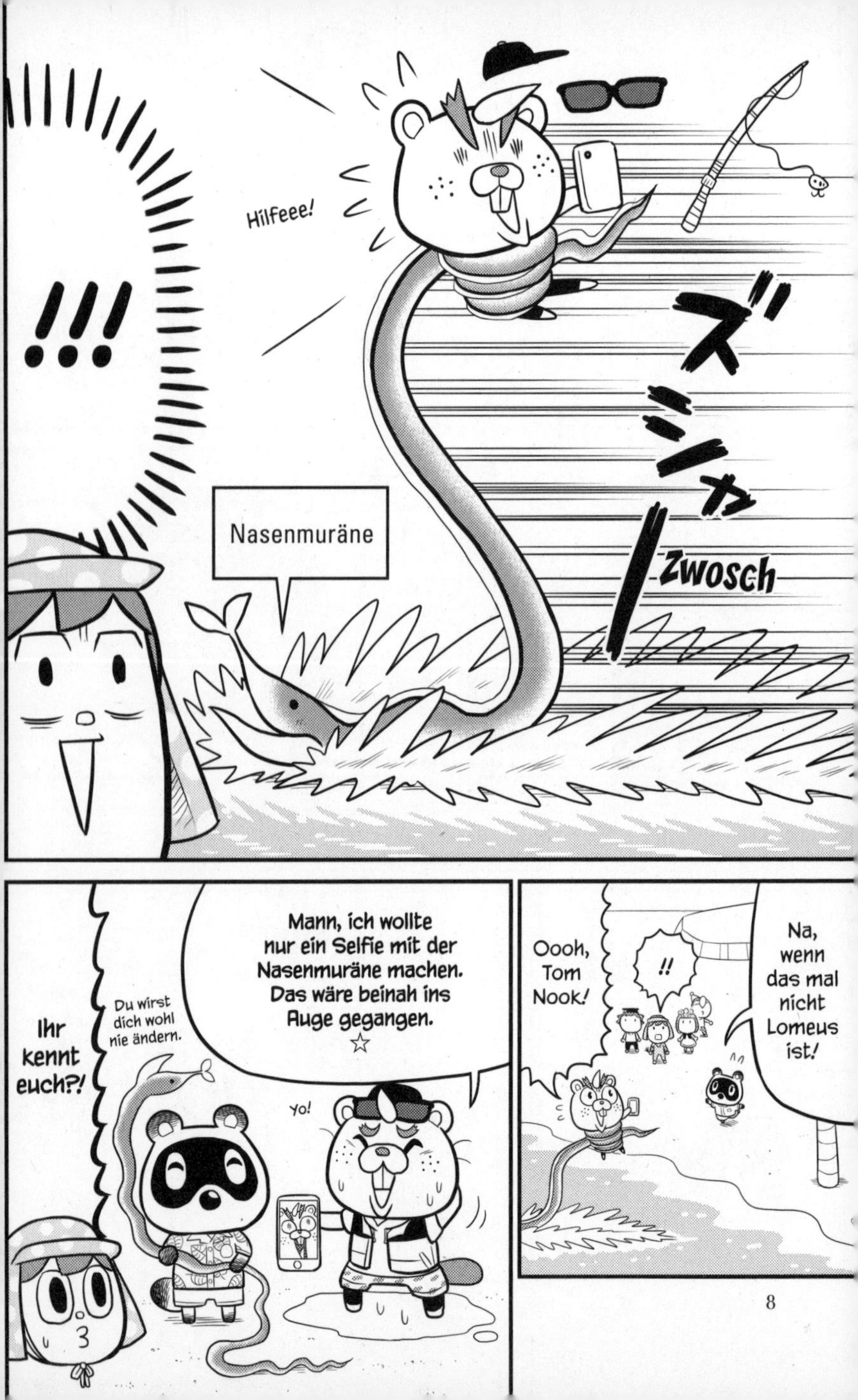
Hilfeee!
!!!
ズシャ
Zwosch
Nasenmuräne
Na, wenn das mal nicht Lomeus ist!
!!
Oooh, Tom Nook!
Mann, ich wollte nur ein Selfie mit der Nasenmuräne machen. Das wäre beinah ins Auge gegangen. ☆
Yo!
Du wirst dich wohl nie ändern.
Ihr kennt euch?!

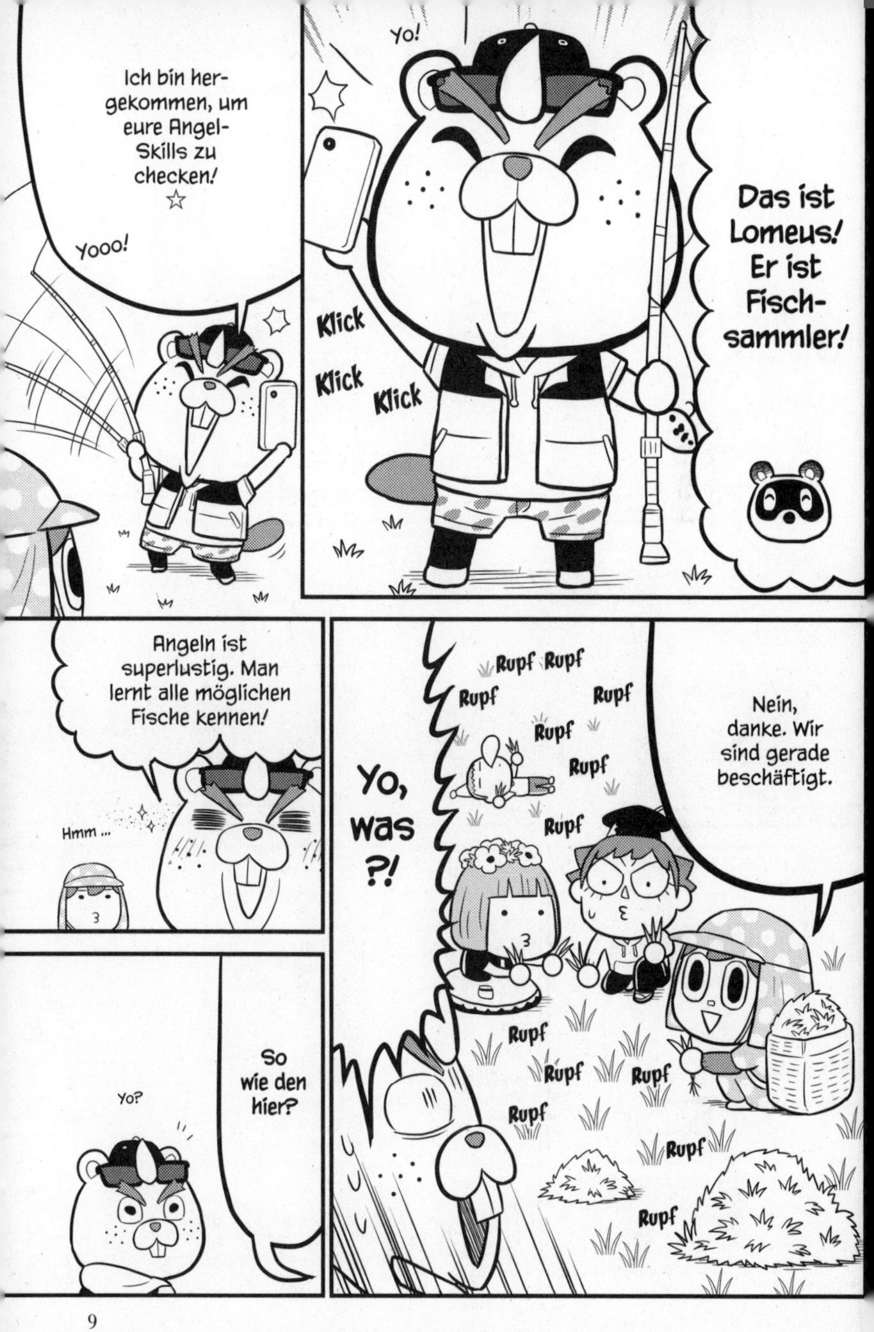

Yo!
Klick
Klick
Klick
Das ist Lomeus! Er ist Fisch-sammler!
Ich bin her-gekommen, um eure Angel-Skills zu checken! ☆
Yooo!
Angeln ist superlustig. Man lernt alle möglichen Fische kennen!
Hmm ...
So wie den hier?
Yo?
Rupf Rupf
Rupf
Rupf
Rupf
Rupf
Rupf
Nein, danke. Wir sind gerade beschäftigt.
Yo, was?!
Rupf
Rupf
Rupf
Rupf
Rupf
Rupf

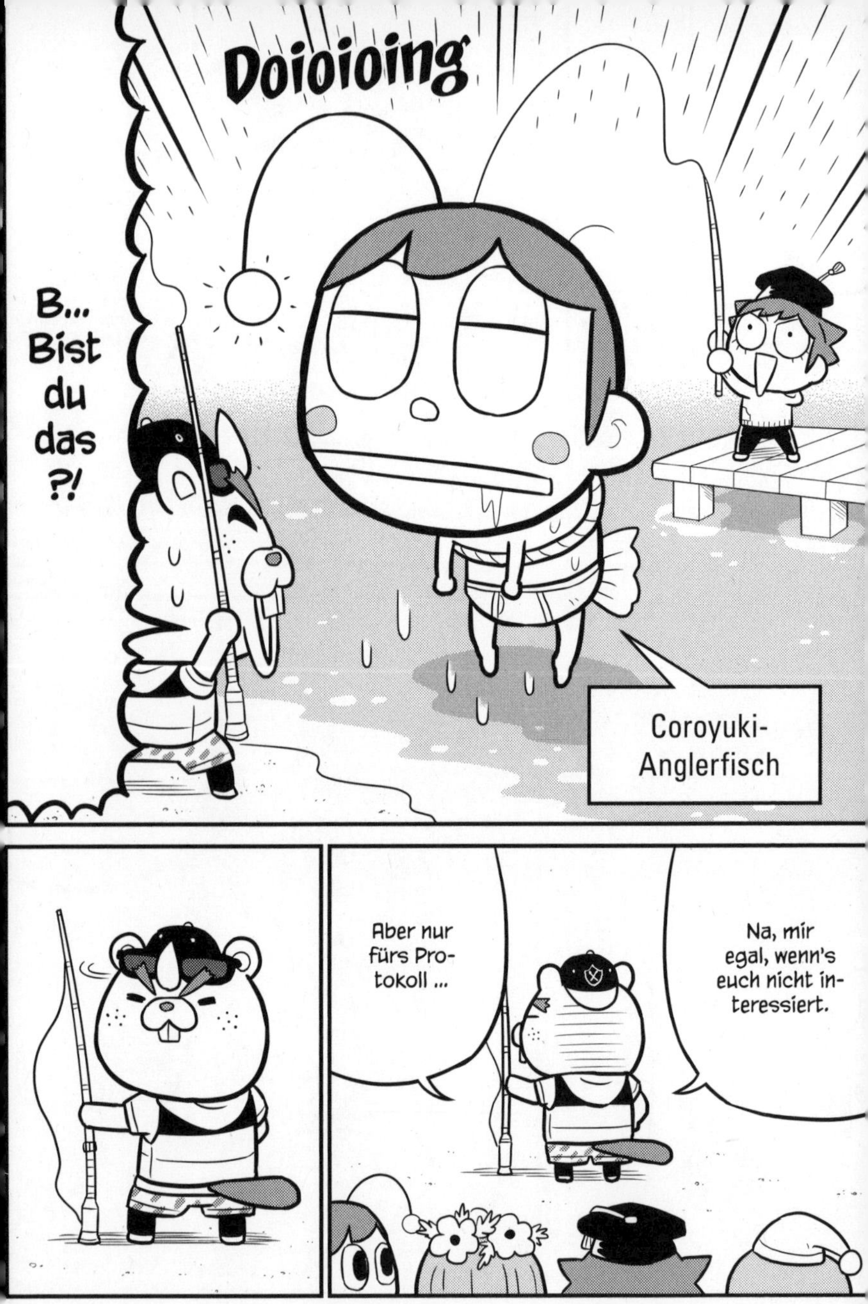
Doioioing
B... Bist du das?!
Coroyuki-Anglerfisch
Na, mir egal, wenn's euch nicht interessiert.
Aber nur fürs Protokoll ...

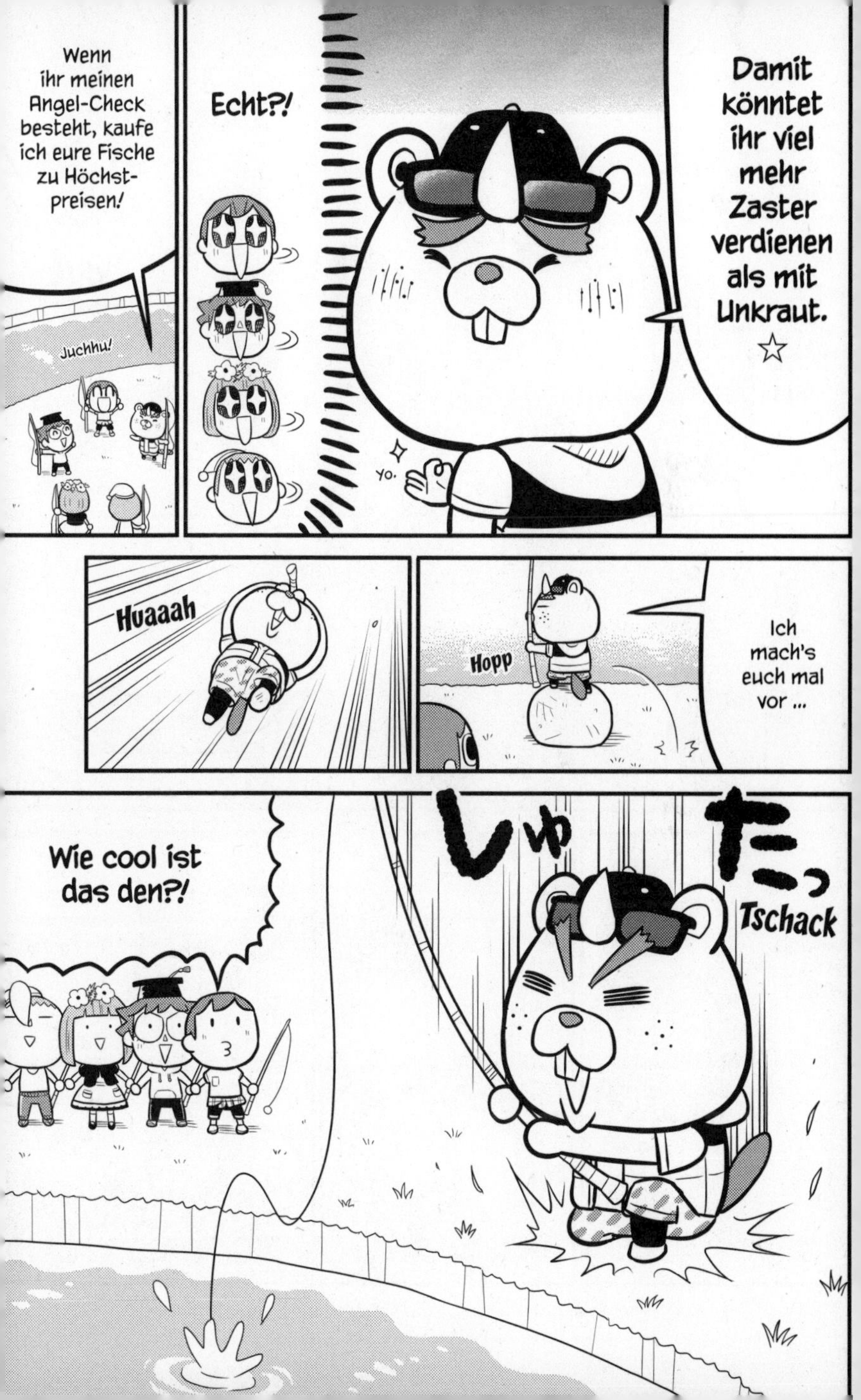
Wenn ihr meinen Angel-Check besteht, kaufe ich eure Fische zu Höchst-preisen!
Juchhu!
Echt?!
Damit könntet ihr viel mehr Zaster verdienen als mit Unkraut. ☆
Yo.
Huaaah
Hopp
Ich mach's euch mal vor ...
Wie cool ist das den?!
しゅたっ
Tschack

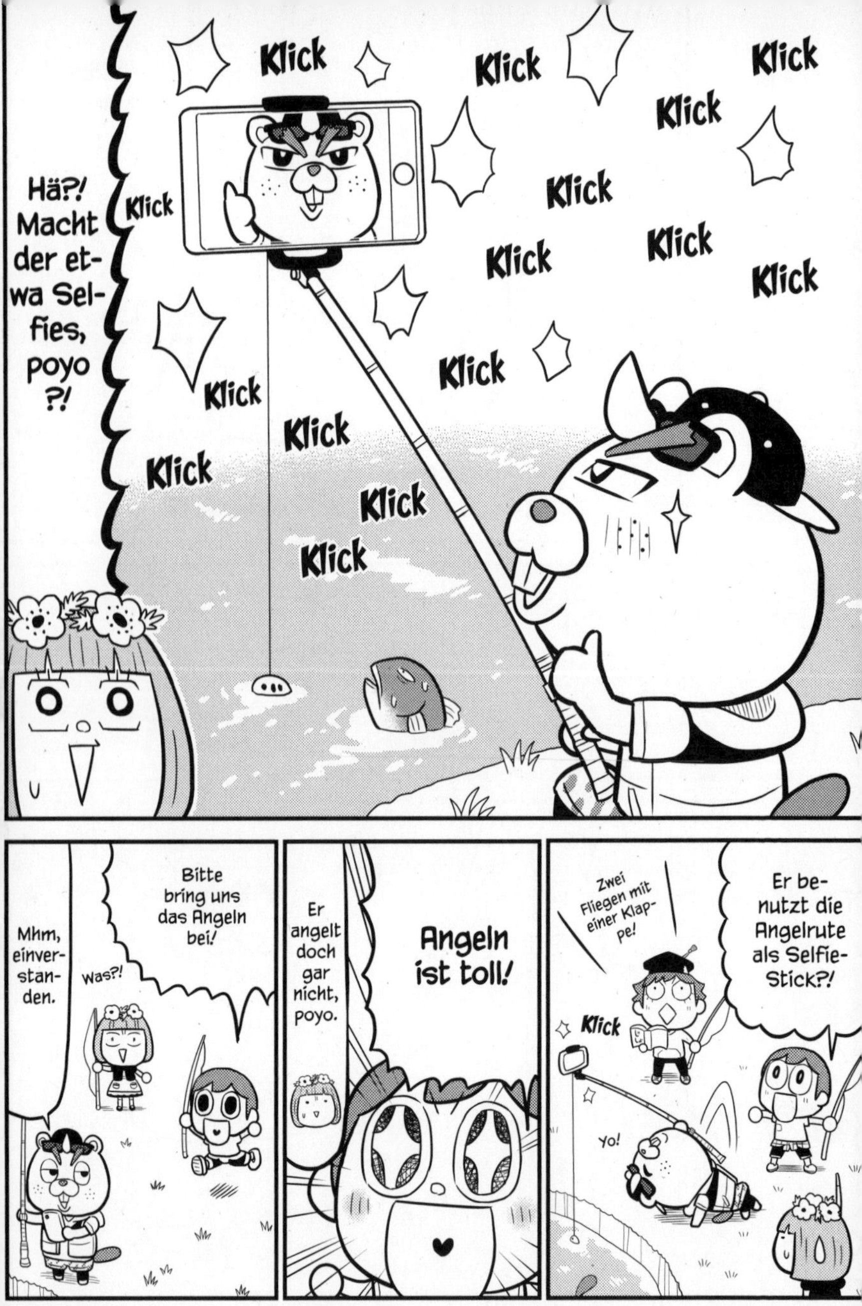
Klick
Klick
Klick
Klick
Hä?! Macht der etwa Selfies, poyo?!
Klick
Klick
Klick
Klick
Klick
Klick
Klick
Klick
Klick
Klick
Klick
Mhm, einverstanden.
Bitte bring uns das Angeln bei!
Was?!
Er angelt doch gar nicht, poyo.
Angeln ist toll!
Zwei Fliegen mit einer Klappe!
Er benutzt die Angelrute als Selfie-Stick?!
Klick
Yo!

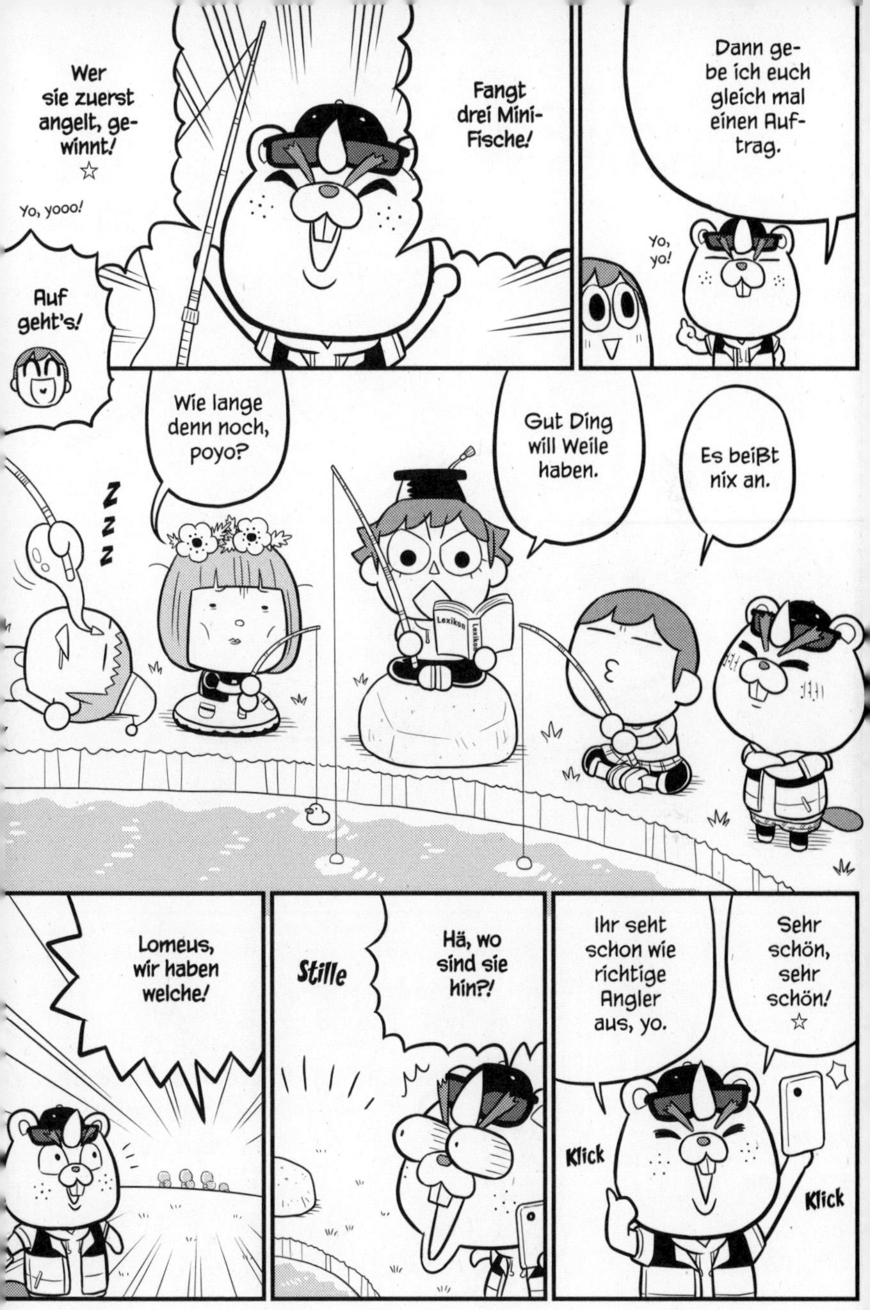
Dann gebe ich euch gleich mal einen Auftrag.
Yo, yo!
Fangt drei Mini-Fische!
Wer sie zuerst angelt, gewinnt! ☆
Yo, yooo!
Auf geht's!
Es beißt nix an.
Gut Ding will Weile haben.
Lexikon
Wie lange denn noch, poyo?
Z Z Z
Sehr schön, sehr schön! ☆
Ihr seht schon wie richtige Angler aus, yo.
Klick
Klick
Hä, wo sind sie hin?!
Stille
Lomeus, wir haben welche!

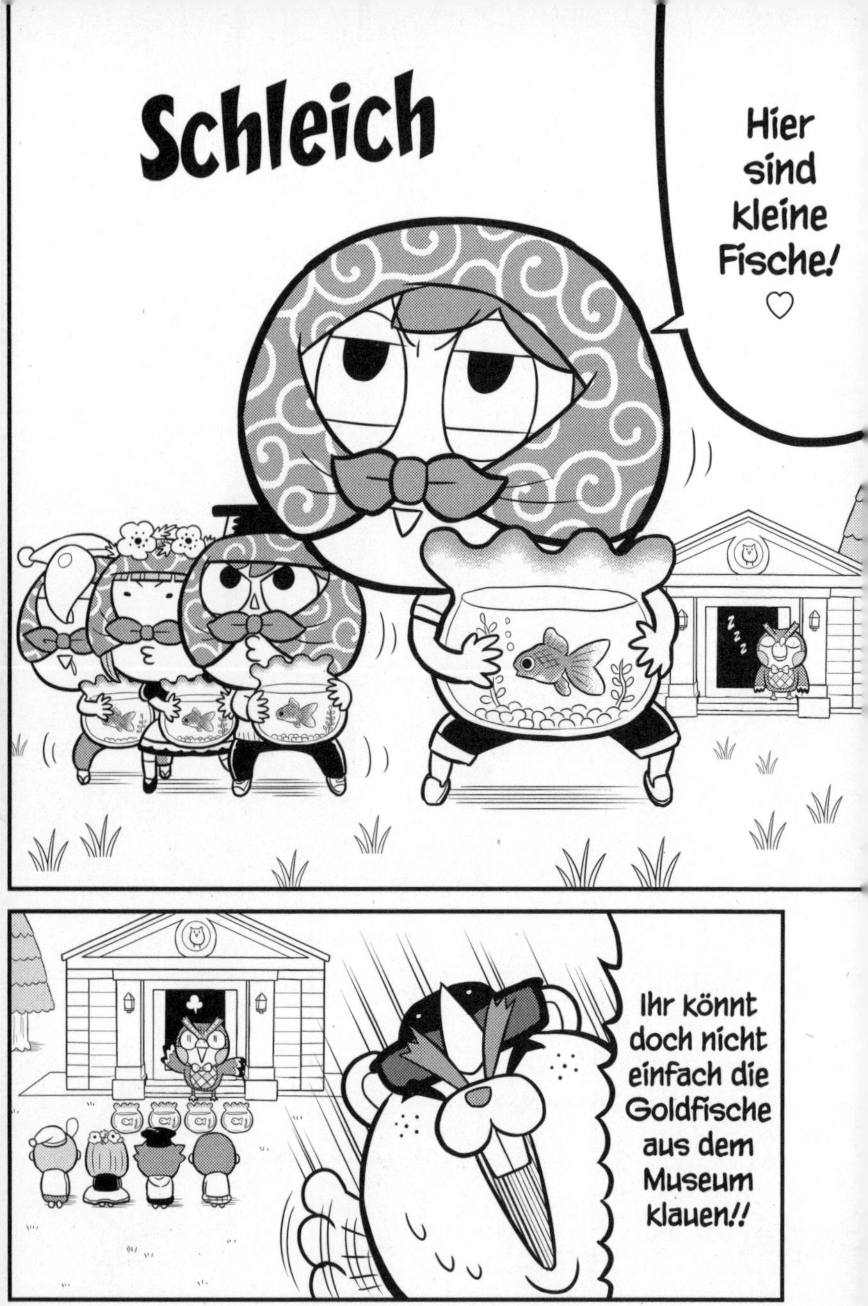
Schleich
Hier sind kleine Fische! ♡
Ihr könnt doch nicht einfach die Goldfische aus dem Museum klauen!!

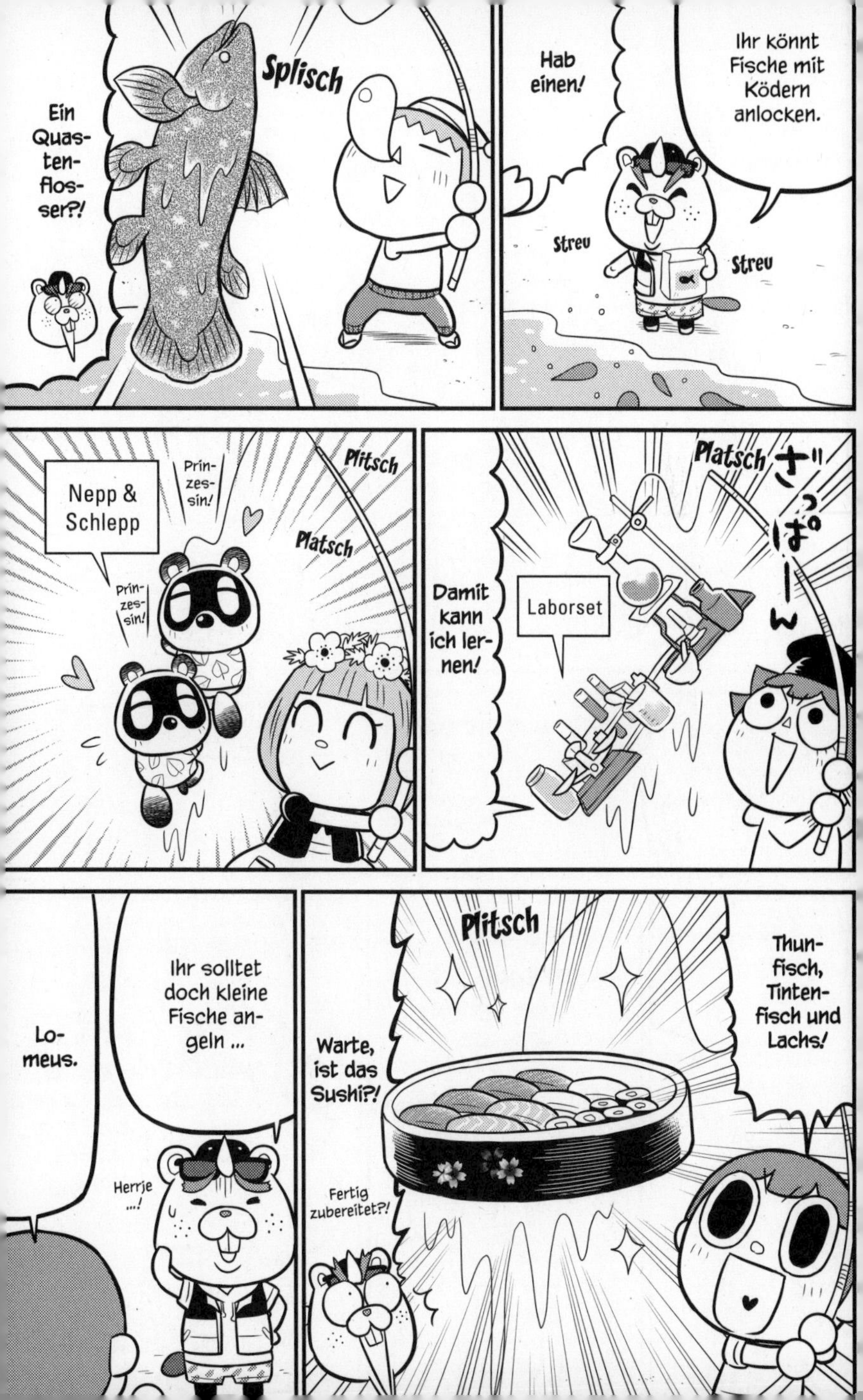
Ihr könnt Fische mit Ködern anlocken.
Streu
Streu
Hab einen!
Splisch
Ein Quasten-flosser?!
Platsch
ざっぱーん
Laborset
Damit kann ich ler-nen!
Plitsch
Platsch
Nepp & Schlepp
Prin-zes-sin!
Prin-zes-sin!
Plitsch
Thun-fisch, Tinten-fisch und Lachs!
Warte, ist das Sushi?!
Fertig zubereitet?!
Ihr solltet doch kleine Fische an-geln ...
Herrje ...!
Lo-meus.

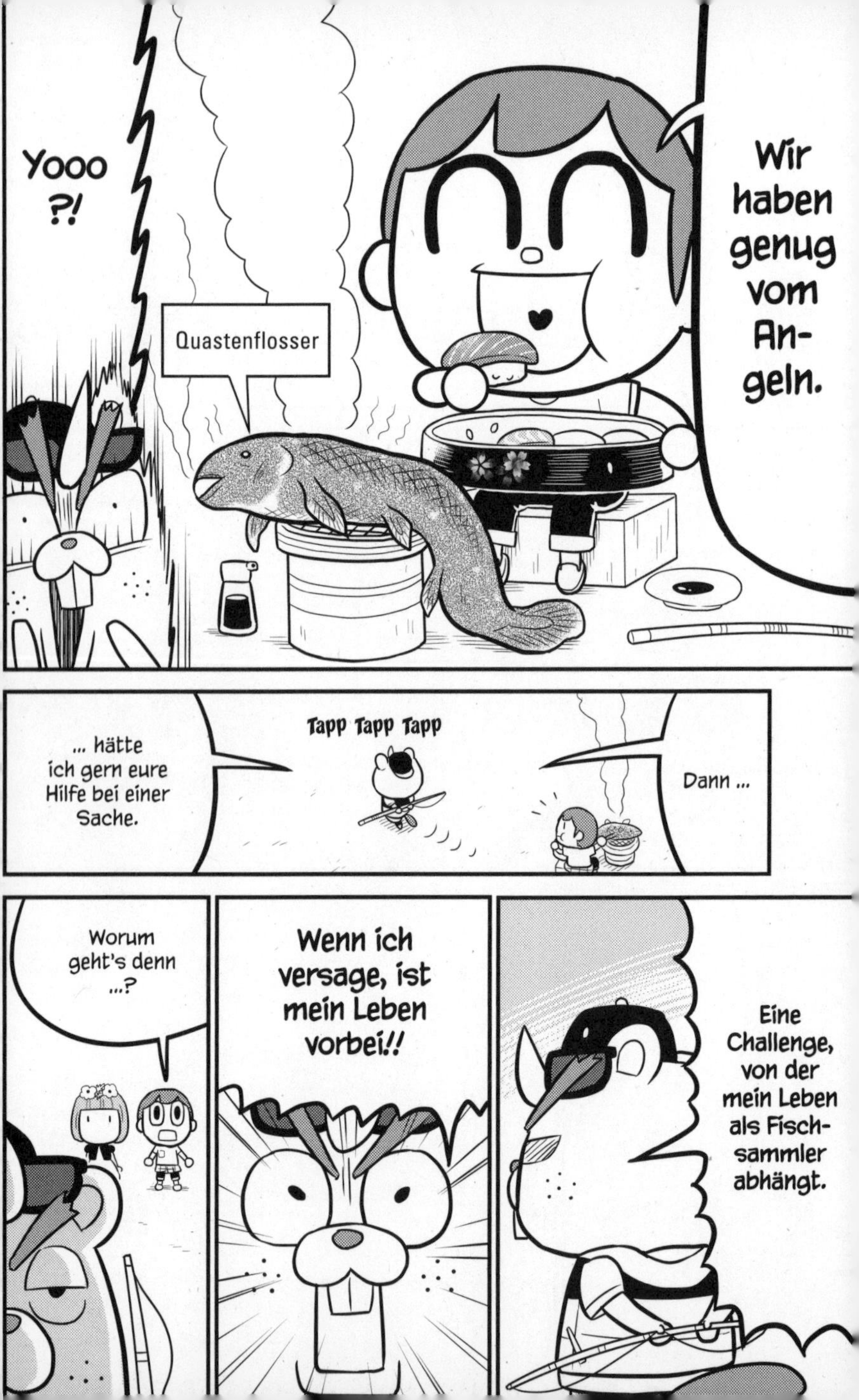
Wir haben genug vom Angeln.
Quastenflosser
Yooo ?!
Dann ...
Tapp Tapp Tapp
... hätte ich gern eure Hilfe bei einer Sache.
Eine Challenge, von der mein Leben als Fischsammler abhängt.
Wenn ich versage, ist mein Leben vorbei!!
Worum geht's denn ...?

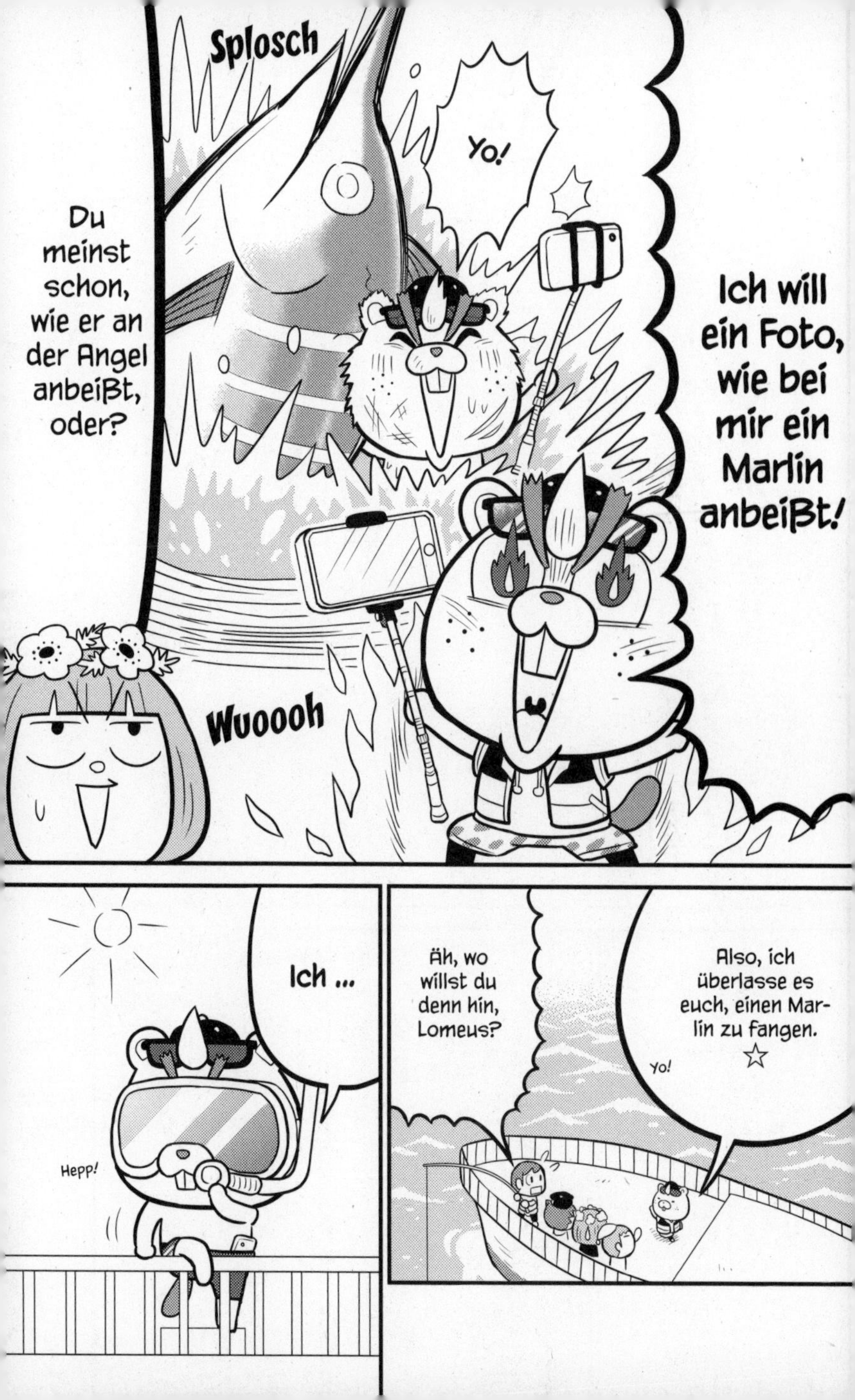
Ich will ein Foto, wie bei mir ein Marlin anbeißt!
Yo!
Splosch
Du meinst schon, wie er an der Angel anbeißt, oder?
Wuoooh
Also, ich überlasse es euch, einen Marlin zu fangen. ☆
Yo!
Äh, wo willst du denn hin, Lomeus?
Ich ...
Hepp!

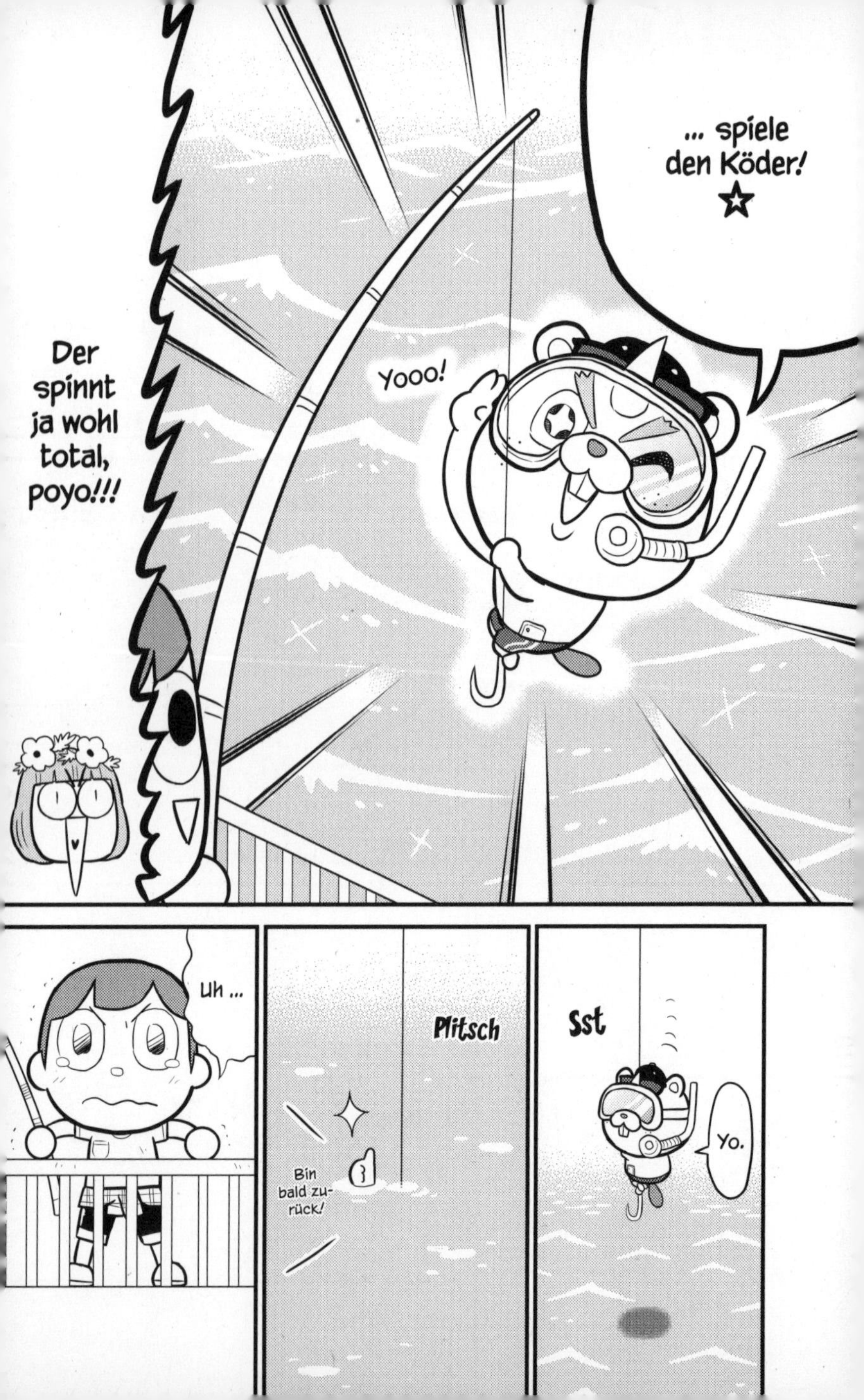

... spiele den Köder! ☆
Yooo!
Der spinnt ja wohl total, poyo!!!
Uh ...
Plitsch
Bin bald zurück!
Sst
Yo.

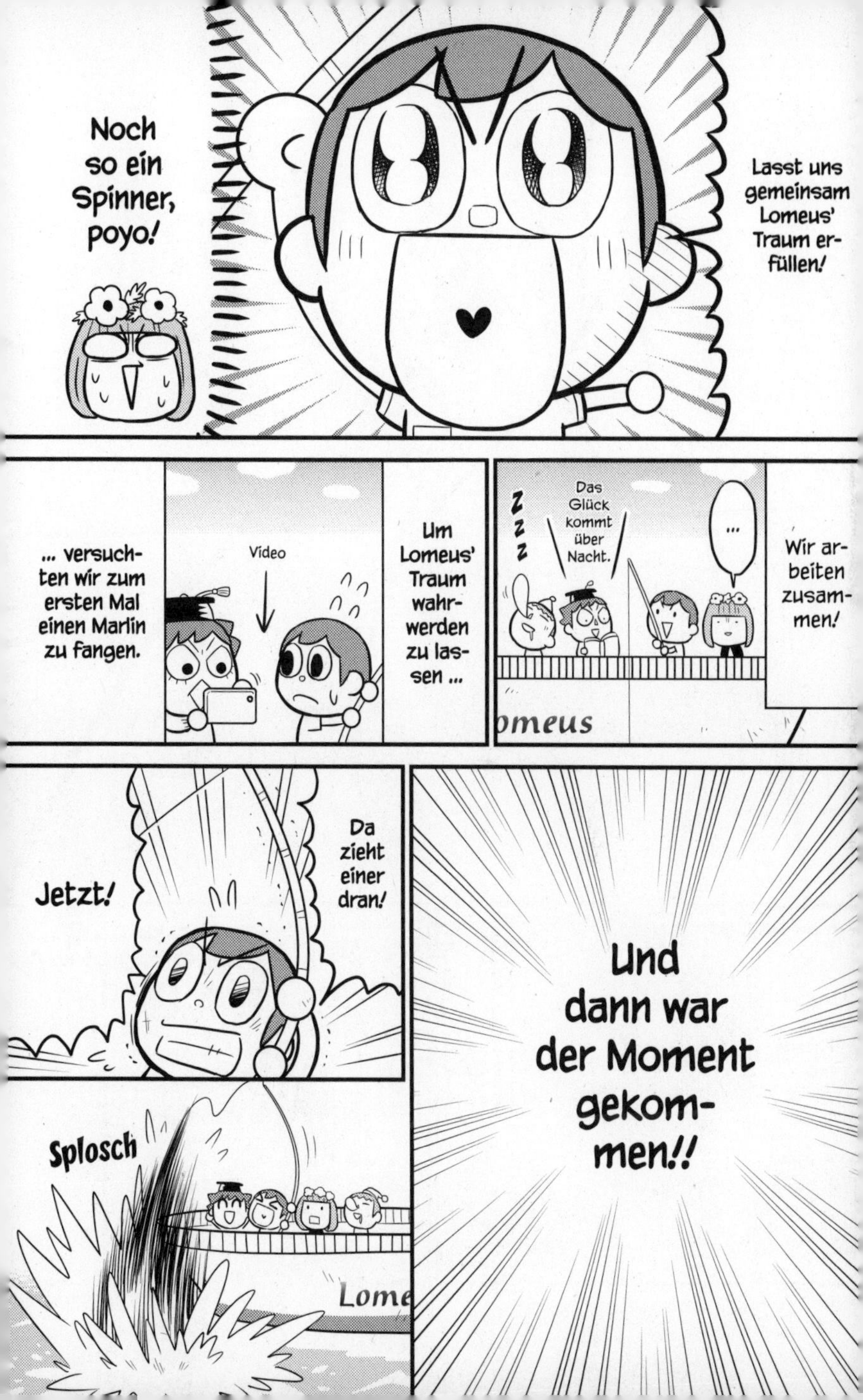
Lasst uns gemeinsam Lomeus' Traum erfüllen!
Noch so ein Spinner, poyo!
Wir arbeiten zusammen!
...
Das Glück kommt über Nacht.
ZZZ
omeus
Um Lomeus' Traum wahrwerden zu lassen ...
Video
... versuchten wir zum ersten Mal einen Marlin zu fangen.
Da zieht einer dran!
Jetzt!
Splosch
Lome
Und dann war der Moment gekommen!!

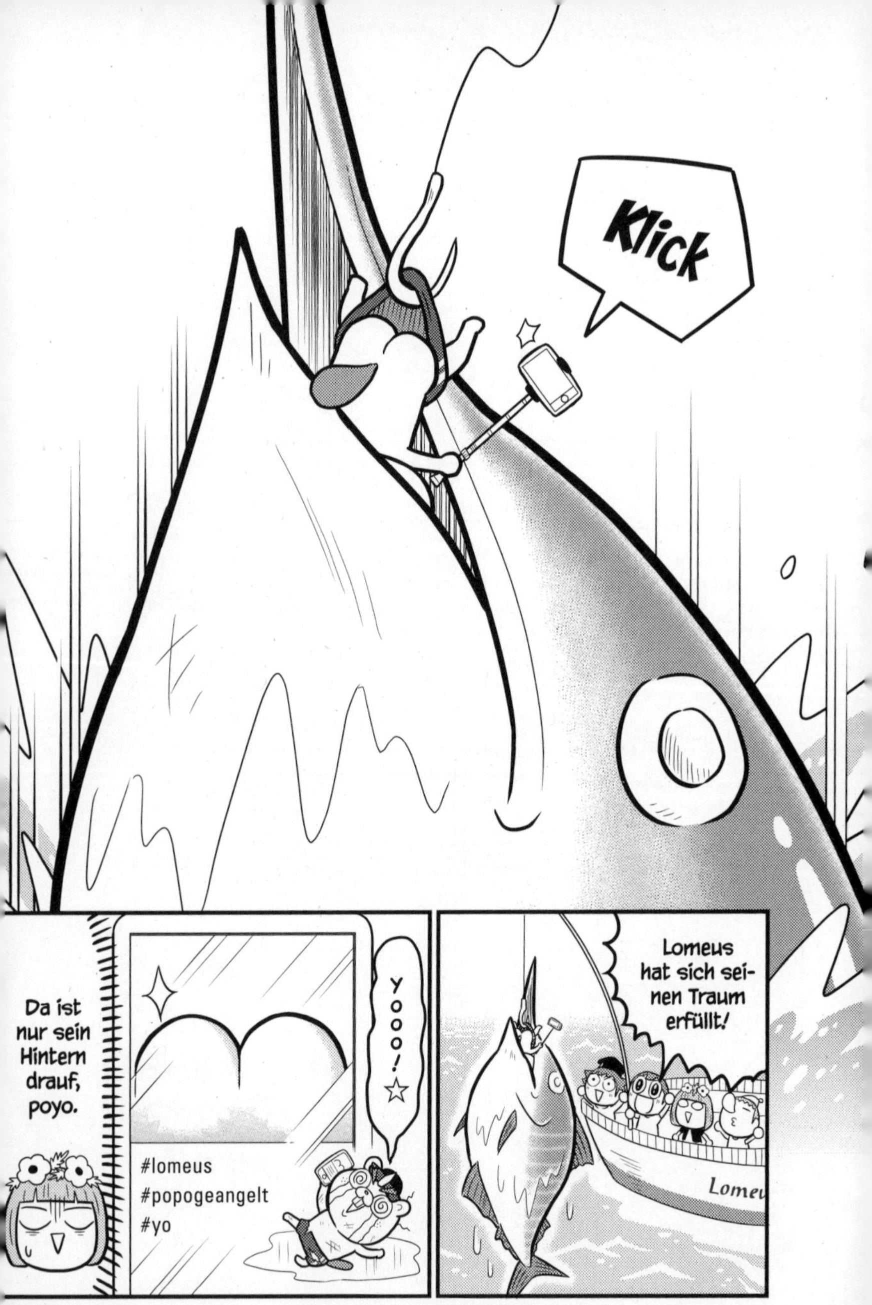

Das dicke Ende

Die tiefgründige Welt der Kammmuscheln

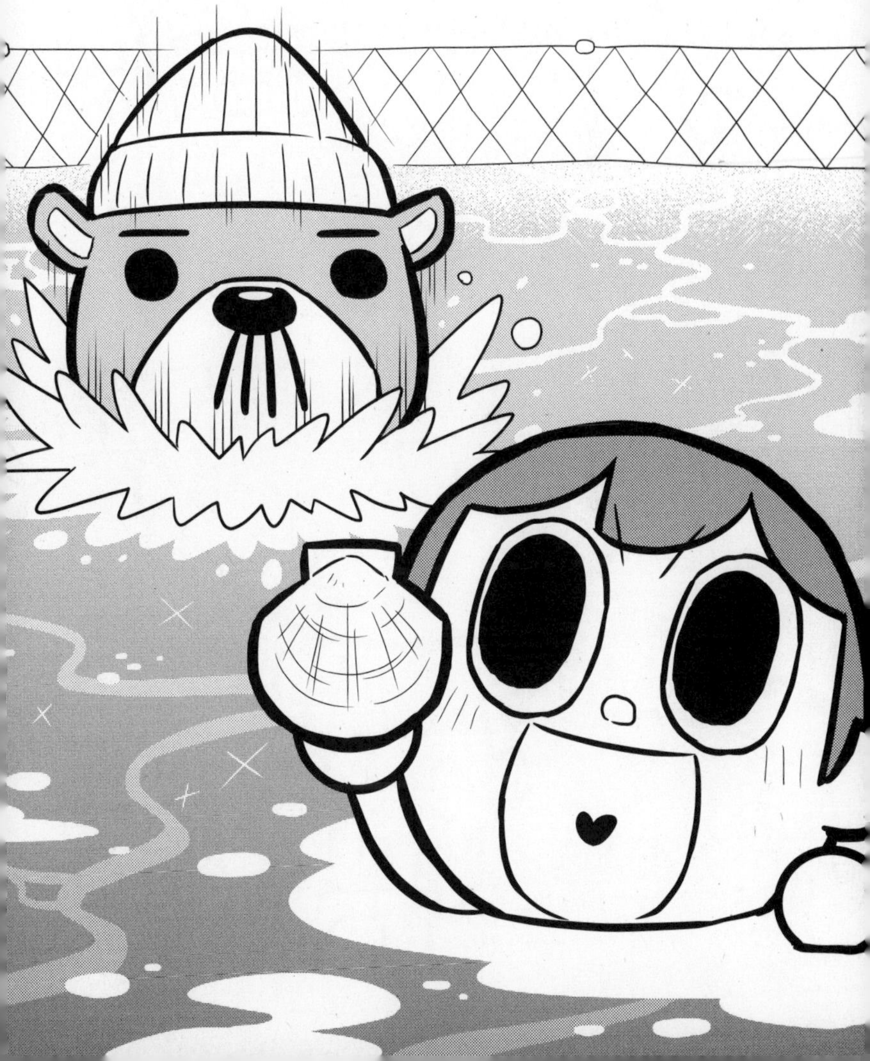

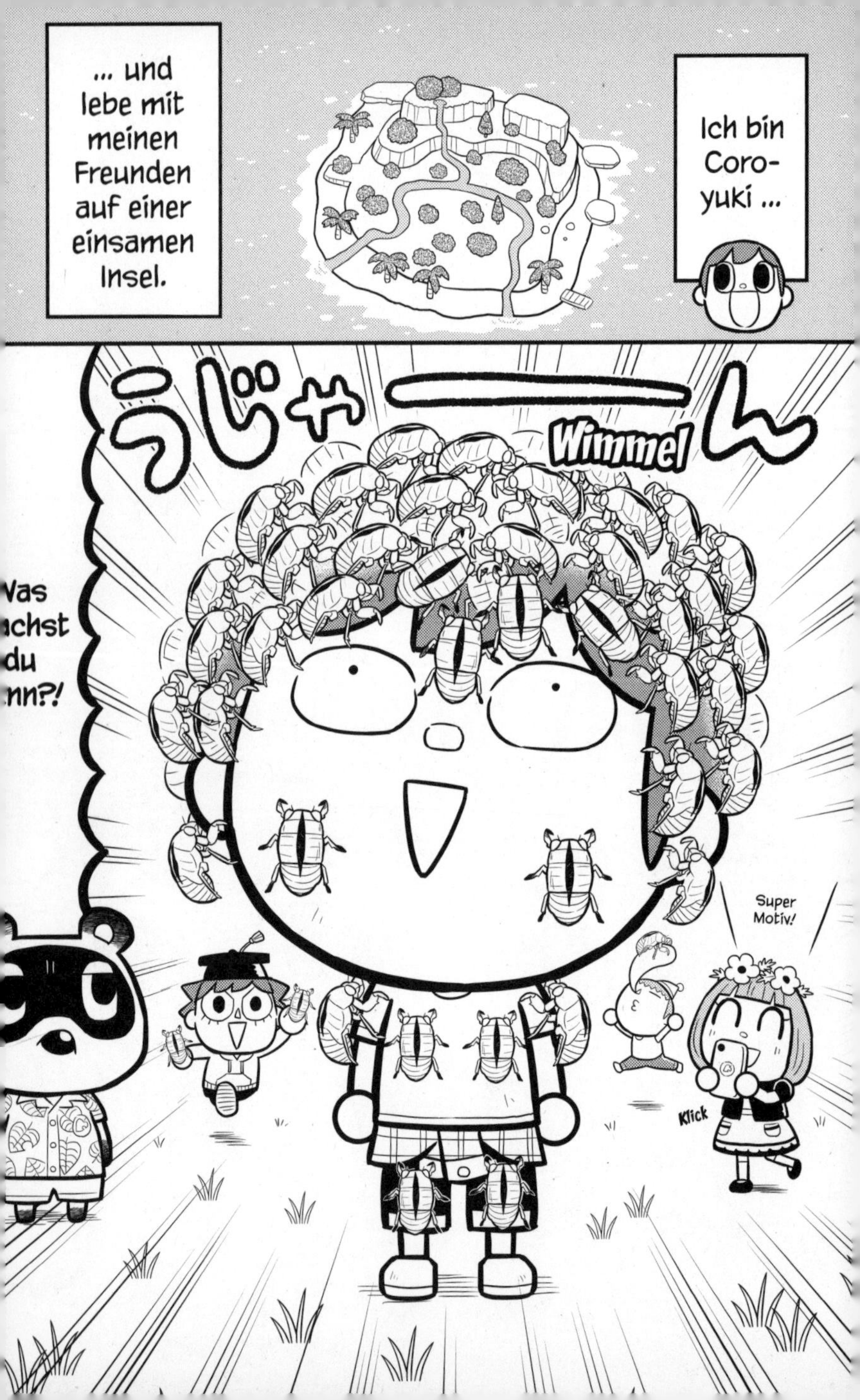
Ich bin Coro-yuki ...
... und lebe mit meinen Freunden auf einer einsamen Insel.
うじゃーーーん
Wimmel
Super Motiv!
Klick
Vas
achst
du
nn?!

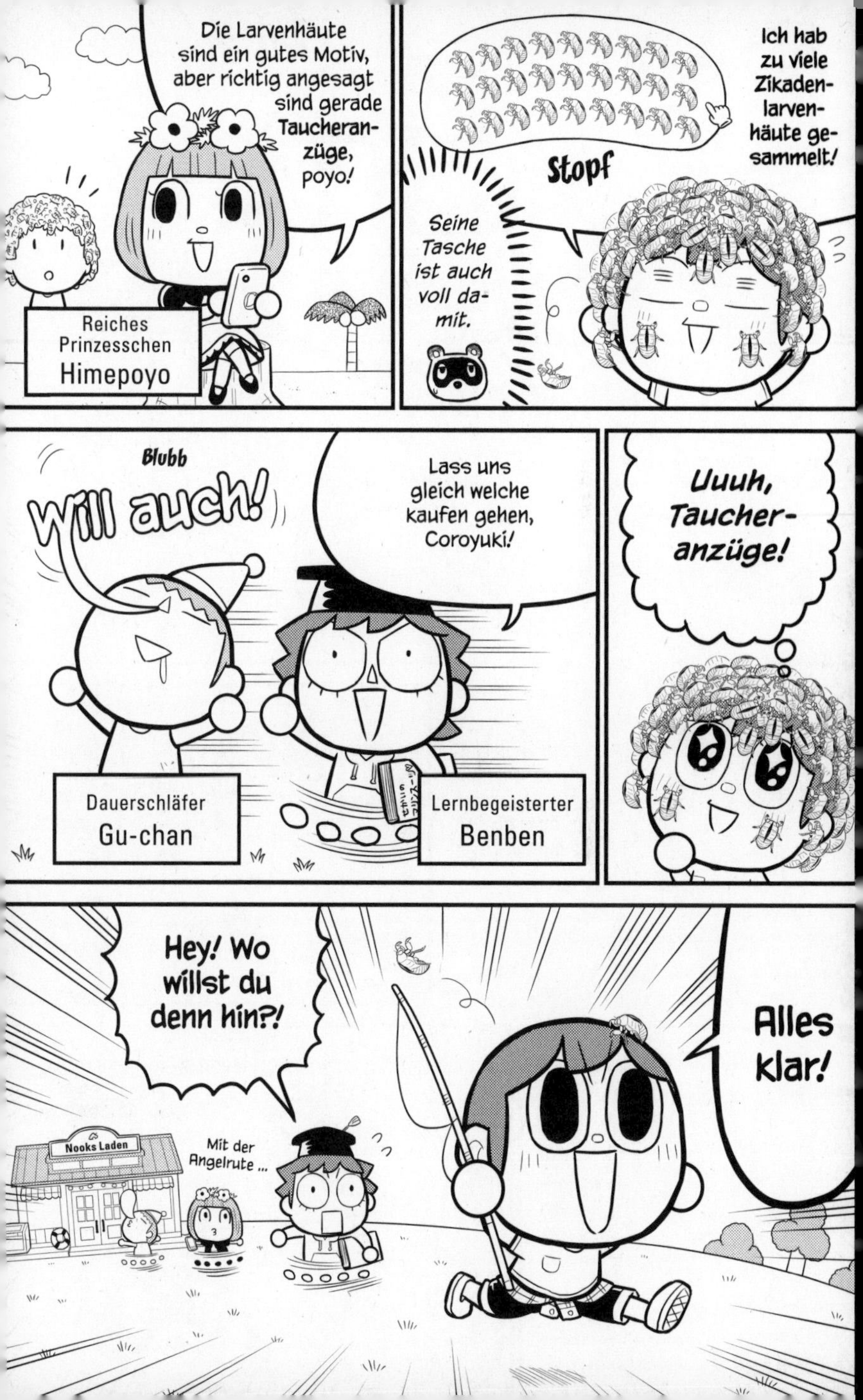
Die Larvenhäute sind ein gutes Motiv, aber richtig angesagt sind gerade Taucheranzüge, poyo!
Reiches Prinzesschen Himepoyo
Ich hab zu viele Zikadenlarvenhäute gesammelt!
Stopf
Seine Tasche ist auch voll damit.
Blubb
Will auch!
Dauerschläfer Gu-chan
Lass uns gleich welche kaufen gehen, Coroyuki!
Lernbegeisterter Benben
Uuuh, Taucheranzüge!
Alles klar!
Hey! Wo willst du denn hin?!
Mit der Angelrute ...
Nooks Laden

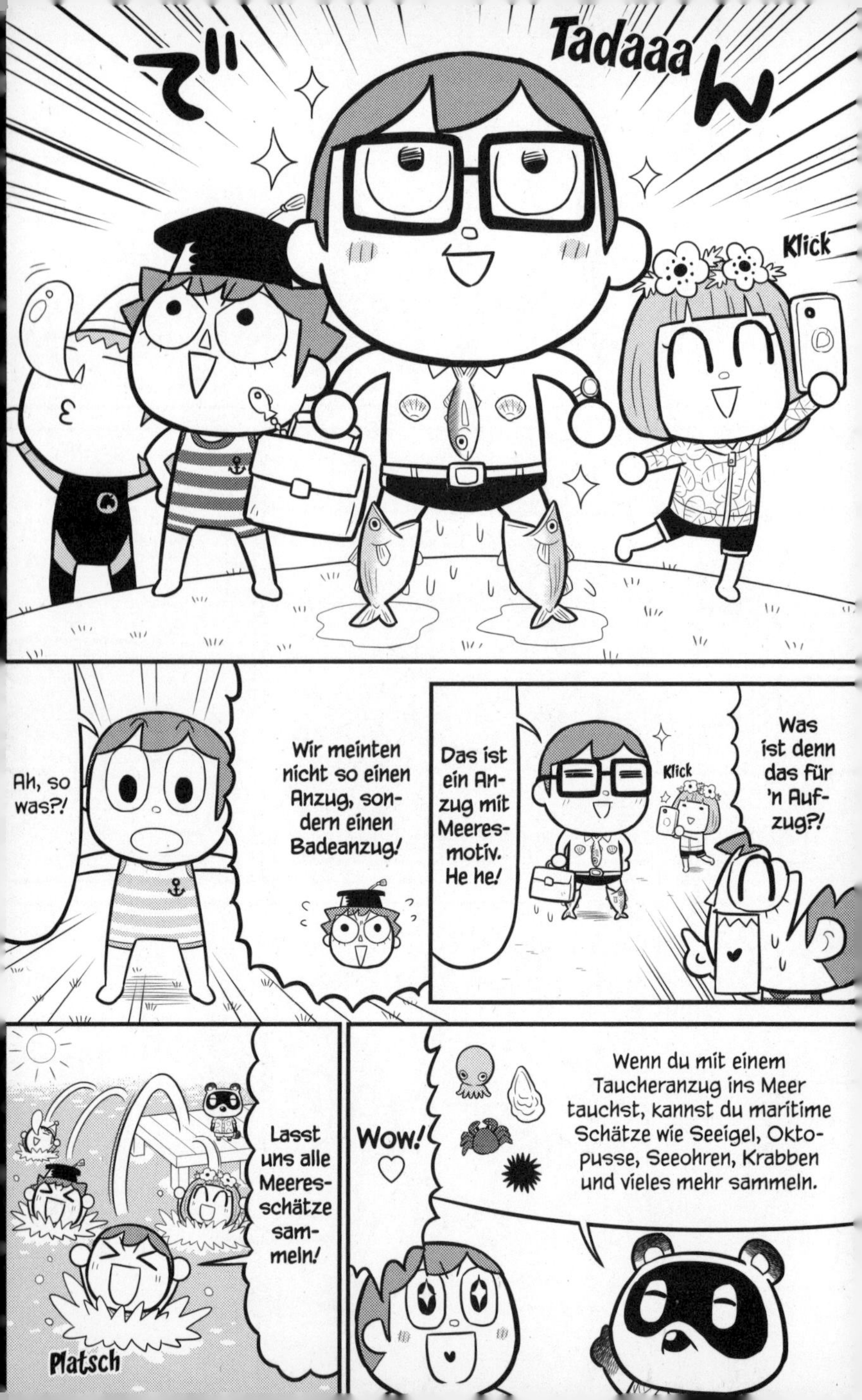
て"
Tadaaa
ん
Klick
Was ist denn das für 'n Aufzug?!
Klick
Das ist ein Anzug mit Meeresmotiv. He he!
Wir meinten nicht so einen Anzug, sondern einen Badeanzug!
Ah, so was?!
Wenn du mit einem Taucheranzug ins Meer tauchst, kannst du maritime Schätze wie Seeigel, Oktopusse, Seeohren, Krabben und vieles mehr sammeln.
Wow!
Lasst uns alle Meeresschätze sammeln!
Platsch

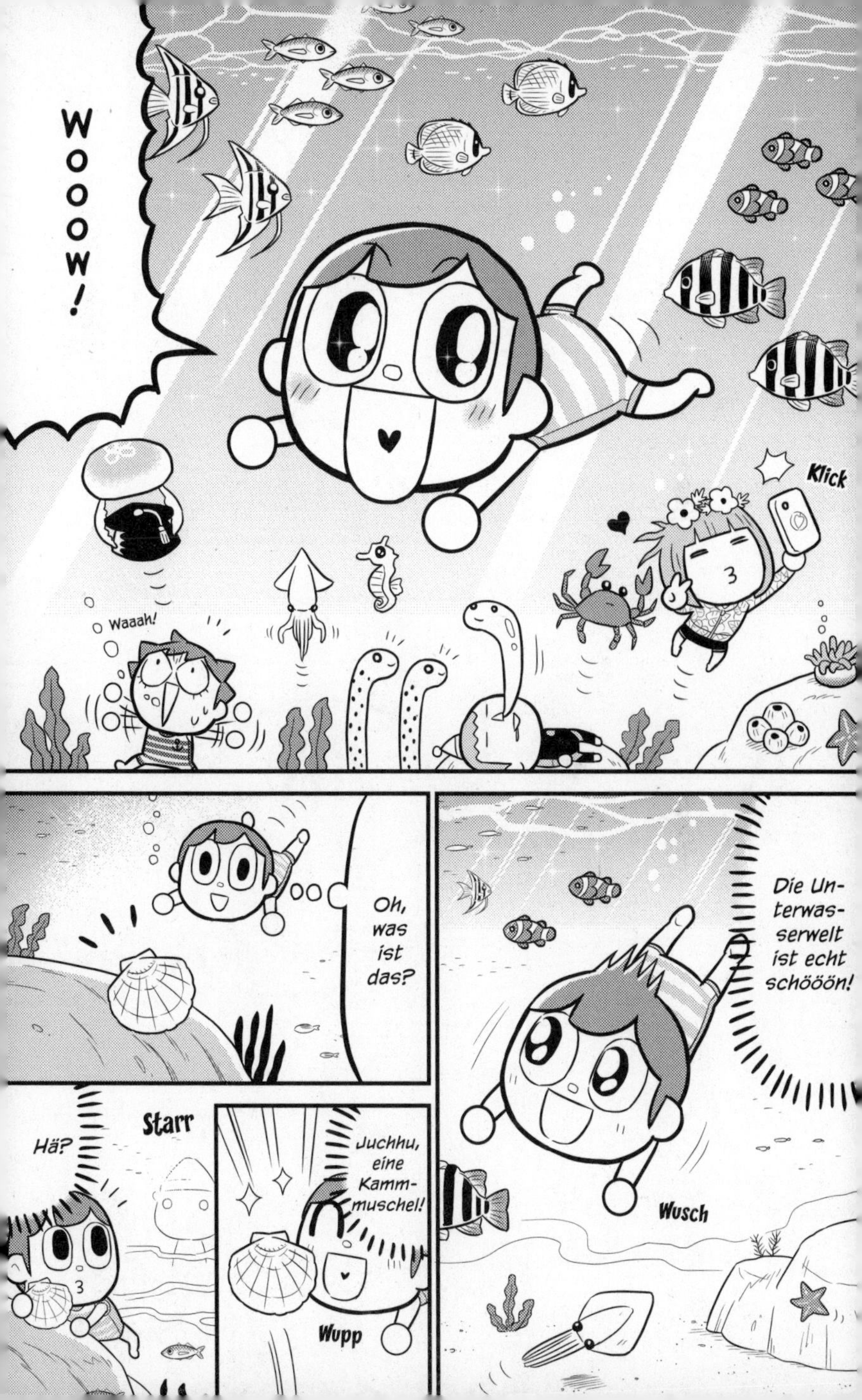
WOOOOW!
Klick
Waaah!
Die Unterwasserwelt ist echt schööön!
Wusch
Oh, was ist das?
Juchhu, eine Kammmuschel!
Wupp
Starr
Hä?

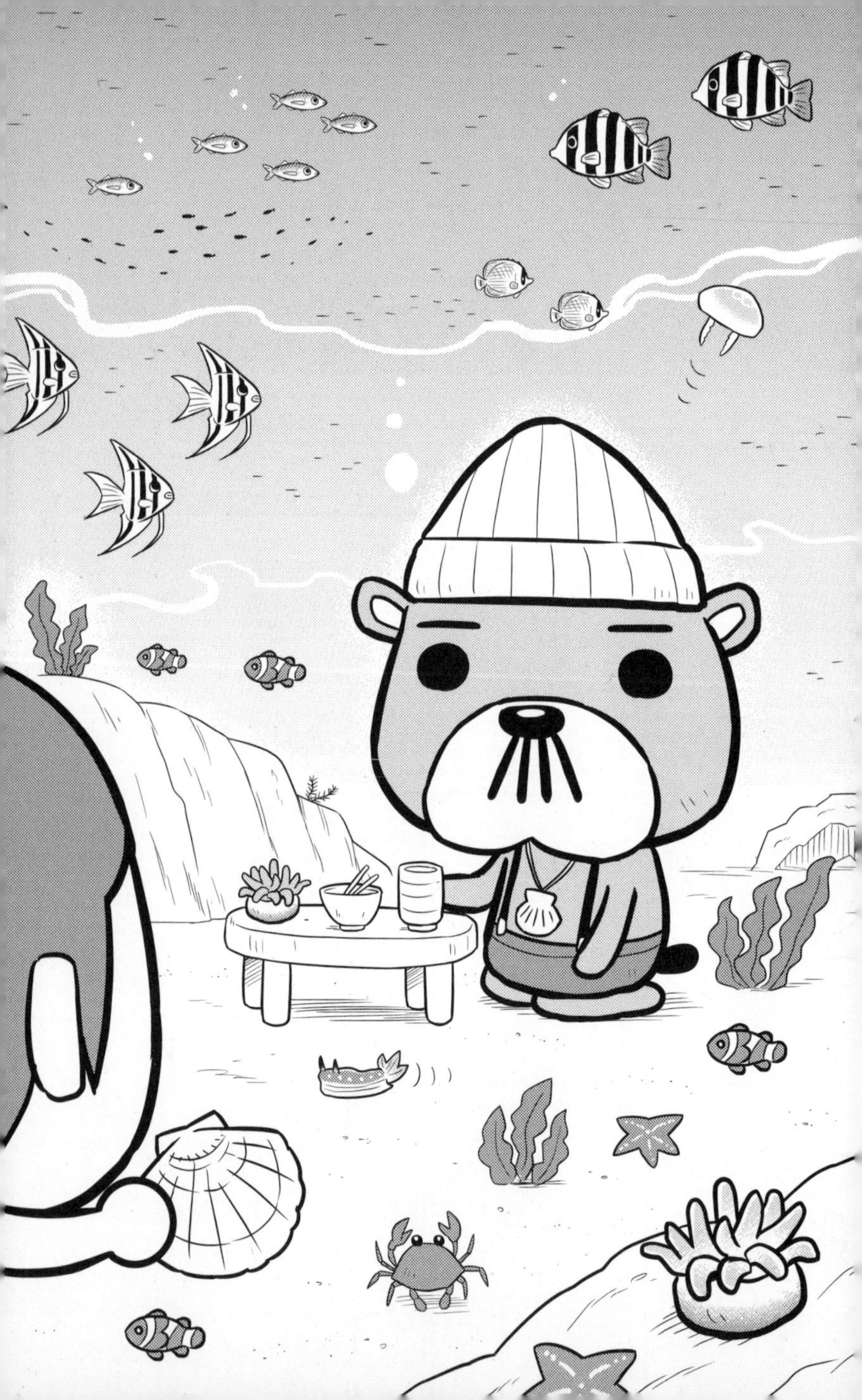

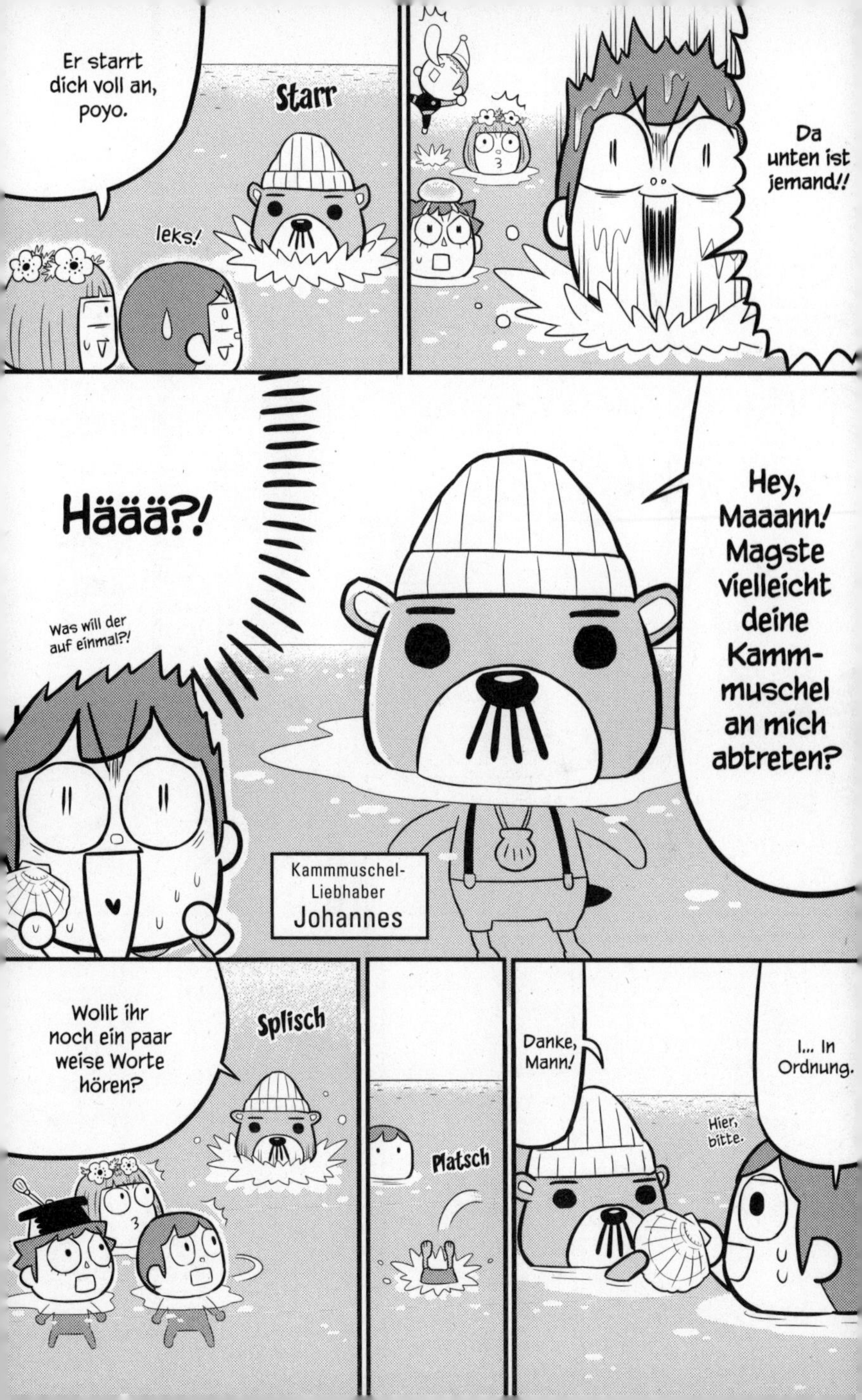
Er starrt dich voll an, poyo.
Starr
Ieks!
Da unten ist jemand!!
Hey, Maaann! Magste vielleicht deine Kamm-muschel an mich abtreten?
Hääää?!
Was will der auf einmal?!
Kammmuschel-Liebhaber Johannes
Wollt ihr noch ein paar weise Worte hören?
Splisch
Platsch
I... In Ordnung.
Danke, Mann!
Hier, bitte.

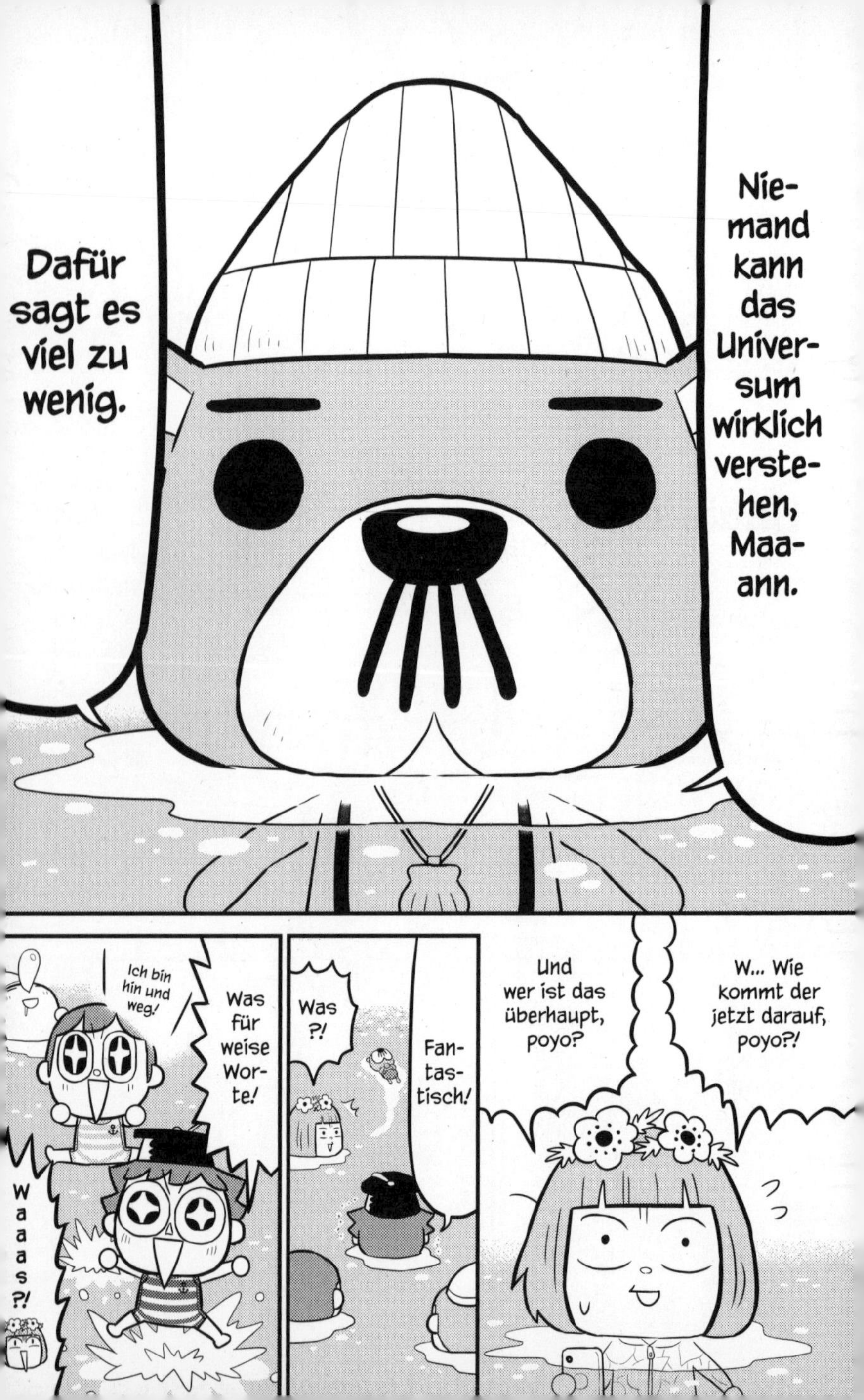

Niemand kann das Universum wirklich verstehen, Maaann.
Dafür sagt es viel zu wenig.
W... Wie kommt der jetzt darauf, poyo?!
Und wer ist das überhaupt, poyo?
Fantastisch!
Was?!
Was für weise Worte!
Ich bin hin und weg!
Waaas?!

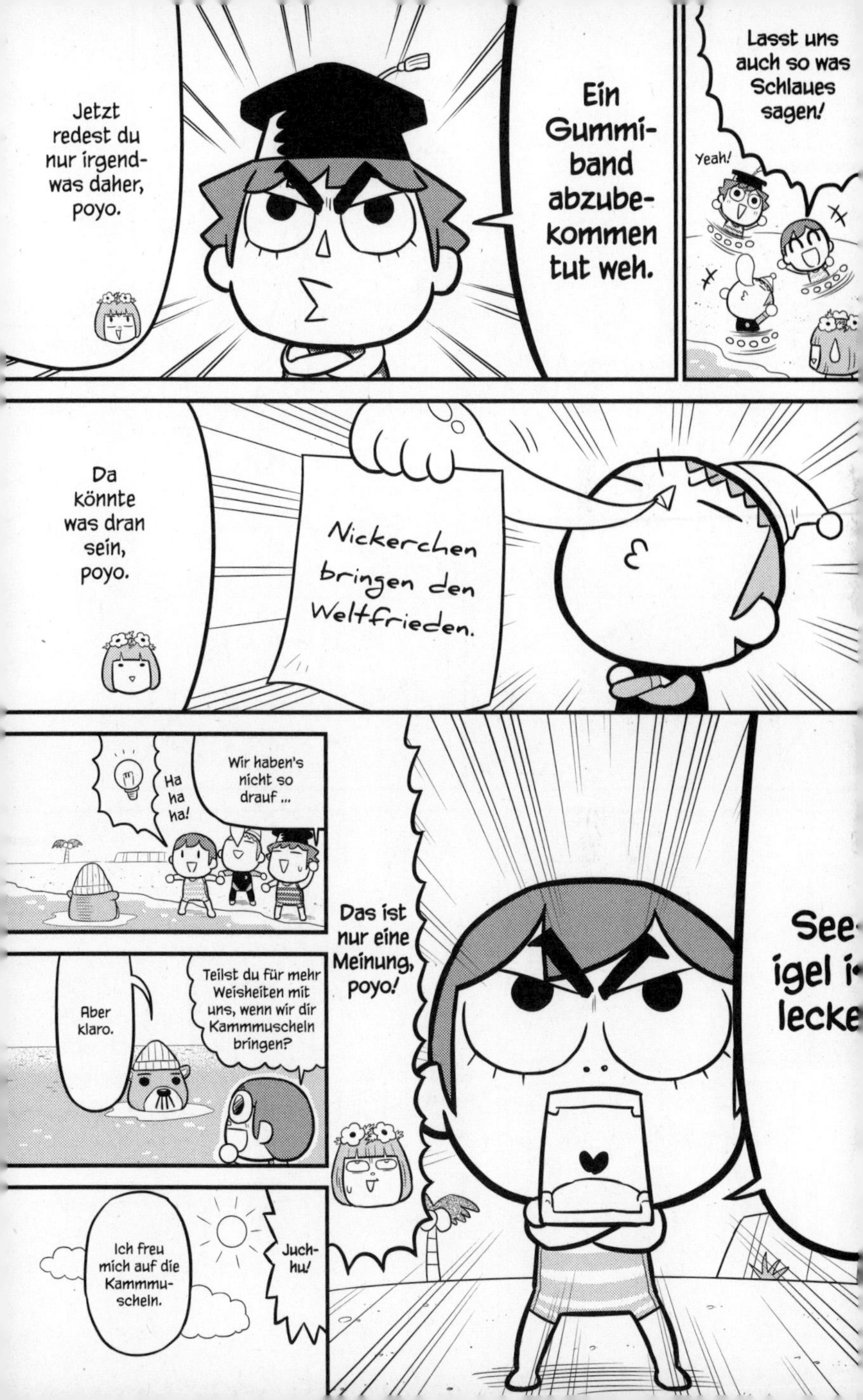
Lasst uns auch so was Schlaues sagen!
Yeah!
Ein Gummiband abzubekommen tut weh.
Jetzt redest du nur irgendwas daher, poyo.
Nickerchen bringen den Weltfrieden.
Da könnte was dran sein, poyo.
See-
igel i-
lecke
Das ist nur eine Meinung, poyo!
Wir haben's nicht so drauf ...
Ha ha ha!
Teilst du für mehr Weisheiten mit uns, wenn wir dir Kammmuscheln bringen?
Aber klaro.
Juchhu!
Ich freu mich auf die Kammmuscheln.

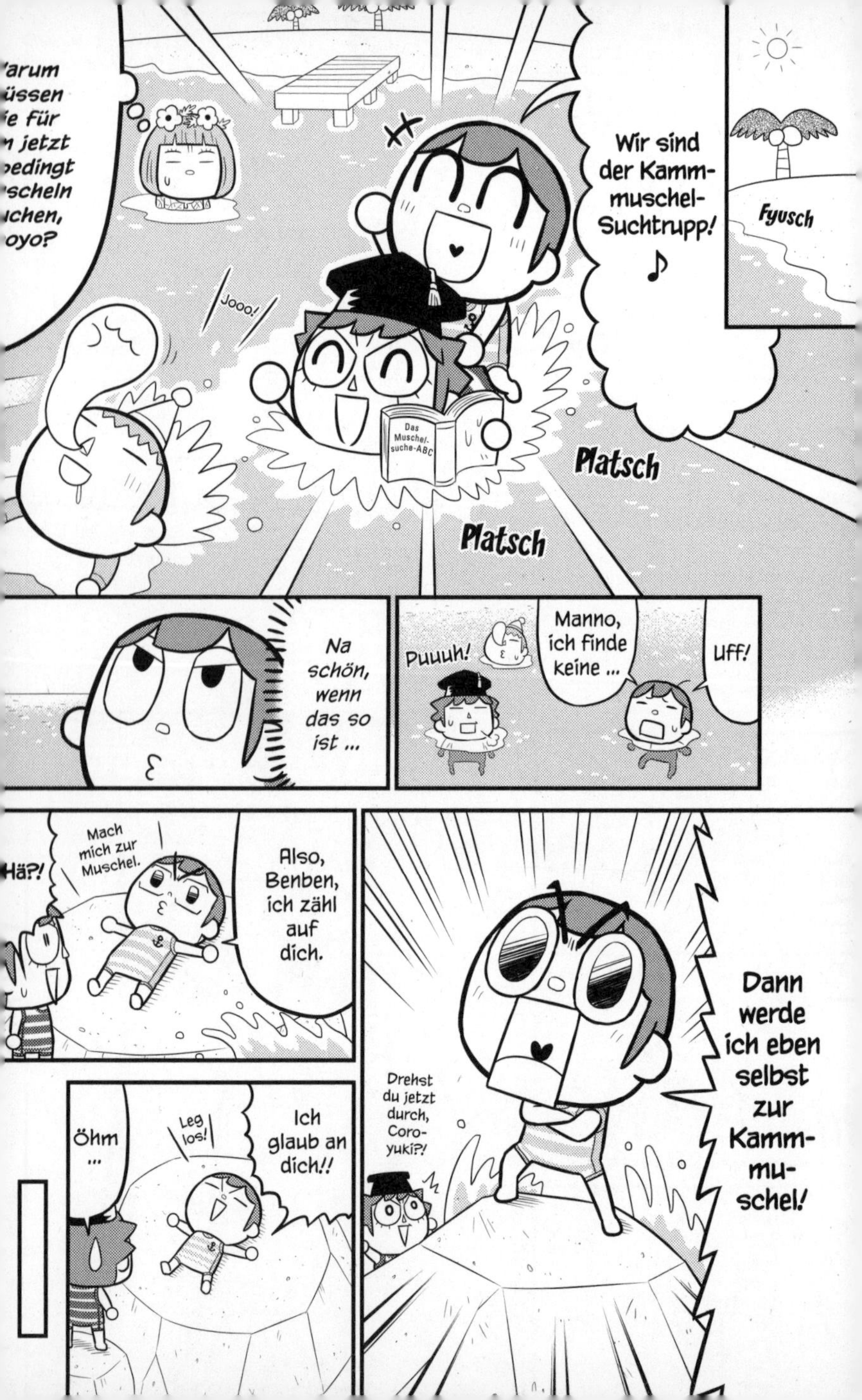

/arum
üssen
/e für
n jetzt
bedingt
scheln
ichen,
oyo?
Wir sind der Kamm-muschel-Suchtrupp! ♪
Fyusch
Jooo!
Das Muschel-suche-ABC
Platsch
Platsch
Na schön, wenn das so ist ...
Puuuh!
Manno, ich finde keine ...
Uff!
Hä?!
Mach mich zur Muschel.
Also, Benben, ich zähl auf dich.
Dann werde ich eben selbst zur Kamm-mu-schel!
Drehst du jetzt durch, Coro-yuki?!
Öhm ...
Leg los!
Ich glaub an dich!!

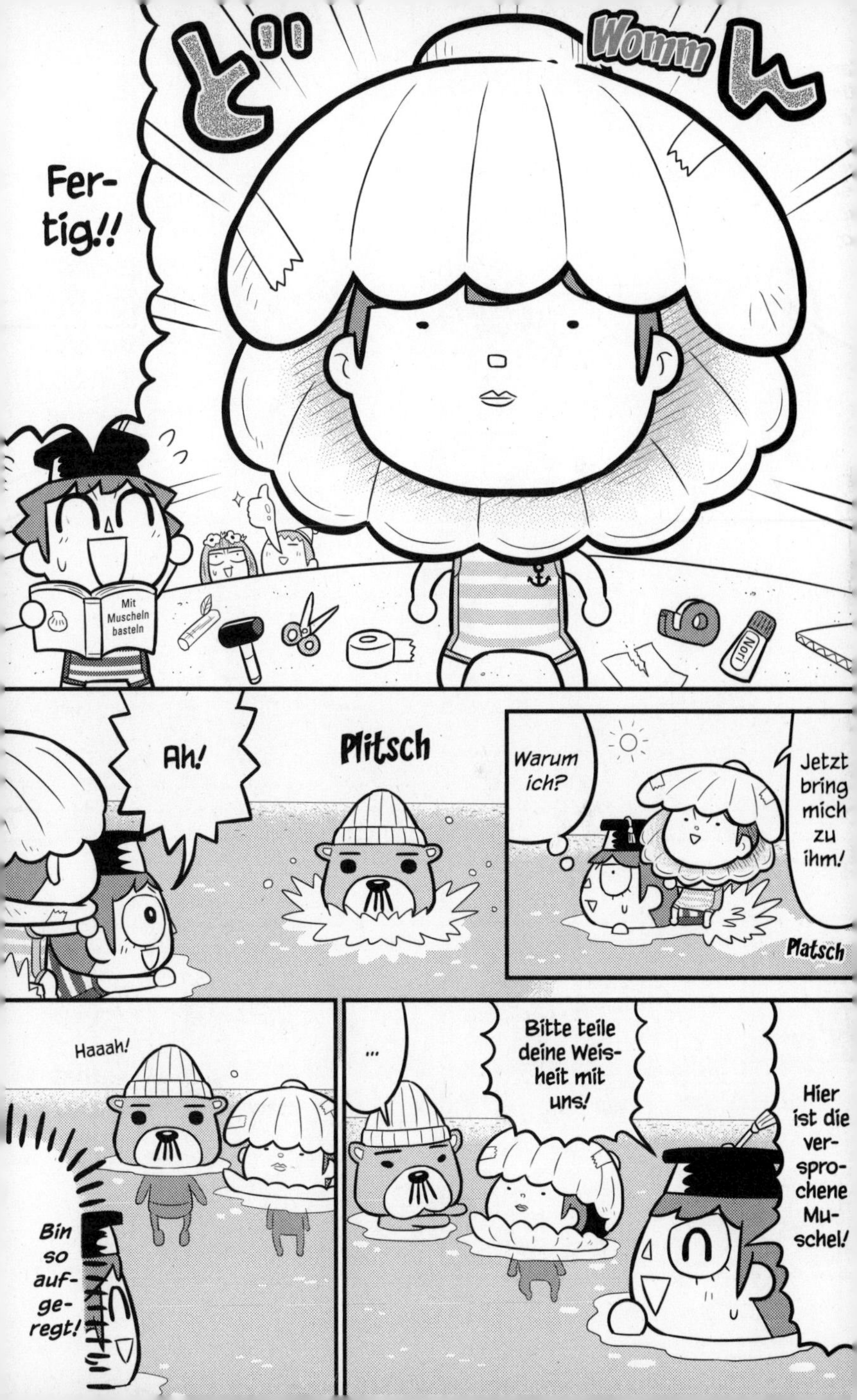

Womm
Fer-
tig!!
Mit Muscheln basteln
Nori
Jetzt bring mich zu ihm!
Warum ich?
Platsch
Plitsch
Ah!
Hier ist die ver-spro-chene Mu-schel!
Bitte teile deine Weis-heit mit uns!
...
Haaah!
Bin so auf-ge-regt!

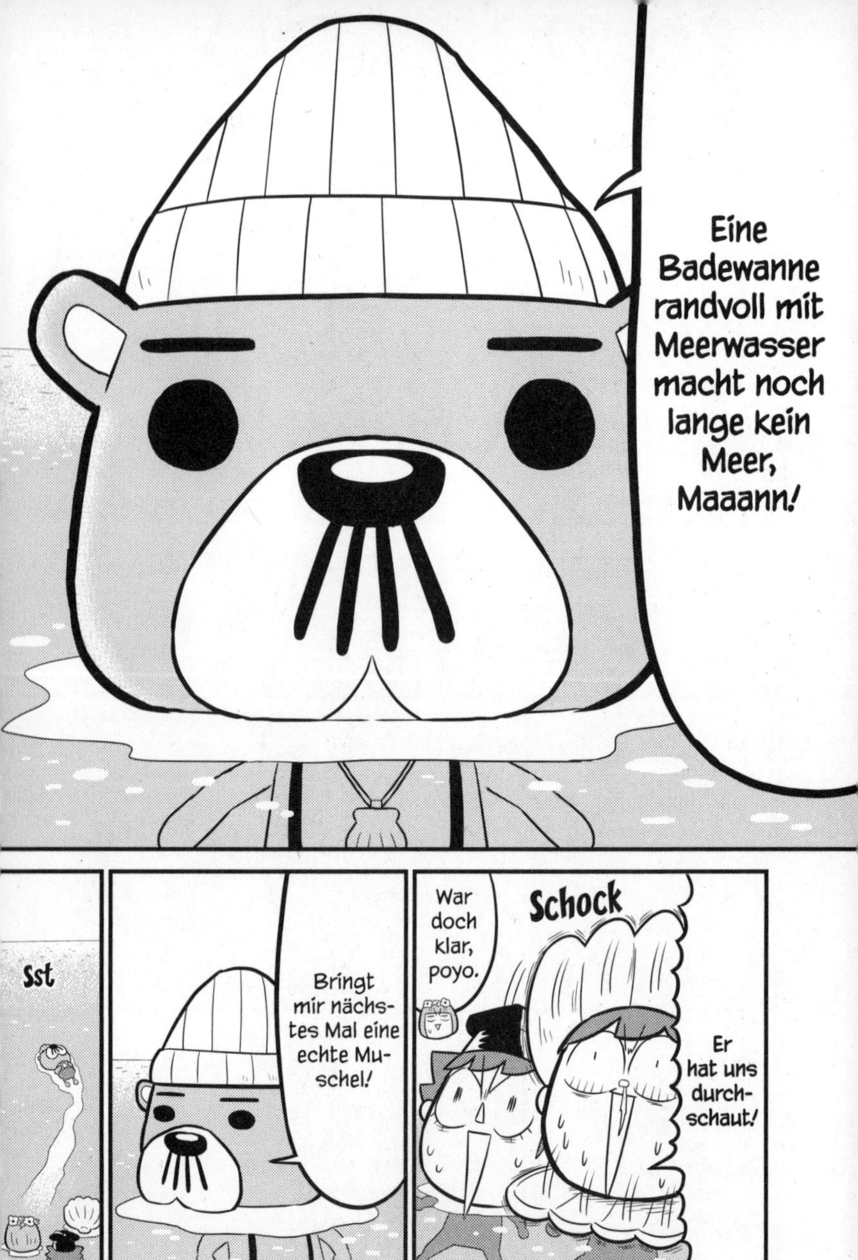
Eine Badewanne randvoll mit Meerwasser macht noch lange kein Meer, Maaann!
Schock
Er hat uns durchschaut!
War doch klar, poyo.
Bringt mir nächstes Mal eine echte Muschel!
Sst

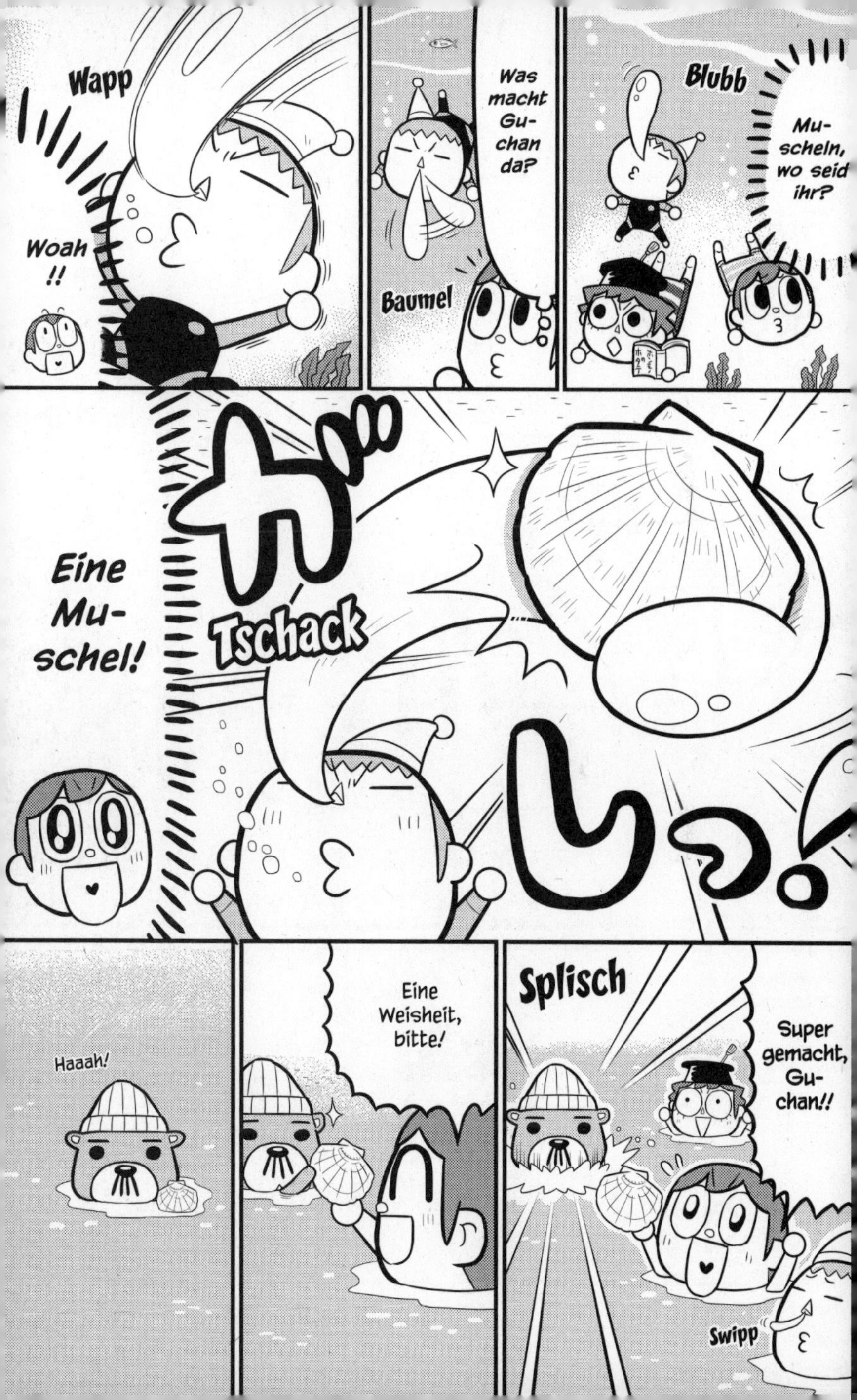
Blubb
Mu-scheln, wo seid ihr?
Was macht Gu-chan da?
Baumel
Wapp
Woah !!
Eine Mu-schel!
Tschack
Super gemacht, Gu-chan!!
Splisch
Swipp
Eine Weisheit, bitte!
Haaah!

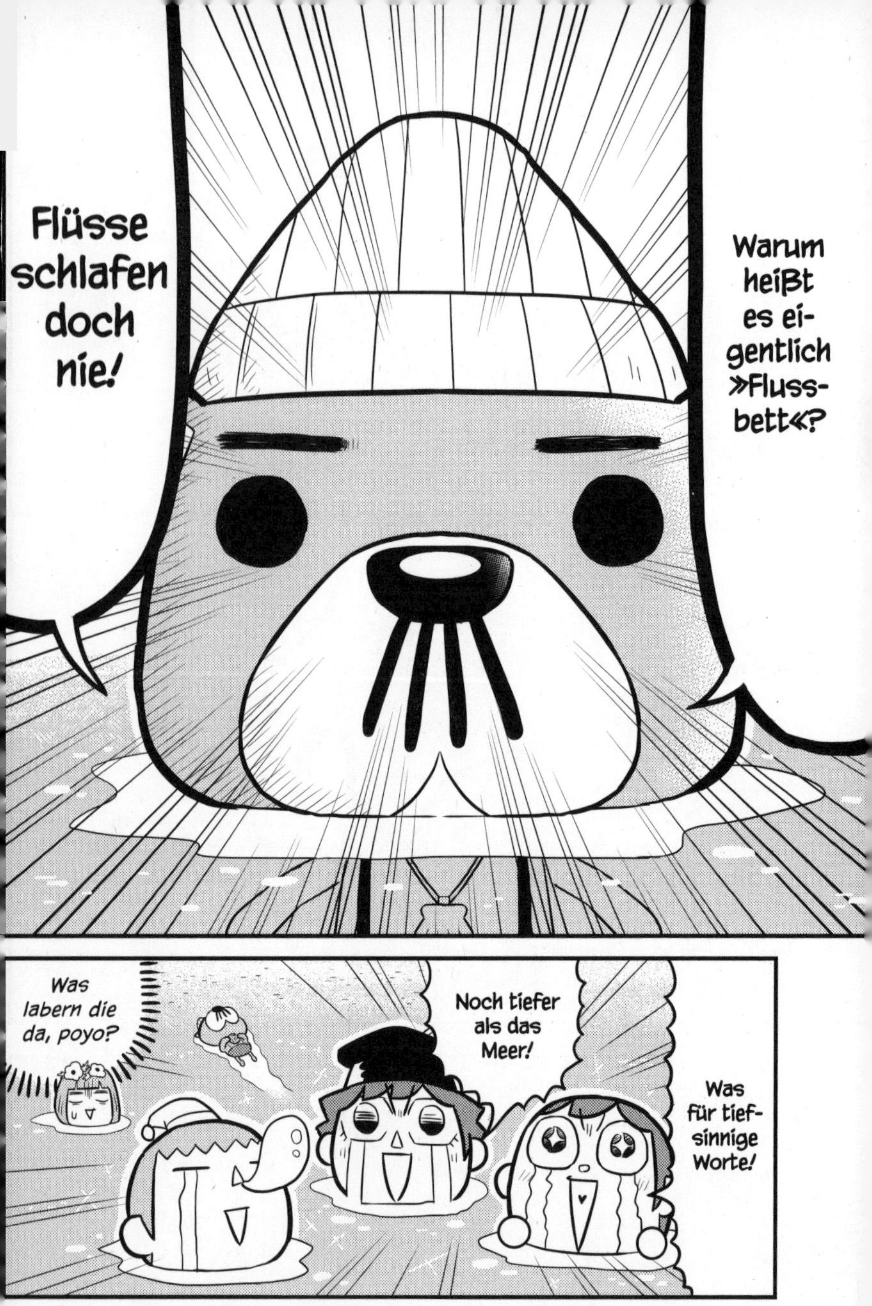
Warum heißt es eigentlich »Flussbett«?
Flüsse schlafen doch nie!
Was für tiefsinnige Worte!
Noch tiefer als das Meer!
Was labern die da, poyo?

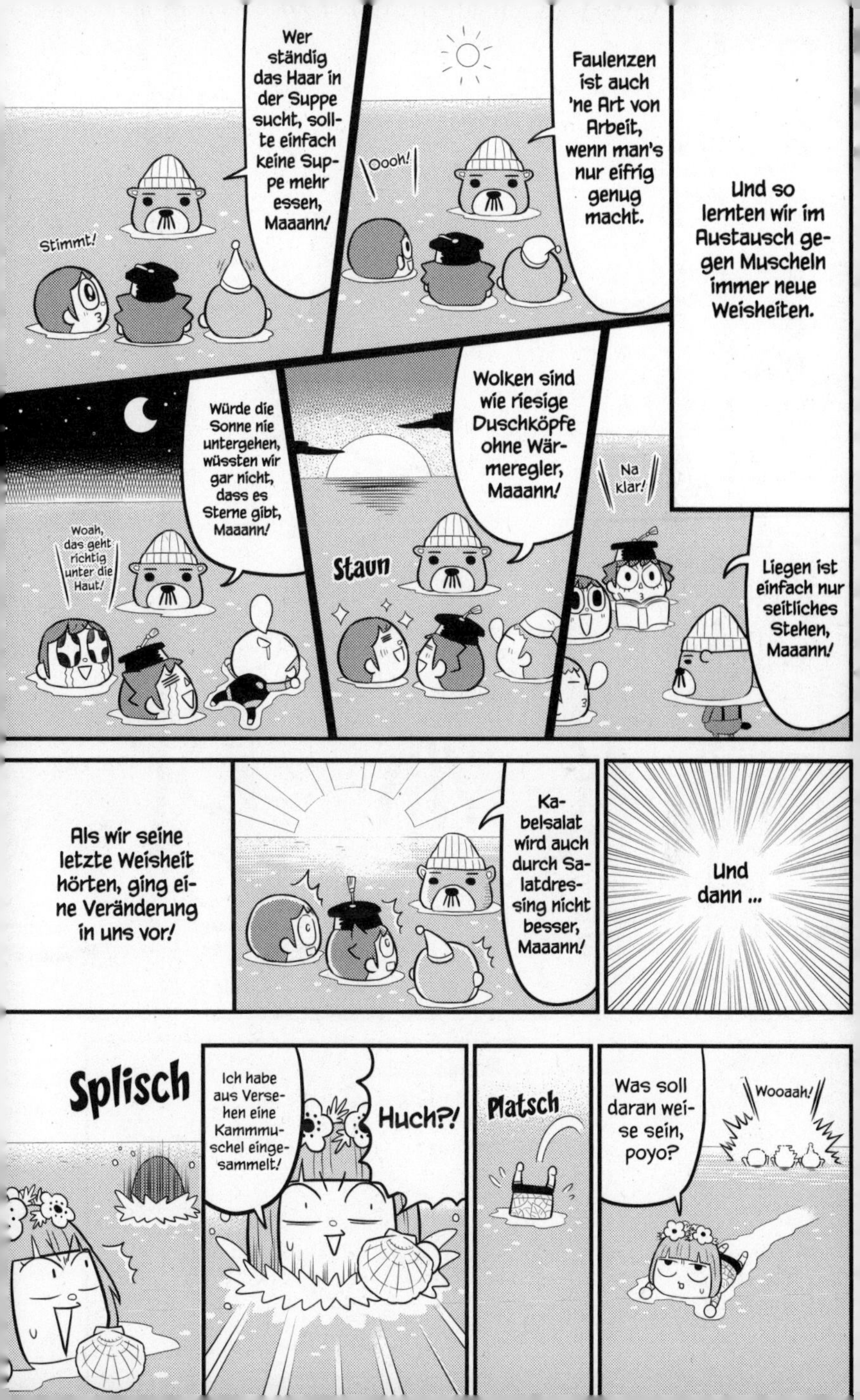
Wer ständig das Haar in der Suppe sucht, sollte einfach keine Suppe mehr essen, Maaann!
Stimmt!
Faulenzen ist auch 'ne Art von Arbeit, wenn man's nur eifrig genug macht.
Oooh!
Und so lernten wir im Austausch gegen Muscheln immer neue Weisheiten.
Würde die Sonne nie untergehen, wüssten wir gar nicht, dass es Sterne gibt, Maaann!
Woah, das geht richtig unter die Haut!
Wolken sind wie riesige Duschköpfe ohne Wärmeregler, Maaann!
Staun
Na klar!
Liegen ist einfach nur seitliches Stehen, Maaann!
Als wir seine letzte Weisheit hörten, ging eine Veränderung in uns vor!
Kabelsalat wird auch durch Salatdressing nicht besser, Maaann!
Und dann ...
Splisch
Ich habe aus Versehen eine Kammmuschel eingesammelt!
Huch?!
Platsch
Was soll daran weise sein, poyo?
Wooaah!

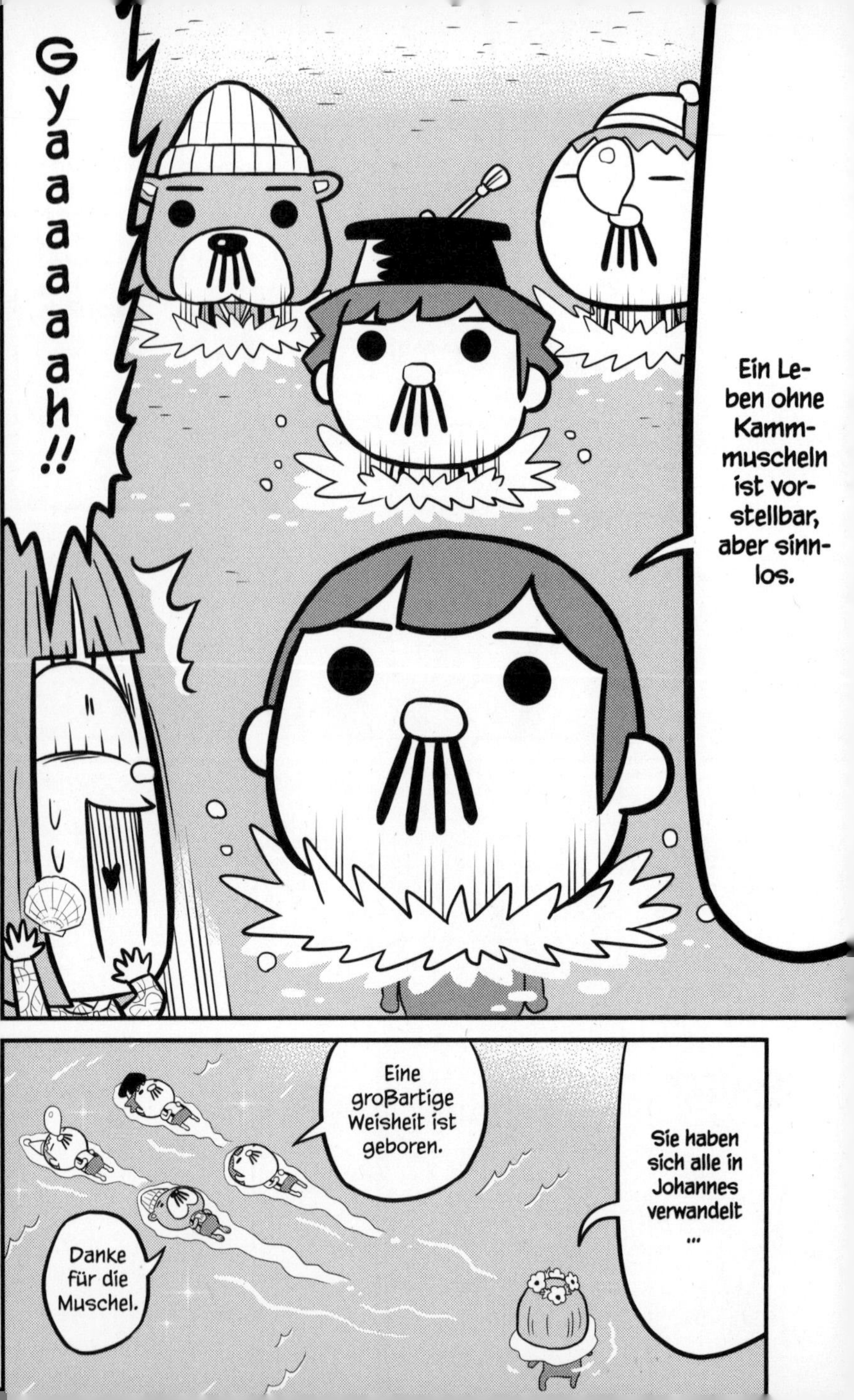
Ein Leben ohne Kammmuscheln ist vorstellbar, aber sinnlos.
Gyaaaaaaah!!
Sie haben sich alle in Johannes verwandelt ...
Eine großartige Weisheit ist geboren.
Danke für die Muschel.

Welcome to Animal Crossing New Horizons
Turbulente Inseltage

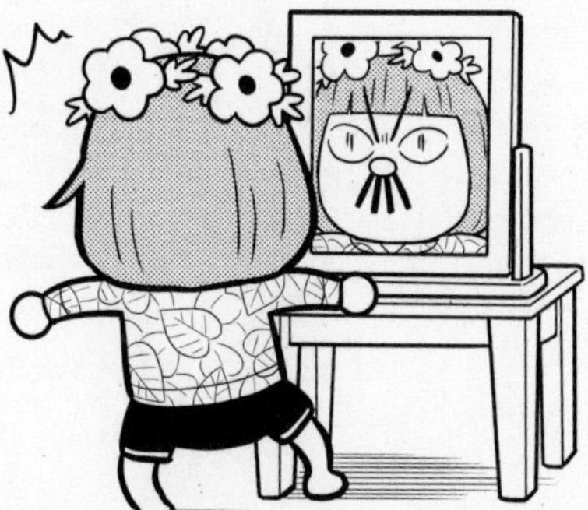

Verbessert das Insel-Image!

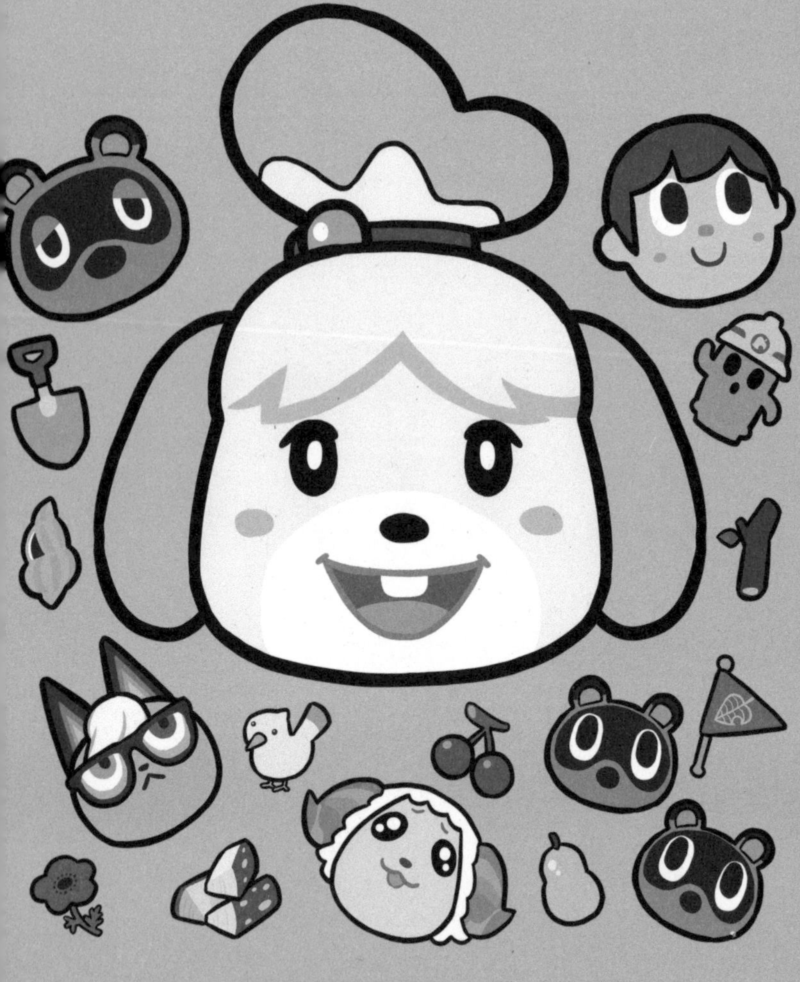

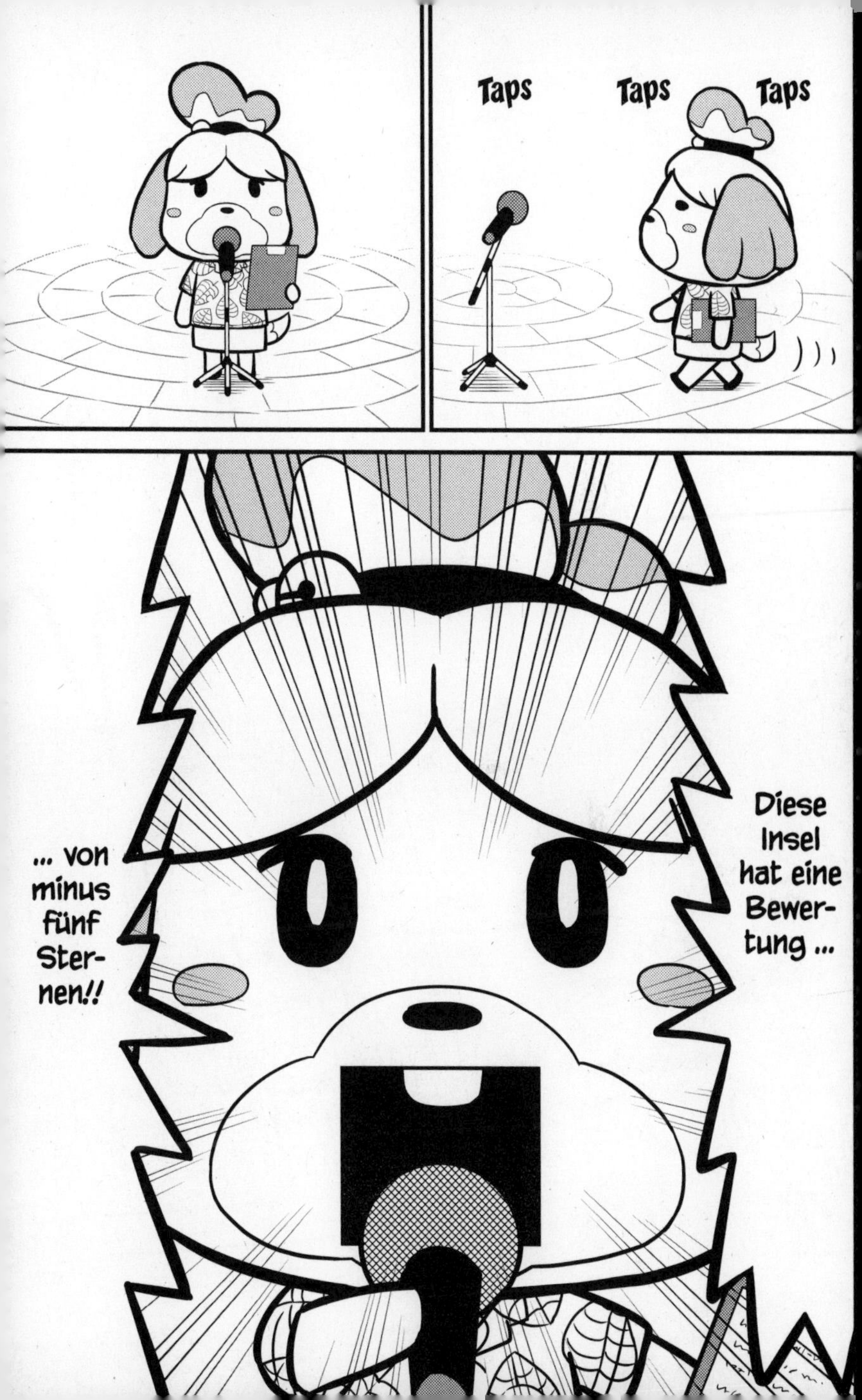

Taps
Taps
Taps
Diese Insel hat eine Bewertung ...
... von minus fünf Sternen!!

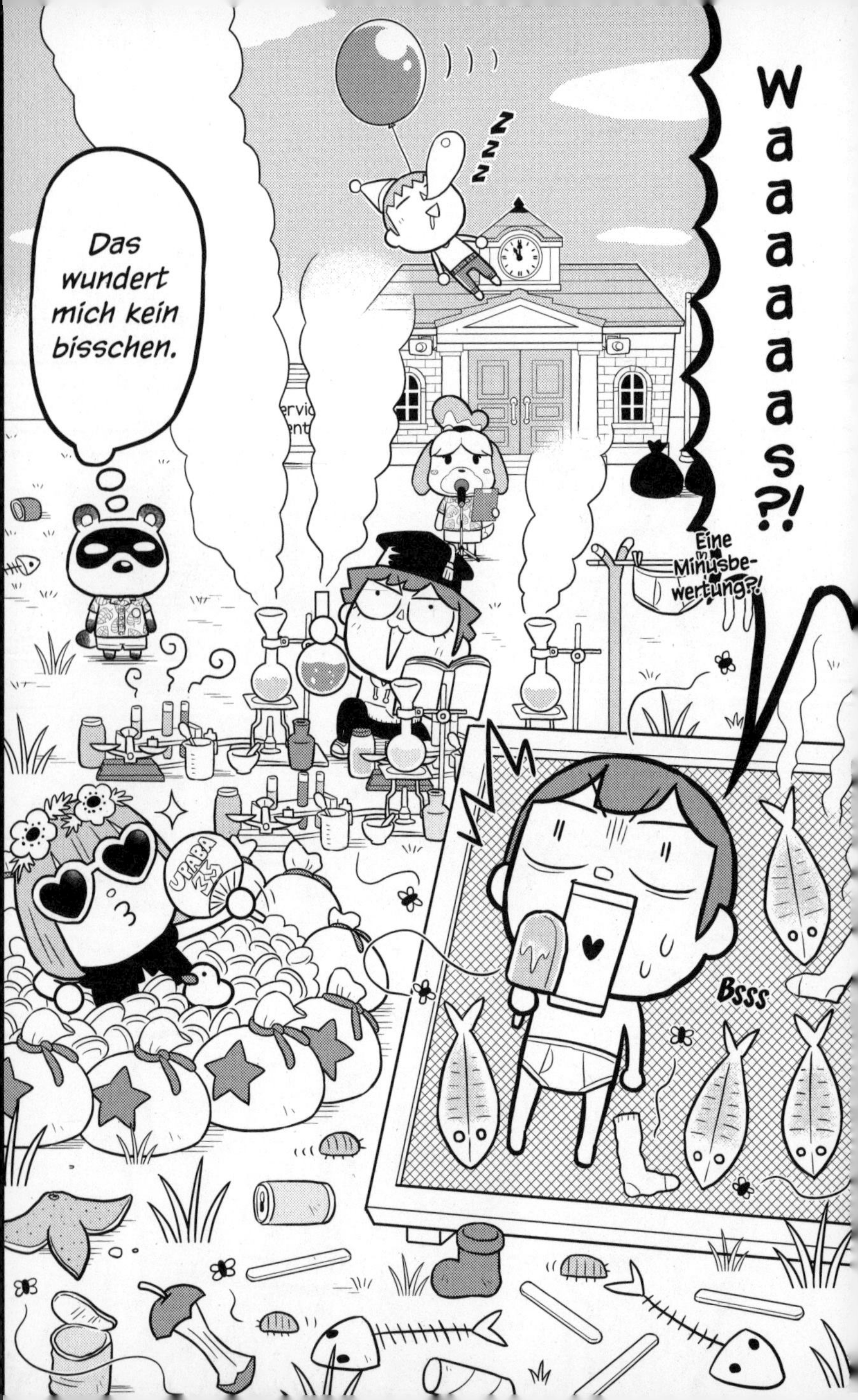
Waaaaaaas?!
Eine Minusbewertung?!
Das wundert mich kein bisschen.
Bsss

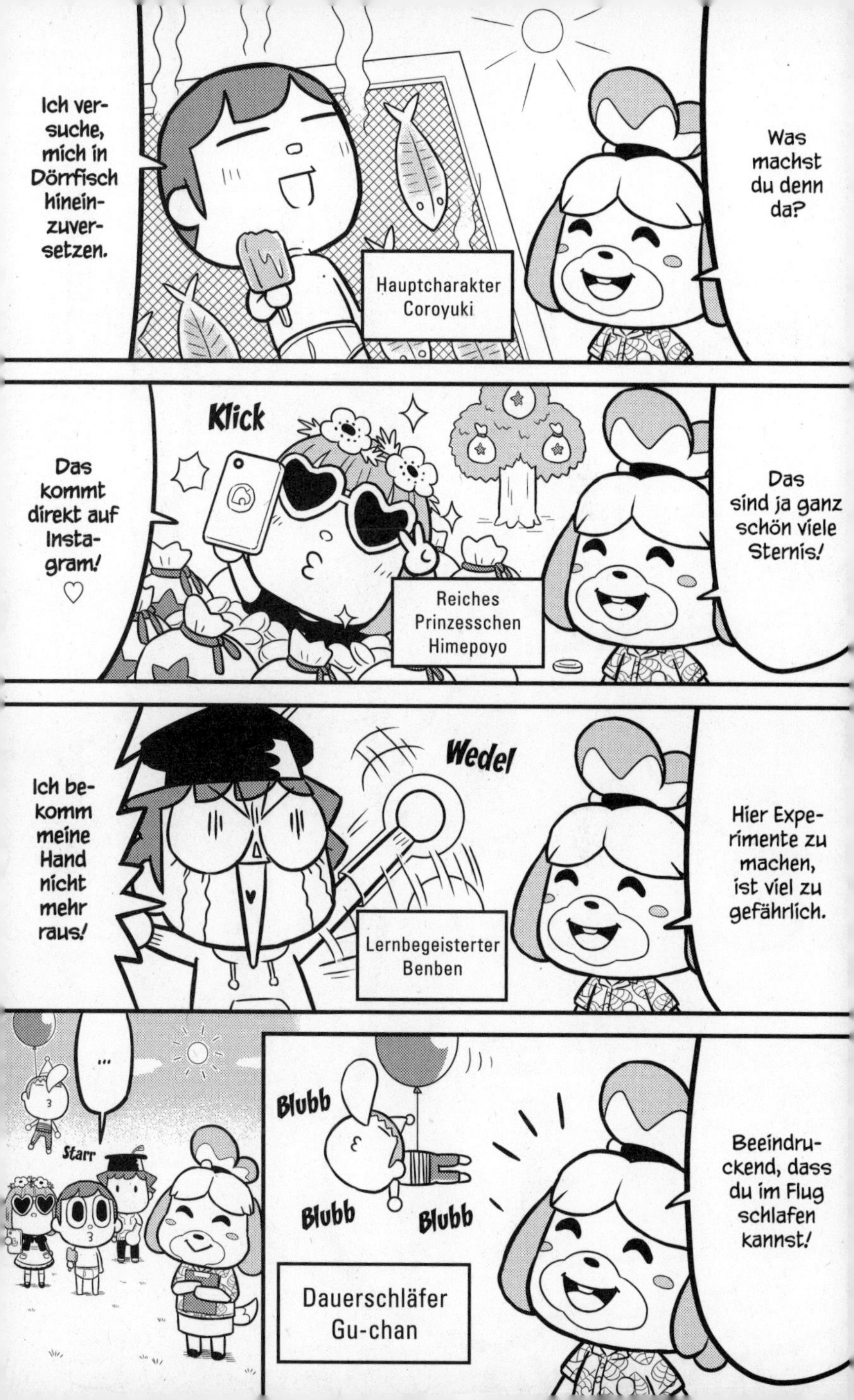
Was machst du denn da?
Ich versuche, mich in Dörrfisch hineinzuversetzen.
Hauptcharakter Coroyuki
Das sind ja ganz schön viele Sternis!
Klick
Das kommt direkt auf Instagram! ♡
Reiches Prinzesschen Himepoyo
Hier Experimente zu machen, ist viel zu gefährlich.
Wedel
Ich bekomm meine Hand nicht mehr raus!
Lernbegeisterter Benben
Beeindruckend, dass du im Flug schlafen kannst!
Blubb
Blubb
Blubb
Dauerschläfer Gu-chan
...
Starr

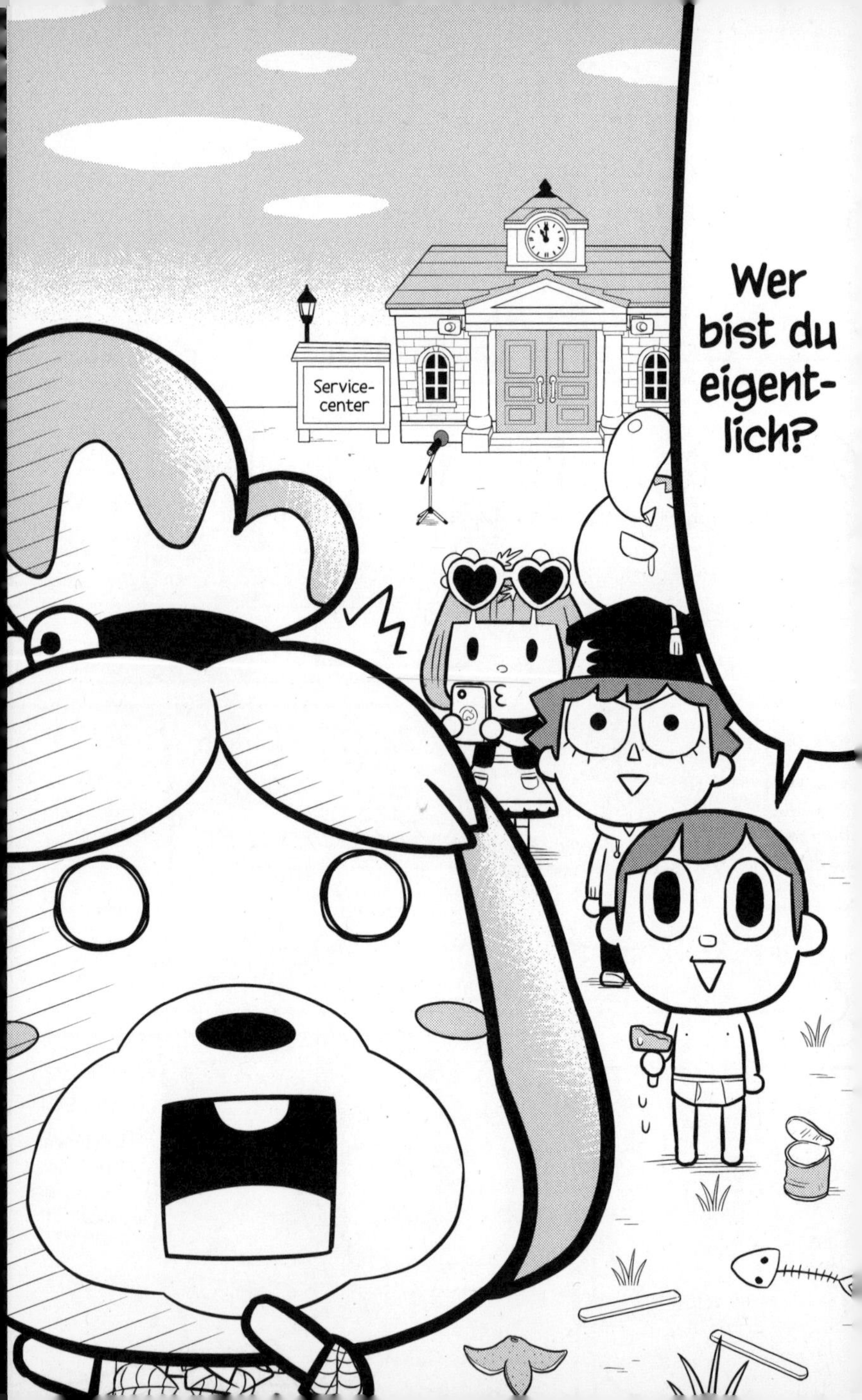
Service-
center
Wer
bist du
eigent-
lich?

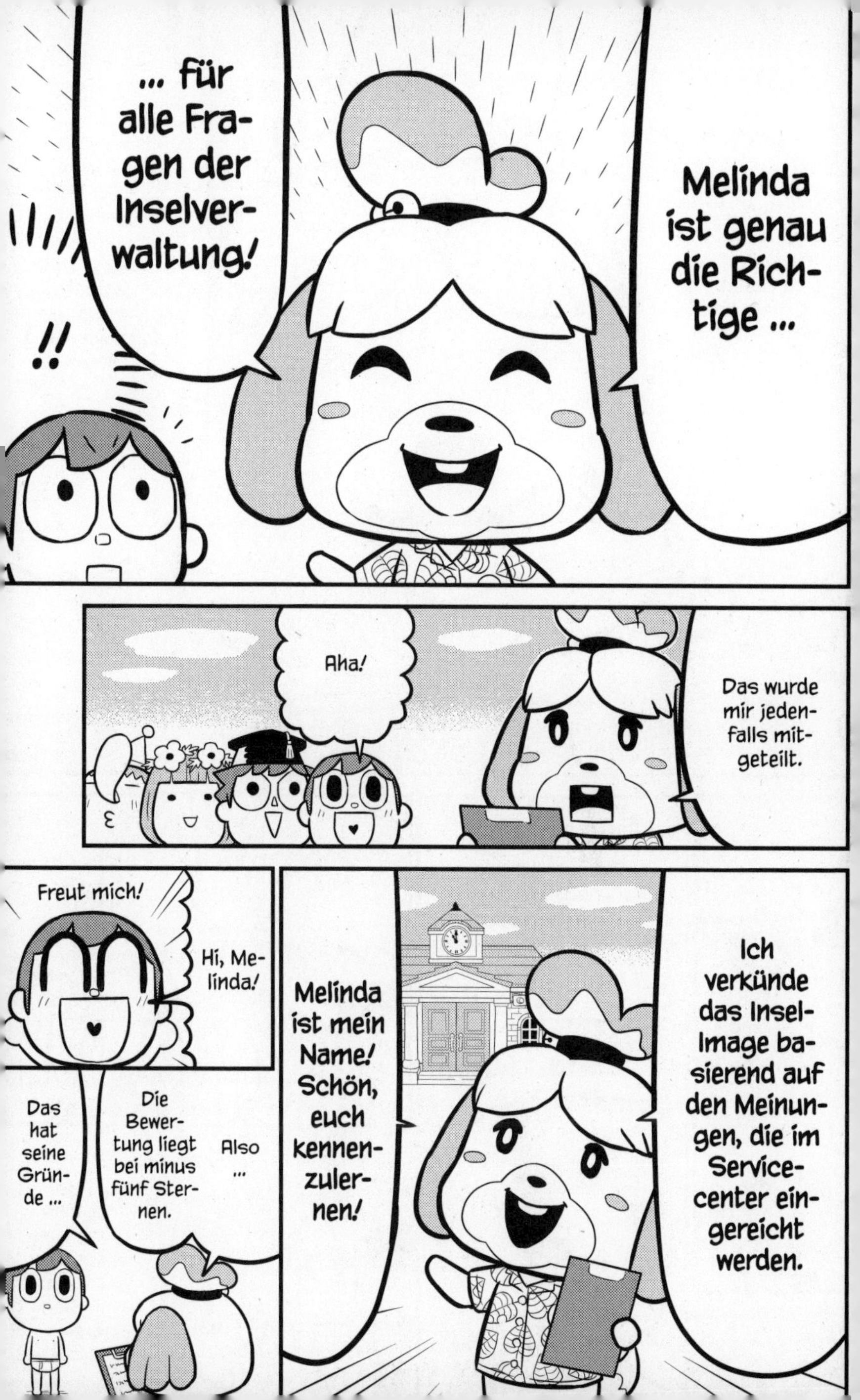

Melinda ist genau die Richtige ...
... für alle Fragen der Inselverwaltung!
!!
Das wurde mir jedenfalls mitgeteilt.
Aha!
Ich verkünde das Insel-Image basierend auf den Meinungen, die im Servicecenter eingereicht werden.
Melinda ist mein Name! Schön, euch kennenzulernen!
Hi, Melinda!
Freut mich!
Also ...
Die Bewertung liegt bei minus fünf Sternen.
Das hat seine Gründe ...

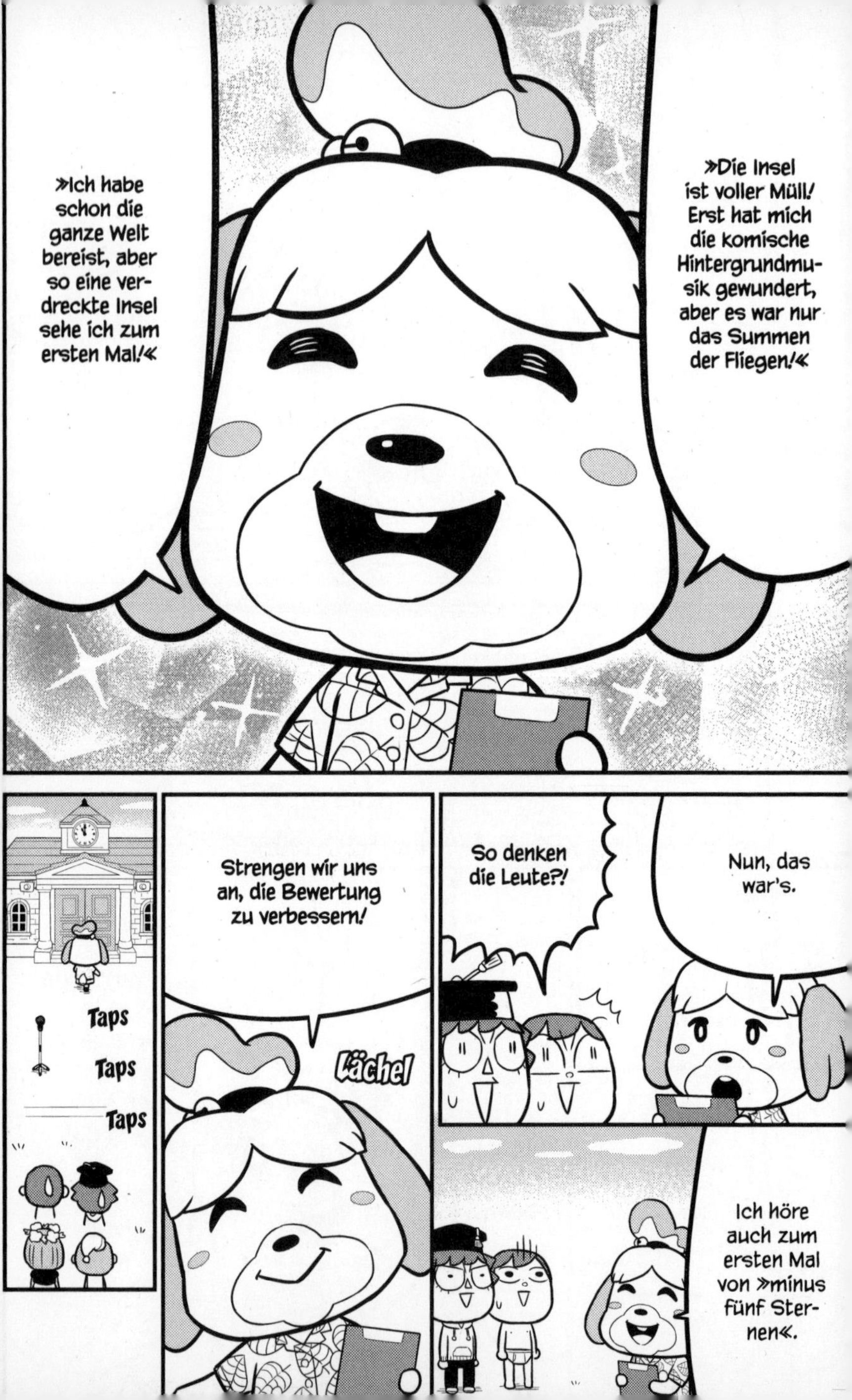
»Die Insel ist voller Müll! Erst hat mich die komische Hintergrundmusik gewundert, aber es war nur das Summen der Fliegen!«
»Ich habe schon die ganze Welt bereist, aber so eine verdreckte Insel sehe ich zum ersten Mal!«
Nun, das war's.
So denken die Leute?!
Ich höre auch zum ersten Mal von »minus fünf Sternen«.
Strengen wir uns an, die Bewertung zu verbessern!
Lächel
Taps
Taps
Taps

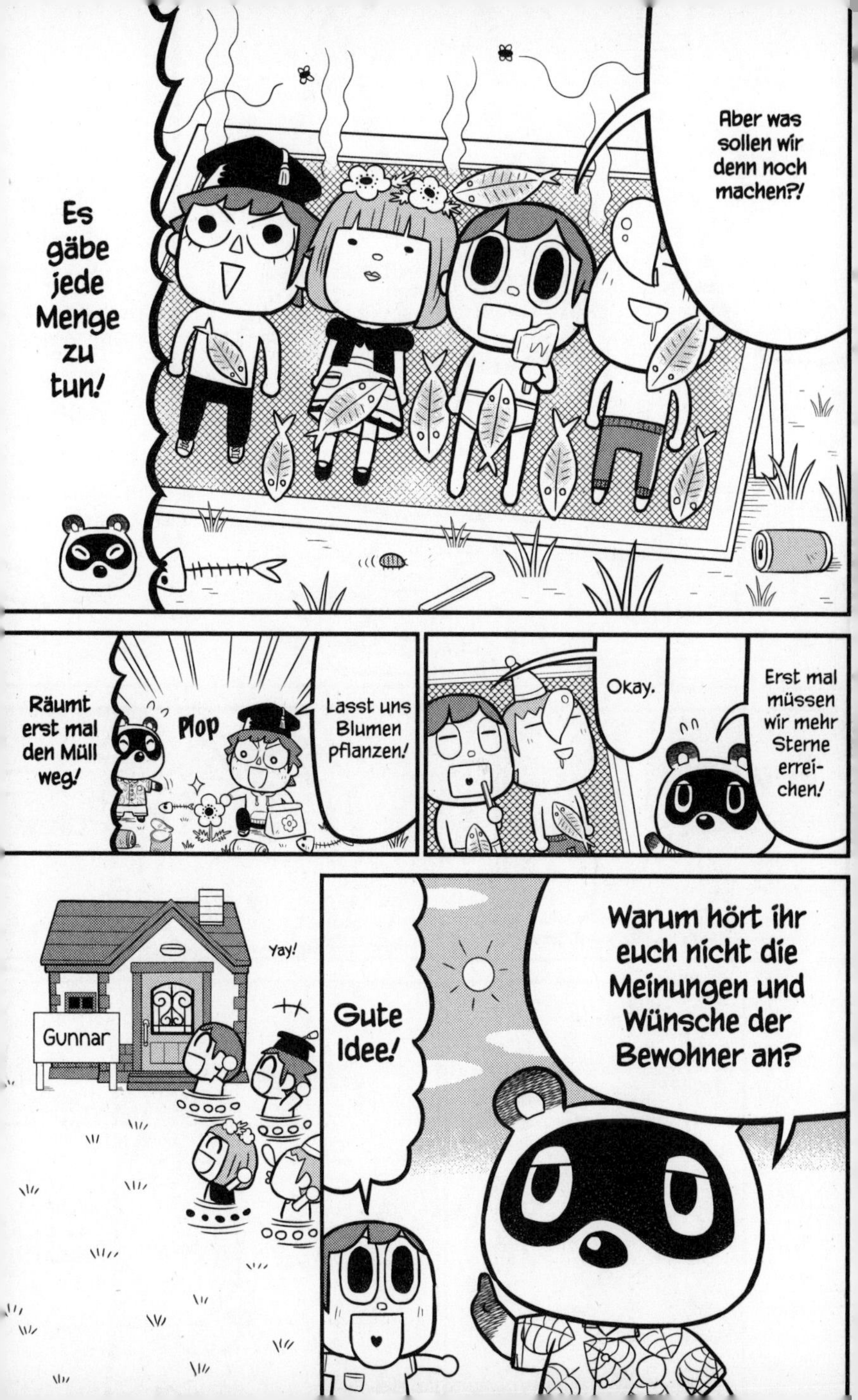
Aber was sollen wir denn noch machen?!
Es gäbe jede Menge zu tun!
Räumt erst mal den Müll weg!
Plop
Lasst uns Blumen pflanzen!
Okay.
Erst mal müssen wir mehr Sterne errei-chen!
Gunnar
Yay!
Gute Idee!
Warum hört ihr euch nicht die Meinungen und Wünsche der Bewohner an?

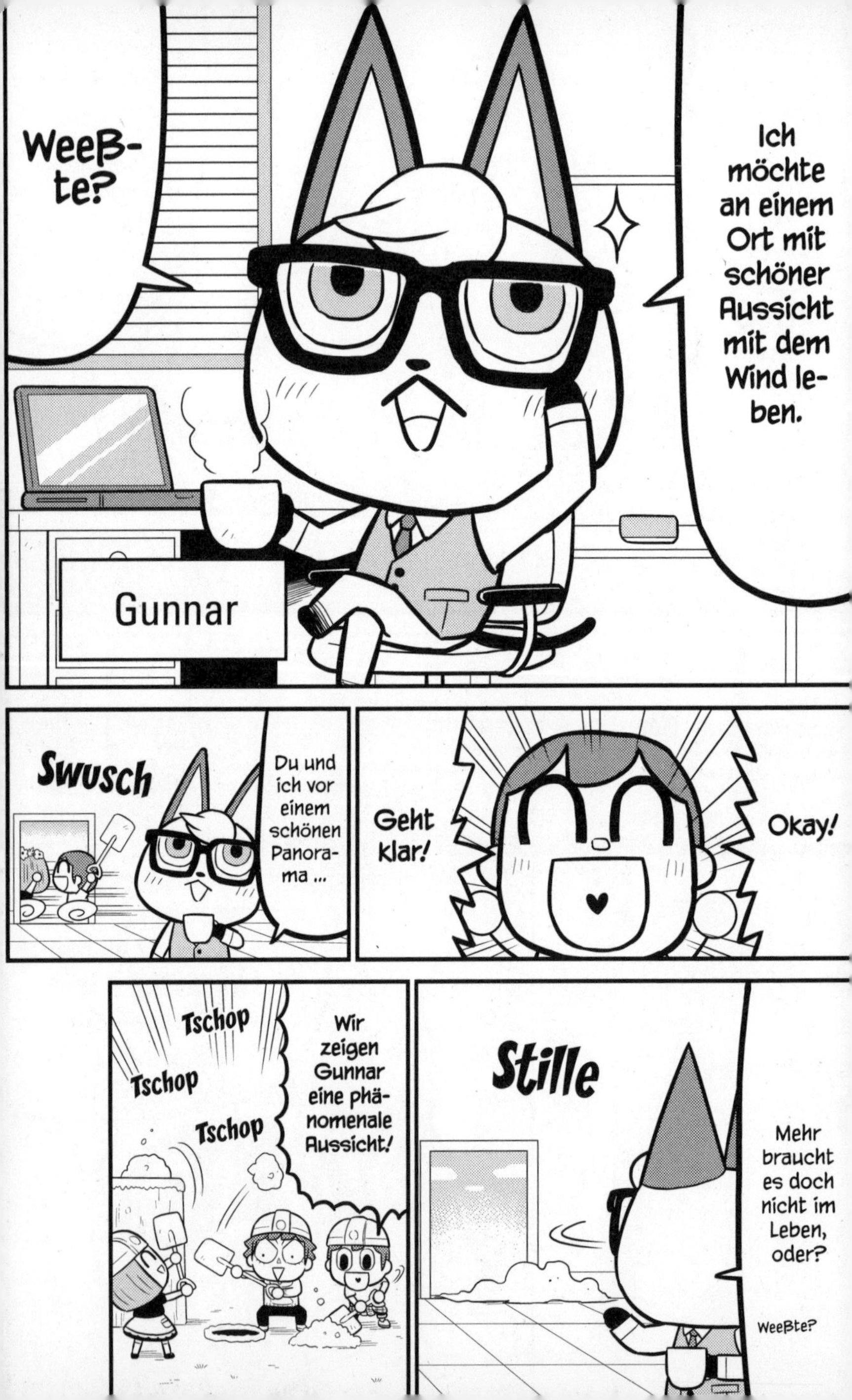
Ich möchte an einem Ort mit schöner Aussicht mit dem Wind leben.
Weeßte?
Gunnar
Swusch
Du und ich vor einem schönen Panorama ...
Okay!
Geht klar!
Tschop
Tschop
Tschop
Wir zeigen Gunnar eine phänomenale Aussicht!
Stille
Mehr braucht es doch nicht im Leben, oder?
Weeßte?

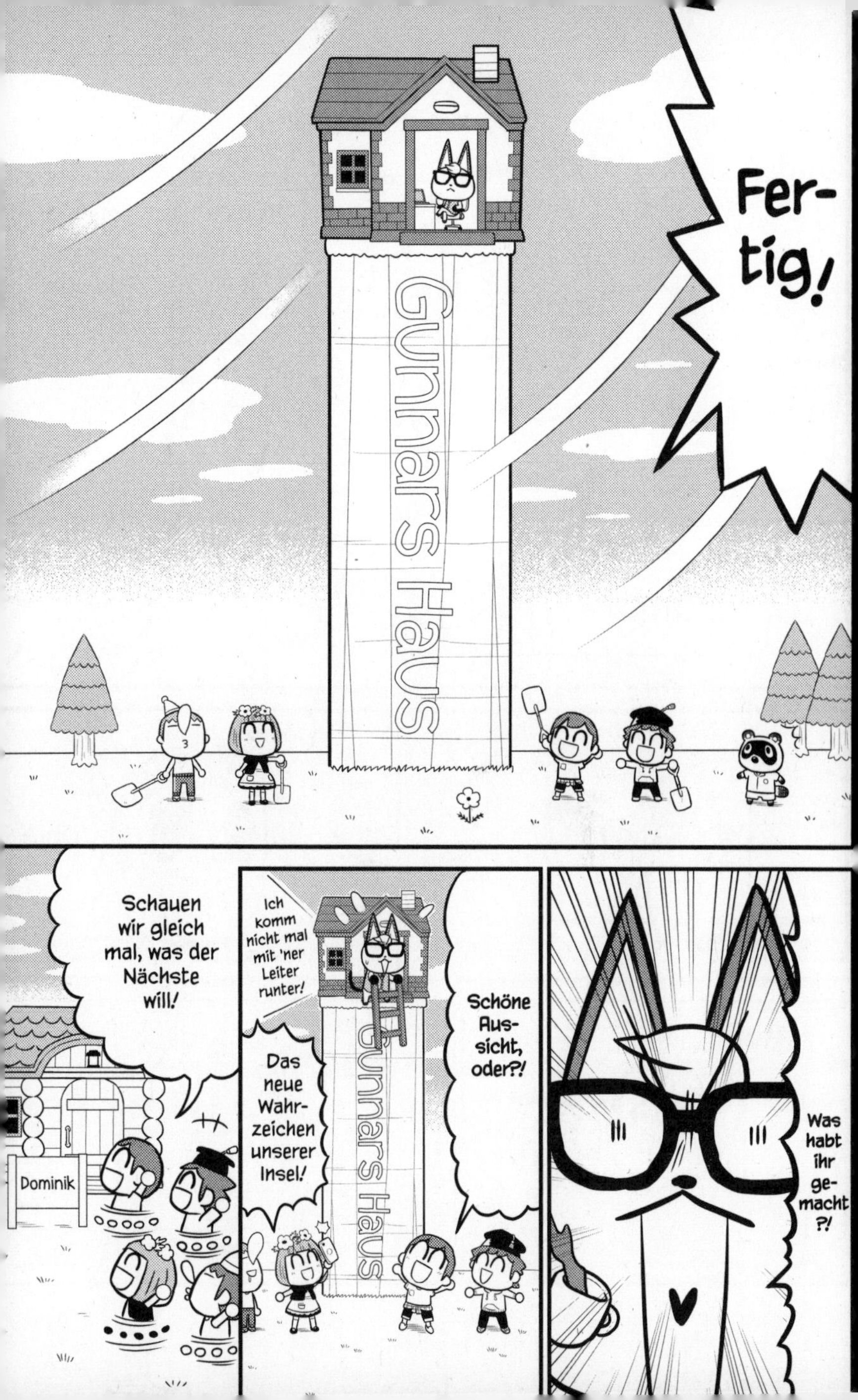

Fer-tig!
Gunnars Haus
Schauen wir gleich mal, was der Nächste will!
Dominik
Ich komm nicht mal mit 'ner Leiter runter!
Das neue Wahrzeichen unserer Insel!
Schöne Aus-sicht, oder?!
Gunnars Haus
Was habt ihr ge-macht?!

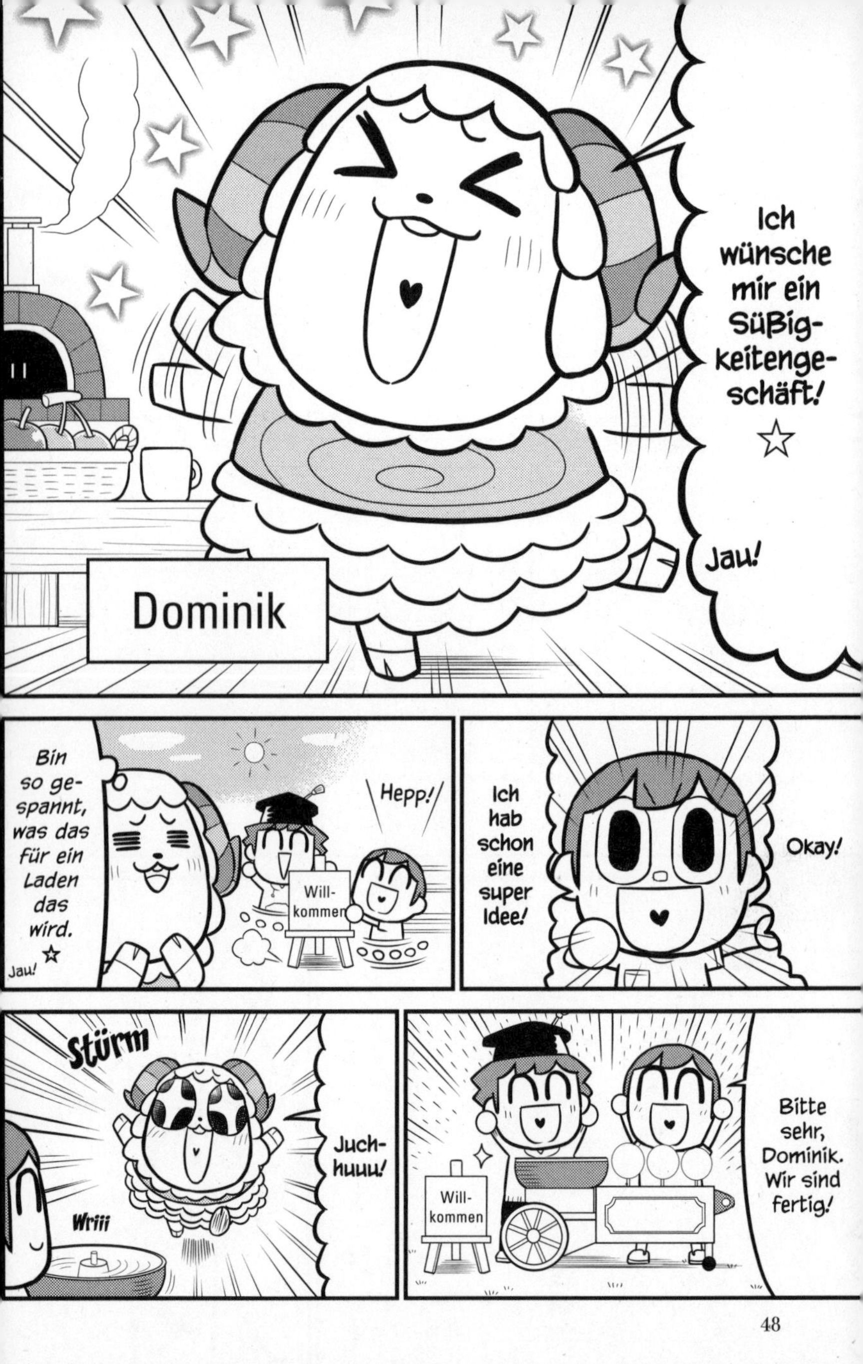

Ich wünsche mir ein Süßigkeitengeschäft! ☆
Jau!
Dominik
Bin so gespannt, was das für ein Laden das wird. ☆
Jau!
Hepp!
Will-kommen
Ich hab schon eine super Idee!
Okay!
Stürm
Juchhuuu!
Wriii
Bitte sehr, Dominik. Wir sind fertig!
Will-kommen

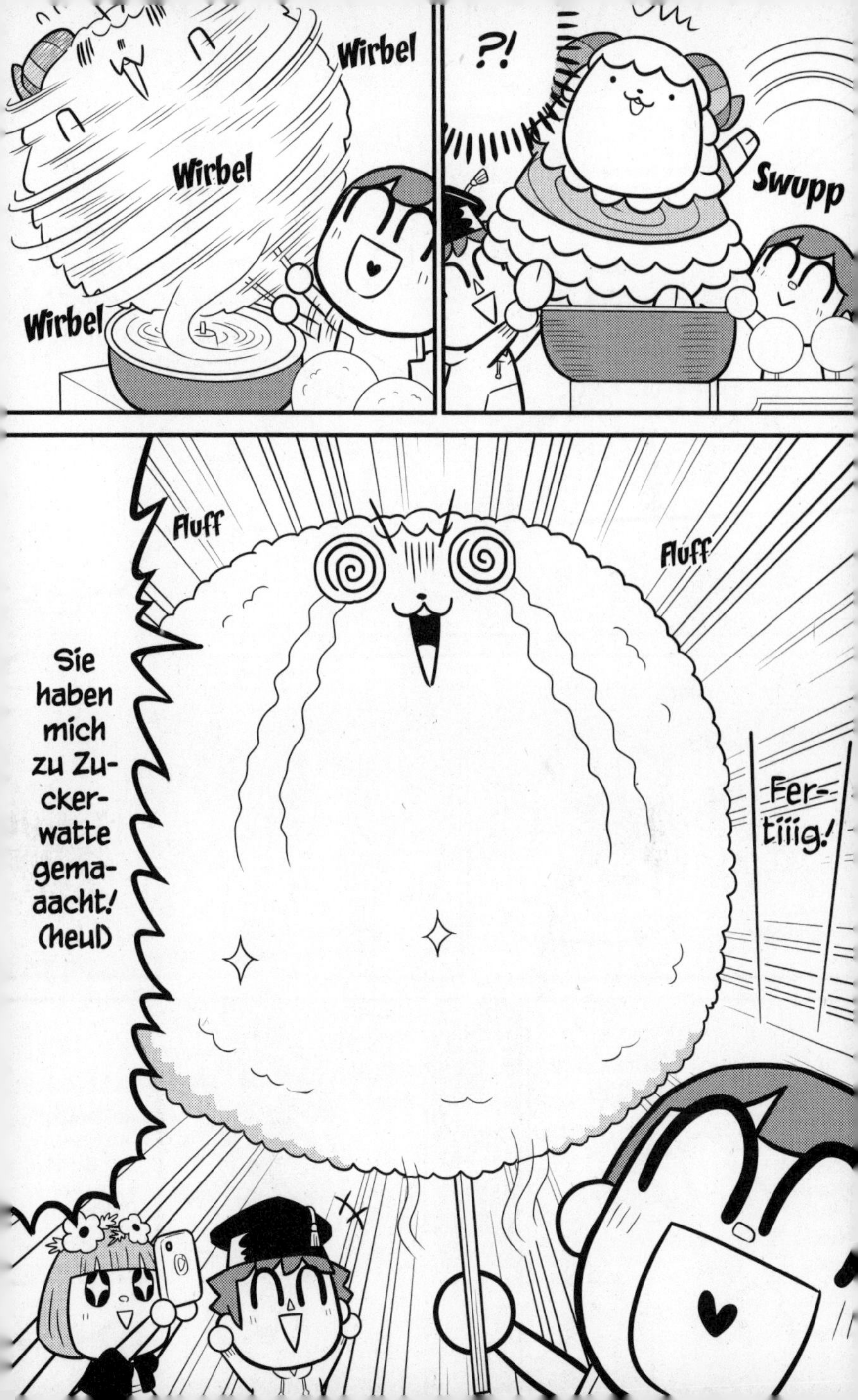
?!
Swupp
Wirbel
Wirbel
Wirbel
Fluff
Fluff
Fer-
tiiig!
Sie
haben
mich
zu Zu-
cker-
watte
gema-
acht!
(heul)

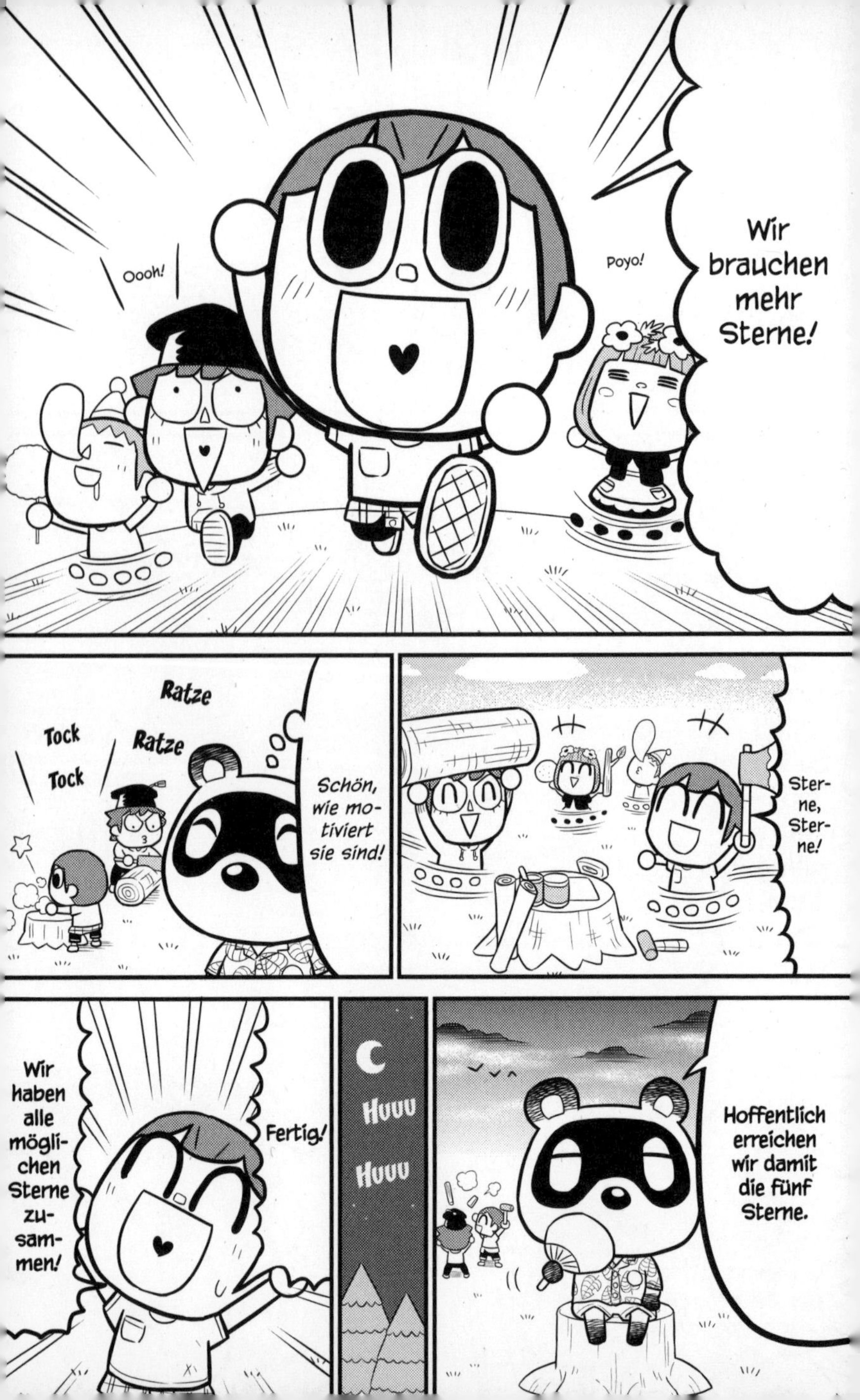
Wir brauchen mehr Sterne!
Poyo!
Oooh!
Schön, wie motiviert sie sind!
Ratze
Ratze
Tock
Tock
Sterne, Sterne!
Hoffentlich erreichen wir damit die fünf Sterne.
Huuu
Huuu
Fertig!
Wir haben alle möglichen Sterne zusammen!

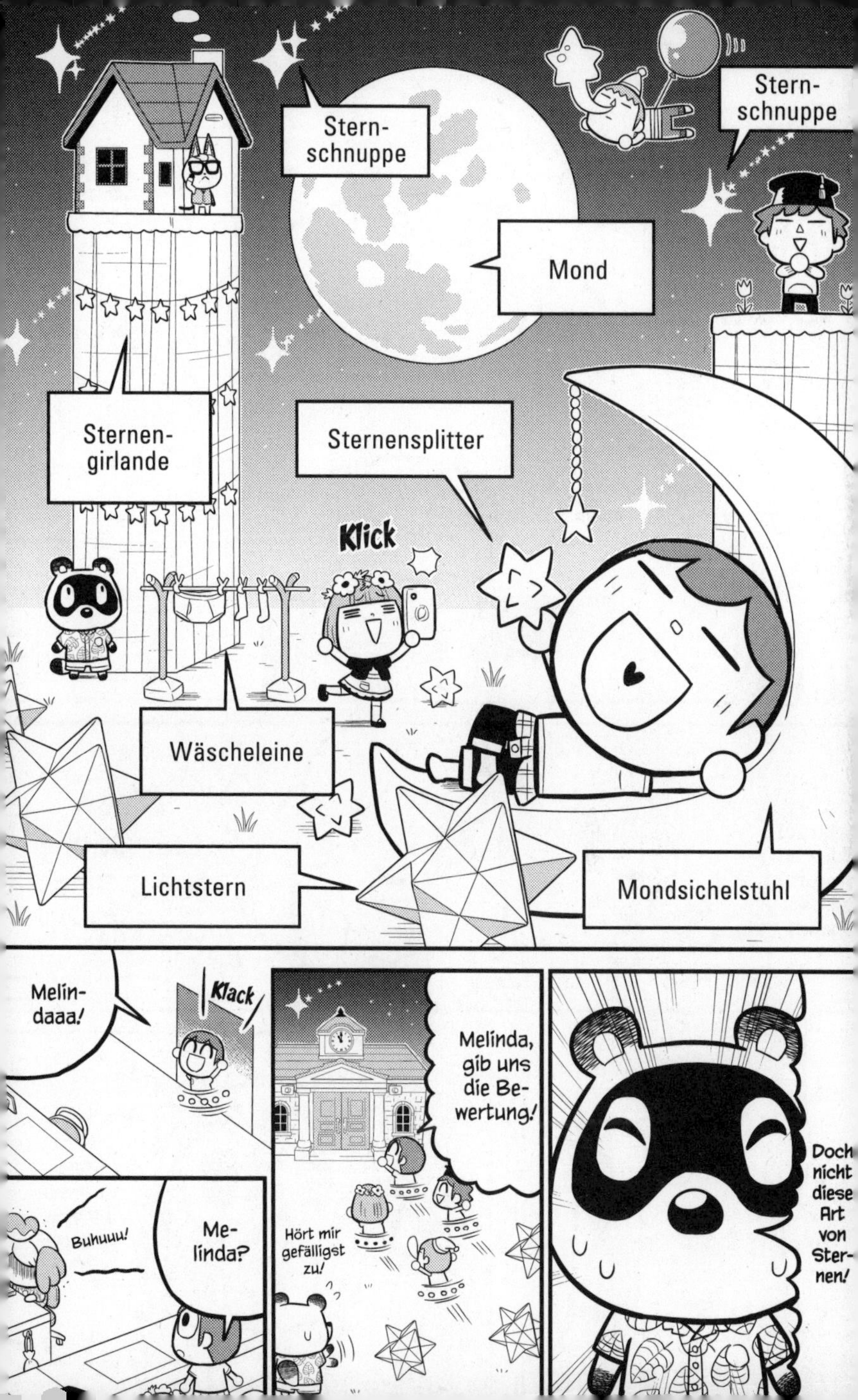
Stern-
schnuppe
Stern-
schnuppe
Mond
Sternen-
girlande
Sternensplitter
Klick
Wäscheleine
Lichtstern
Mondsichelstuhl
Melin-
daaa!
Klack
Melinda,
gib uns
die Be-
wertung!
Doch
nicht
diese
Art
von
Ster-
nen!
Buhuuu!
Me-
linda?
Hört mir
gefälligst
zu!

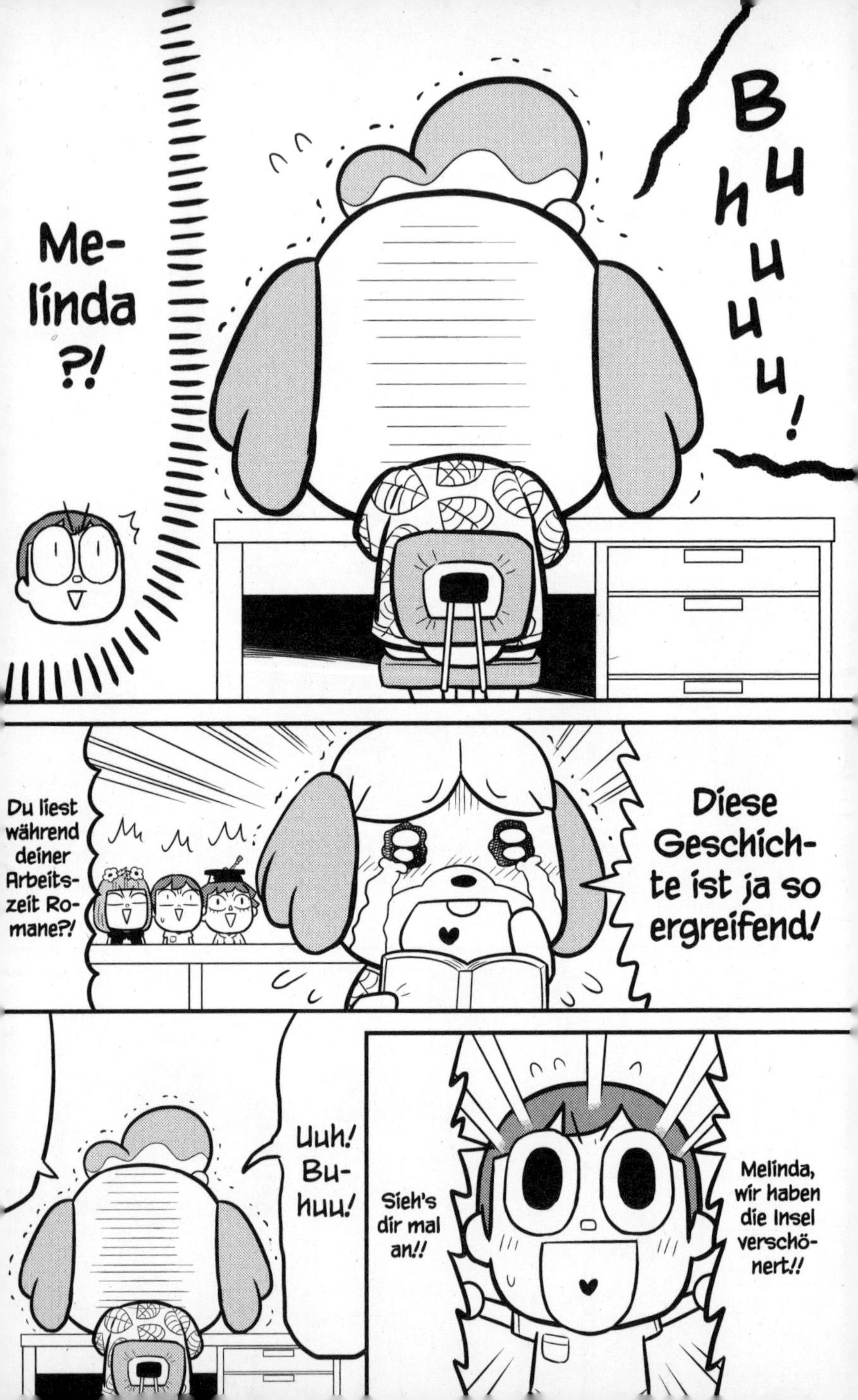
Buhuuuuu!
Melinda?!
Diese Geschichte ist ja so ergreifend!
Du liest während deiner Arbeitszeit Romane?!
Melinda, wir haben die Insel verschönert!!
Sieh's dir mal an!!
Uuh! Buhuu!

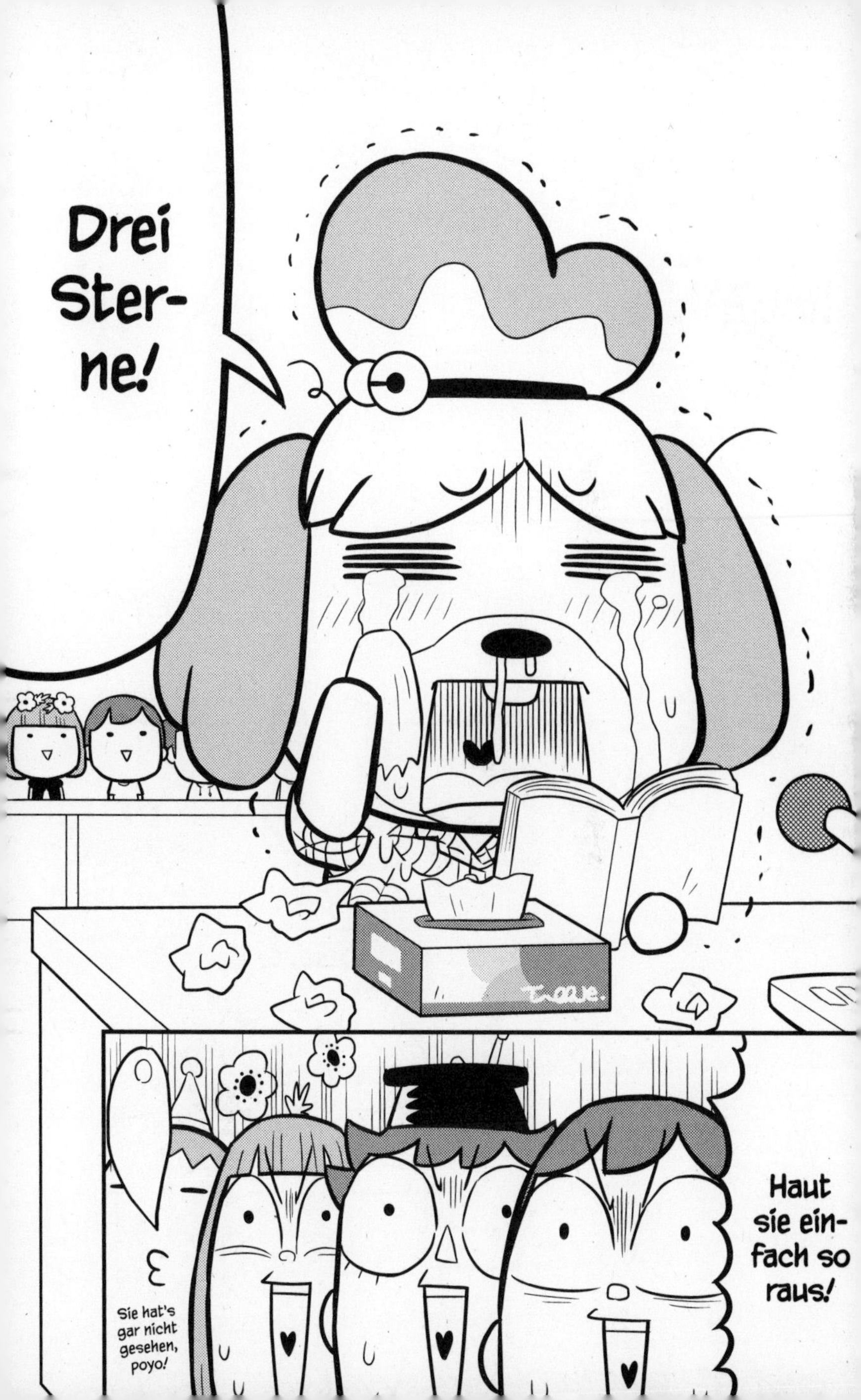
Drei Sterne!
Haut sie einfach so raus!
Sie hat's gar nicht gesehen, poyo!

Welcome to Animal Crossing New Horizons

Turbulente Inseltage

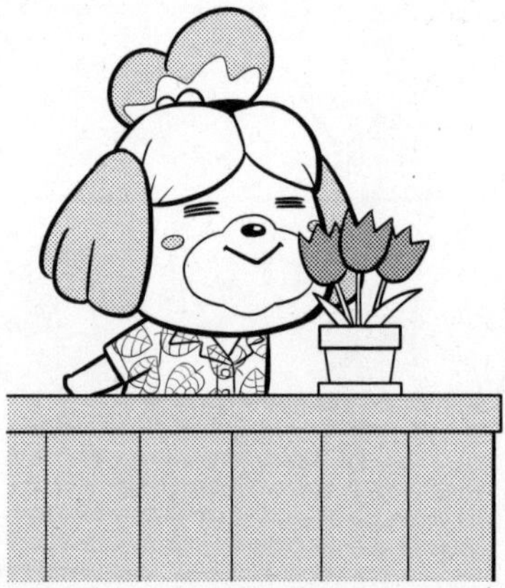

Reich werden mit Rüben

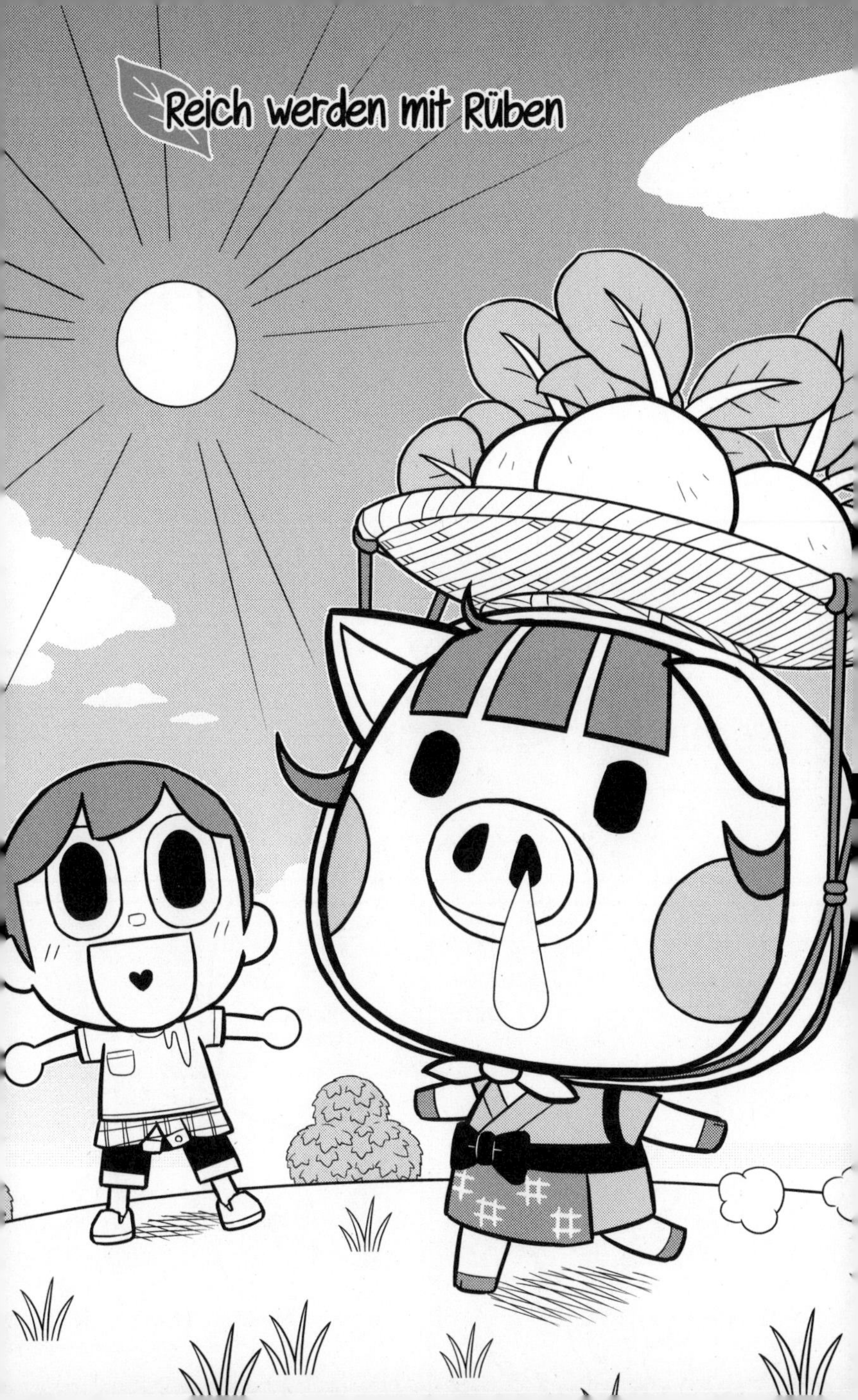

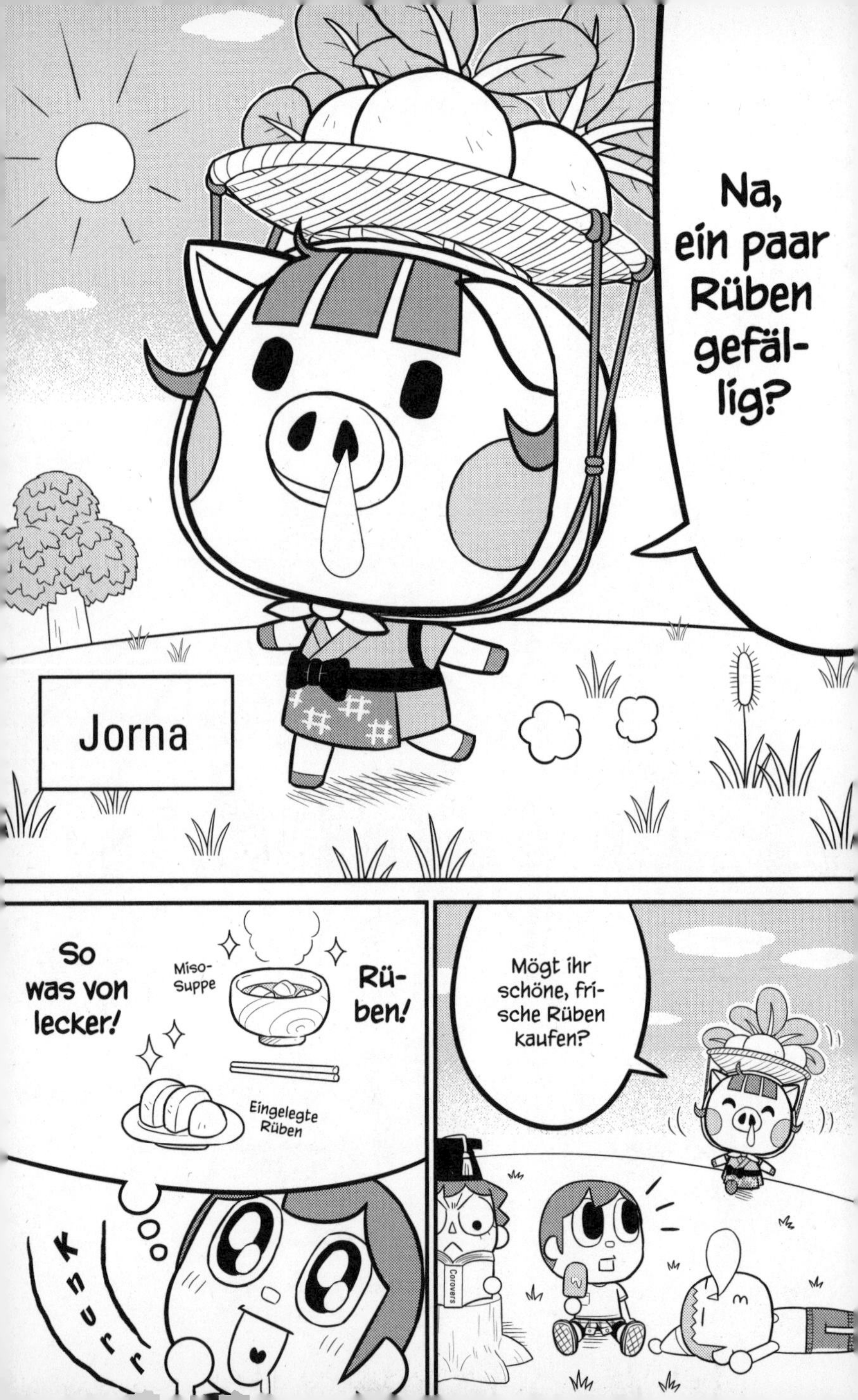

Na, ein paar Rüben gefällig?
Jorna
So was von lecker!
Miso-Suppe
Rüben!
Eingelegte Rüben
Knurr
Mögt ihr schöne, frische Rüben kaufen?
Corovers

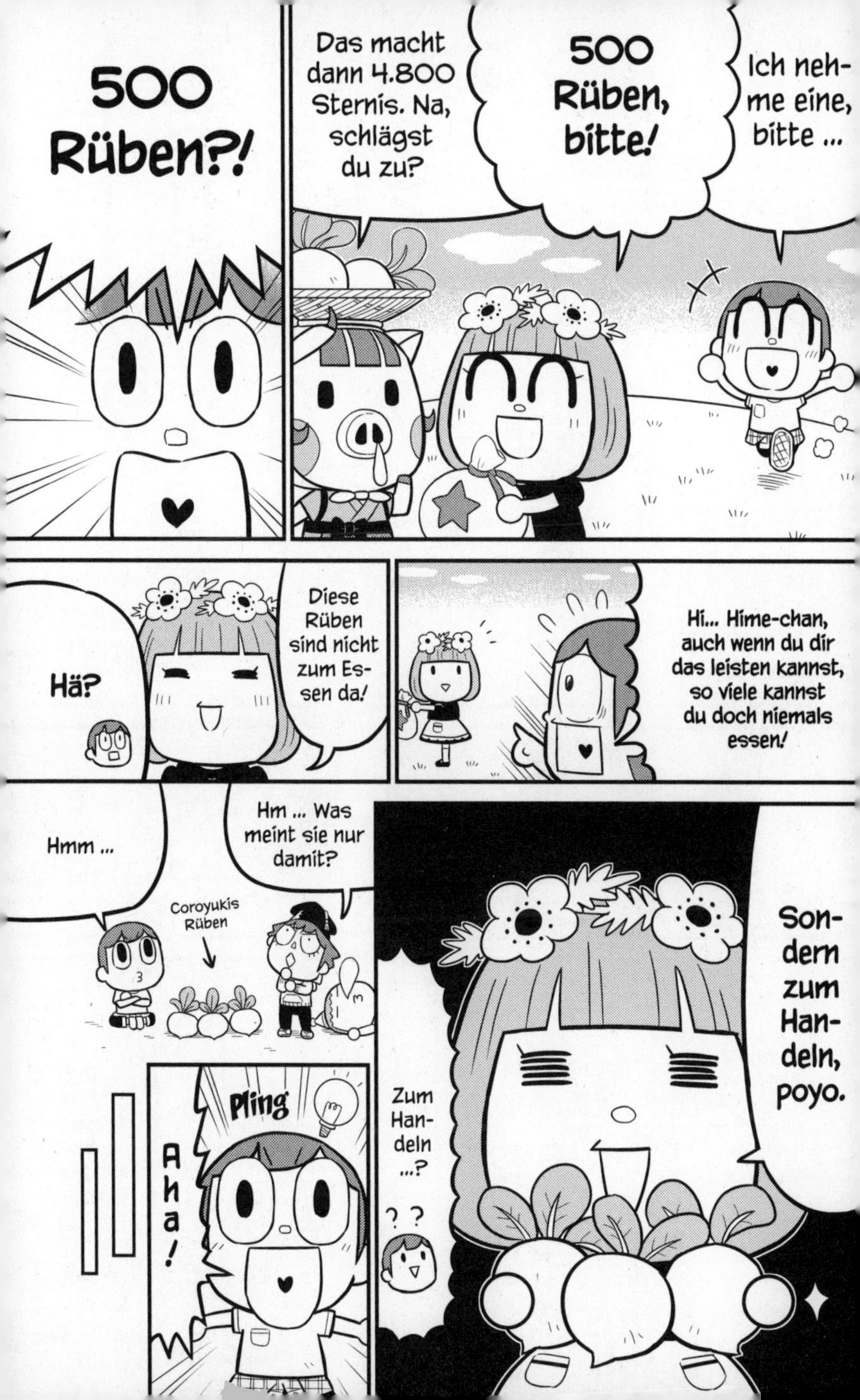
500 Rüben?!
Das macht dann 4.800 Sternis. Na, schlägst du zu?
500 Rüben, bitte!
Ich nehme eine, bitte ...
Hä?
Diese Rüben sind nicht zum Essen da!
Hi... Hime-chan, auch wenn du dir das leisten kannst, so viele kannst du doch niemals essen!
Hmm ...
Hm ... Was meint sie nur damit?
Coroyukis Rüben
Sondern zum Handeln, poyo.
Pling
Aha!
Zum Handeln ...?
? ?

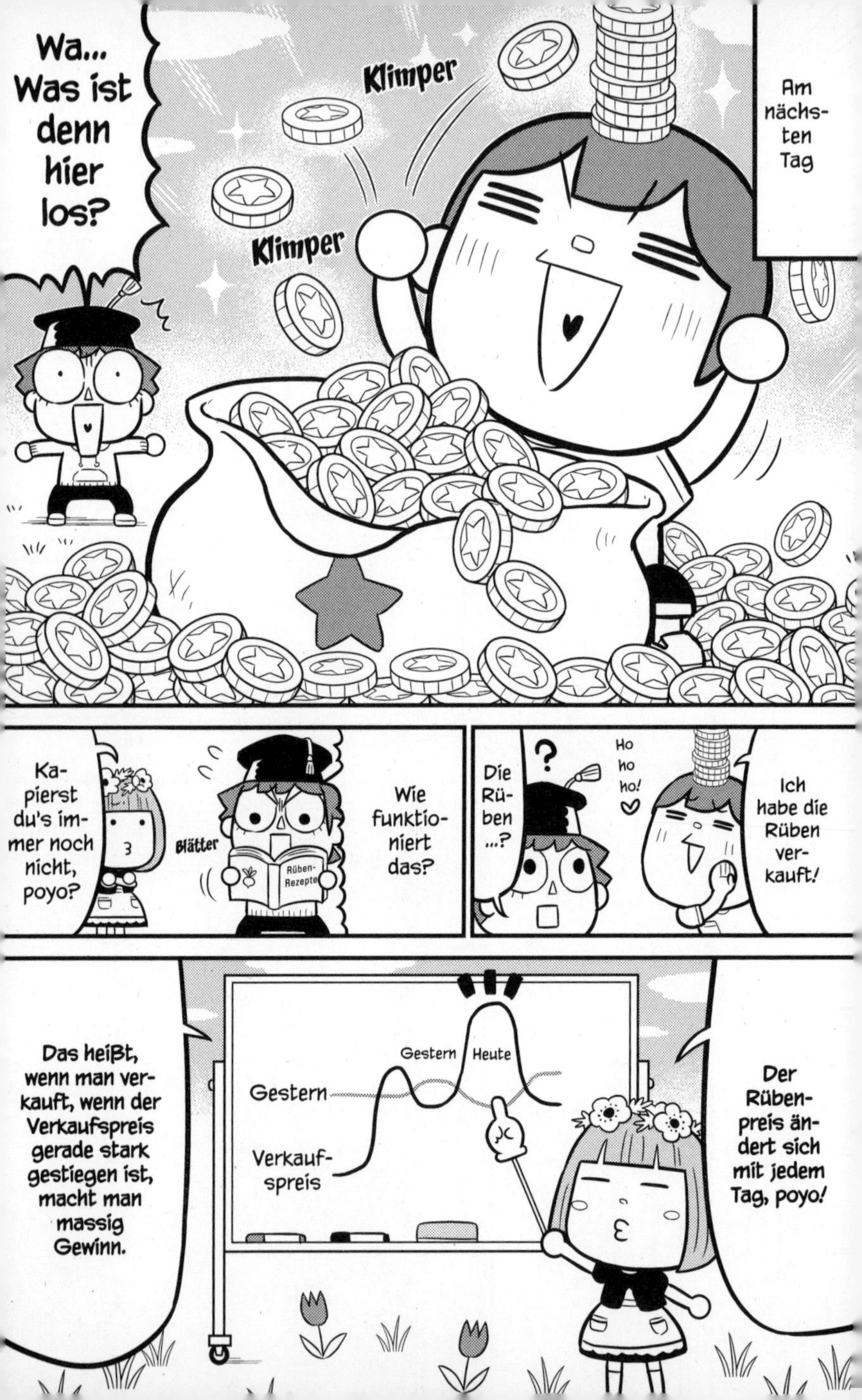
Am nächsten Tag
Klimper
Klimper
Wa... Was ist denn hier los?
Ich habe die Rüben verkauft!
Ho ho ho!
Die Rüben ...?
Wie funktioniert das?
Blätter
Rüben-Rezepte
Kapierst du's immer noch nicht, poyo?
Der Rübenpreis ändert sich mit jedem Tag, poyo!
Gestern
Heute
Gestern
Verkaufspreis
Das heißt, wenn man verkauft, wenn der Verkaufspreis gerade stark gestiegen ist, macht man massig Gewinn.

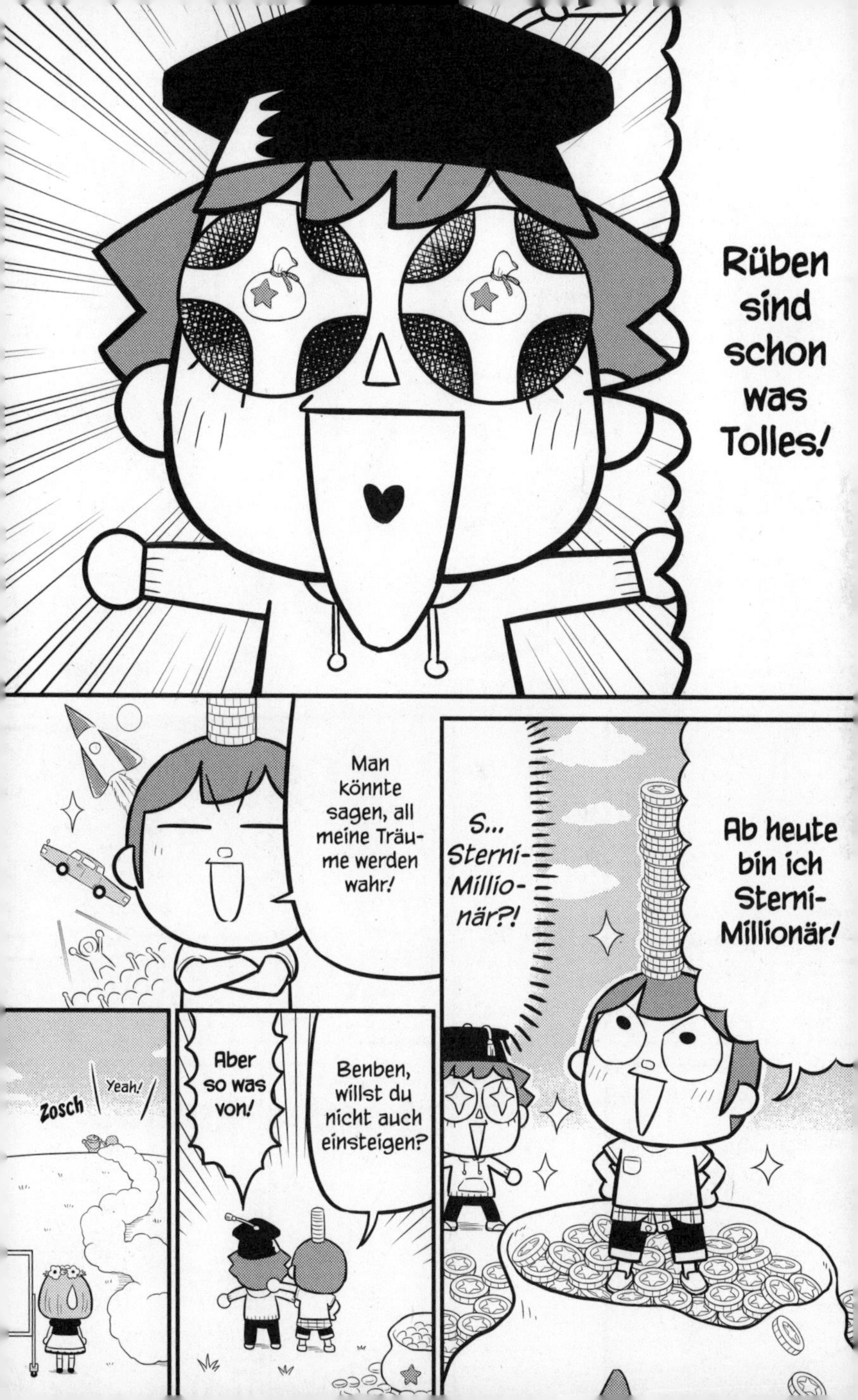
Rüben sind schon was Tolles!
Ab heute bin ich Sterni-Millionär!
S... Sterni-Millionär?!
Man könnte sagen, all meine Träume werden wahr!
Benben, willst du nicht auch einsteigen?
Aber so was von!
Yeah!
Zosch

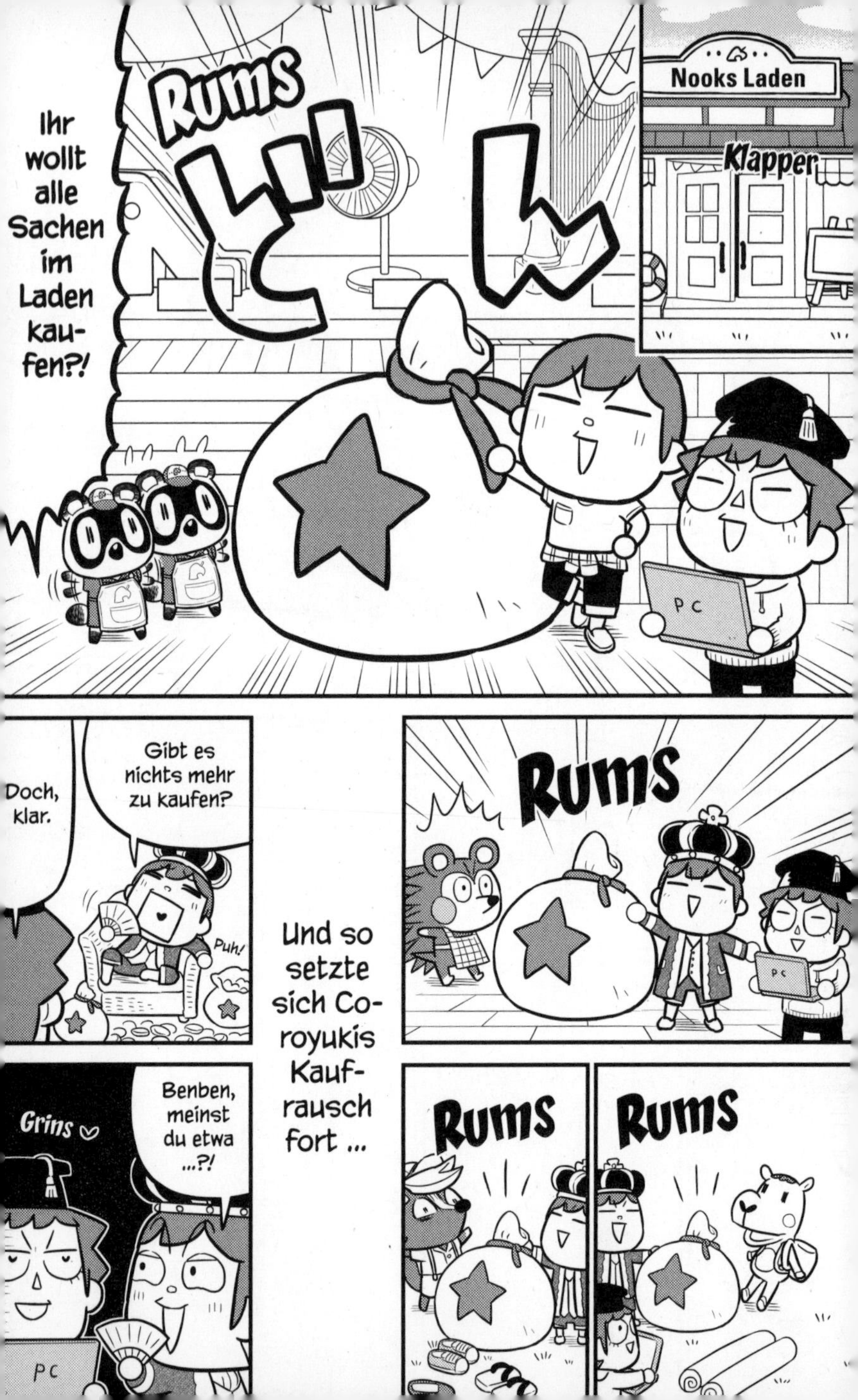
Nooks Laden
Klapper
Rums
Ihr wollt alle Sachen im Laden kaufen?!
Gibt es nichts mehr zu kaufen?
Doch, klar.
Puh!
Rums
Benben, meinst du etwa ...?!
Grins
Und so setzte sich Coroyukis Kaufrausch fort ...
Rums
Rums
PC

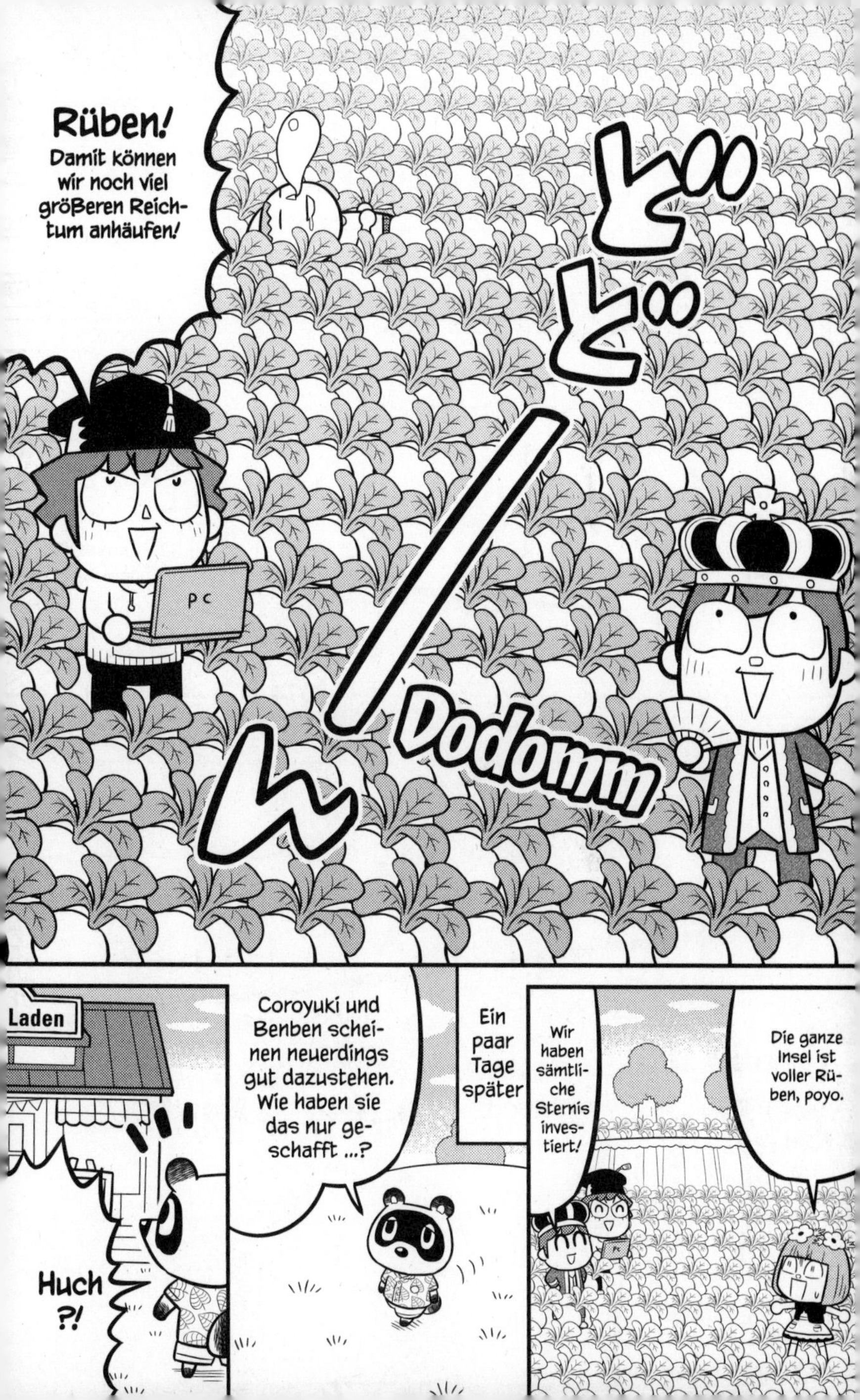

Rüben! Damit können wir noch viel größeren Reichtum anhäufen!
Dodomm
Huch ?!
Laden
Coroyuki und Benben scheinen neuerdings gut dazustehen. Wie haben sie das nur geschafft ...?
Ein paar Tage später
Wir haben sämtliche Sternis investiert!
Die ganze Insel ist voller Rüben, poyo.

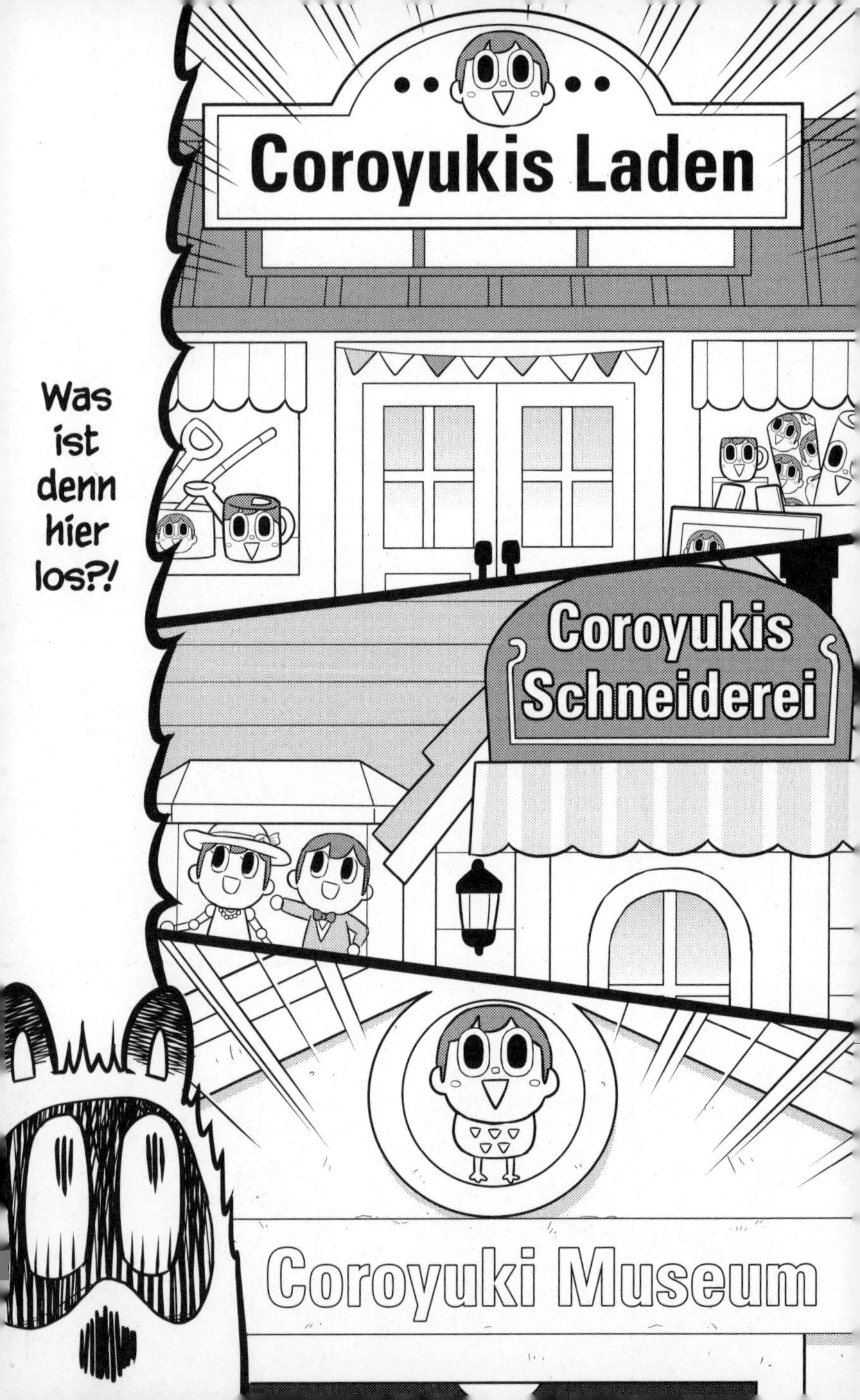
Coroyukis Laden
Was ist denn hier los?!
Coroyukis Schneiderei
Coroyuki Museum

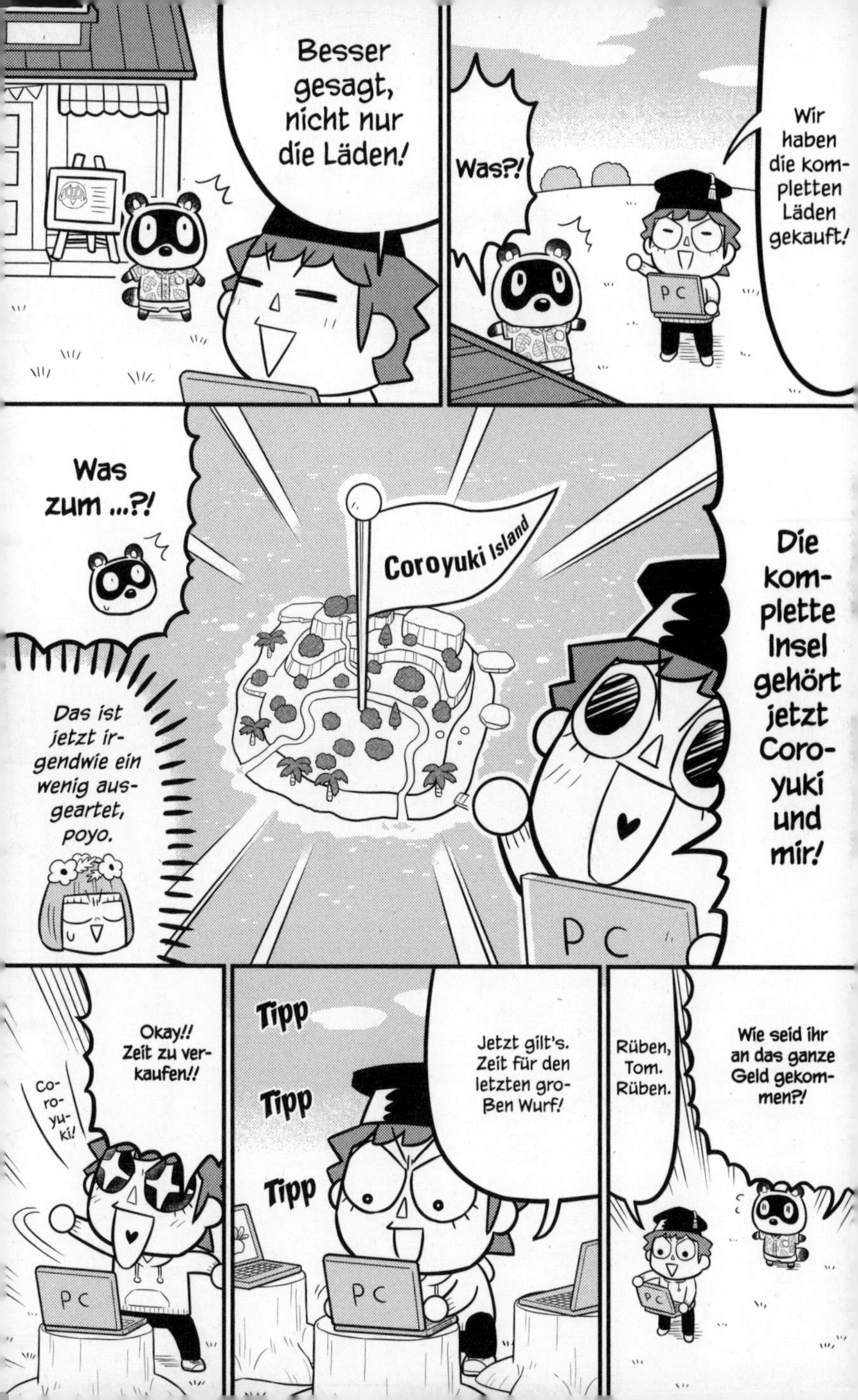
Wir haben die kompletten Läden gekauft!
Was?!
Besser gesagt, nicht nur die Läden!
Coroyuki Island
Die komplette Insel gehört jetzt Coroyuki und mir!
Was zum ...?!
Das ist jetzt irgendwie ein wenig ausgeartet, poyo.
Wie seid ihr an das ganze Geld gekommen?!
Rüben, Tom. Rüben.
Jetzt gilt's. Zeit für den letzten großen Wurf!
Tipp
Tipp
Tipp
Coroyuki!
Okay!! Zeit zu verkaufen!!

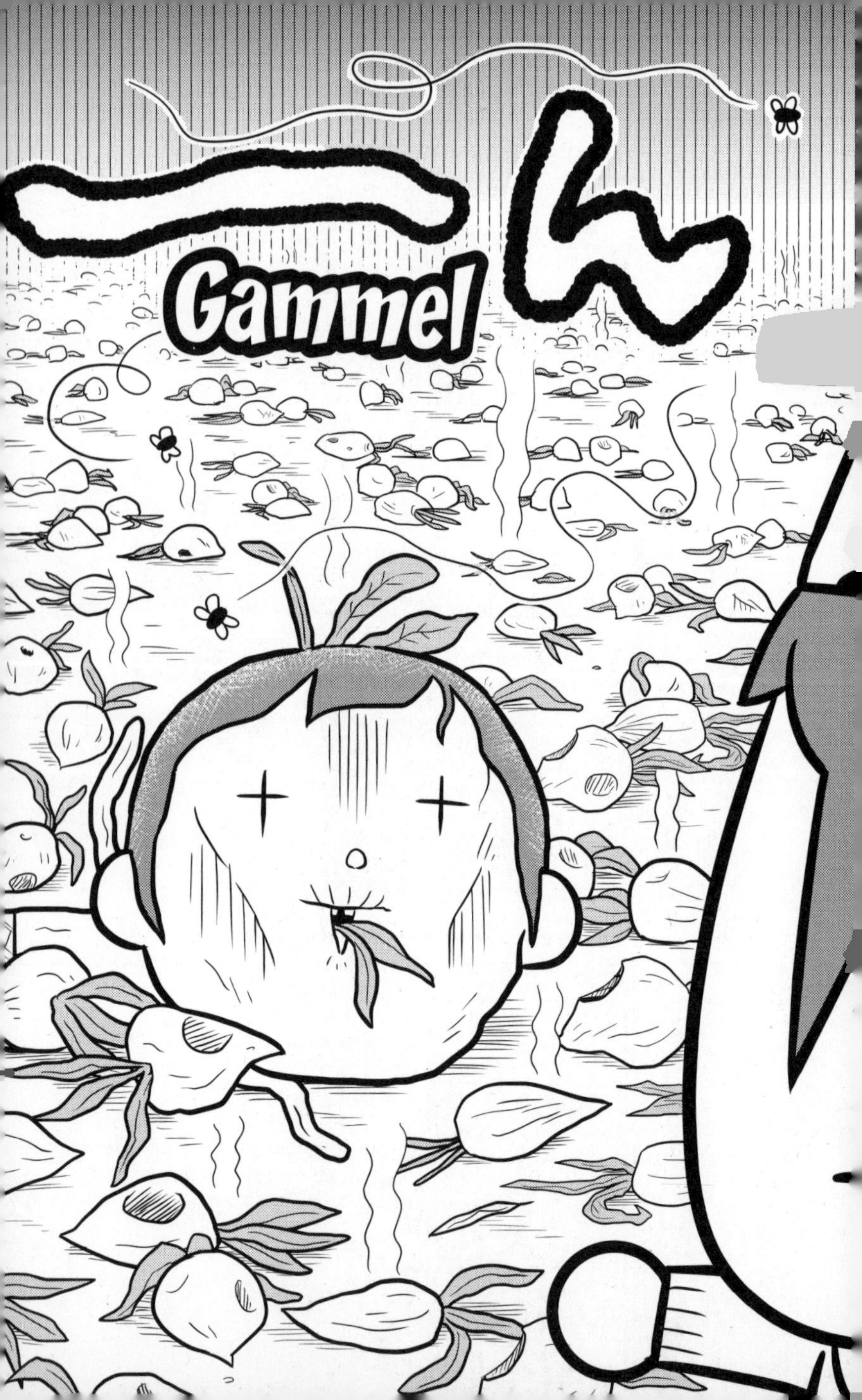
Gammel

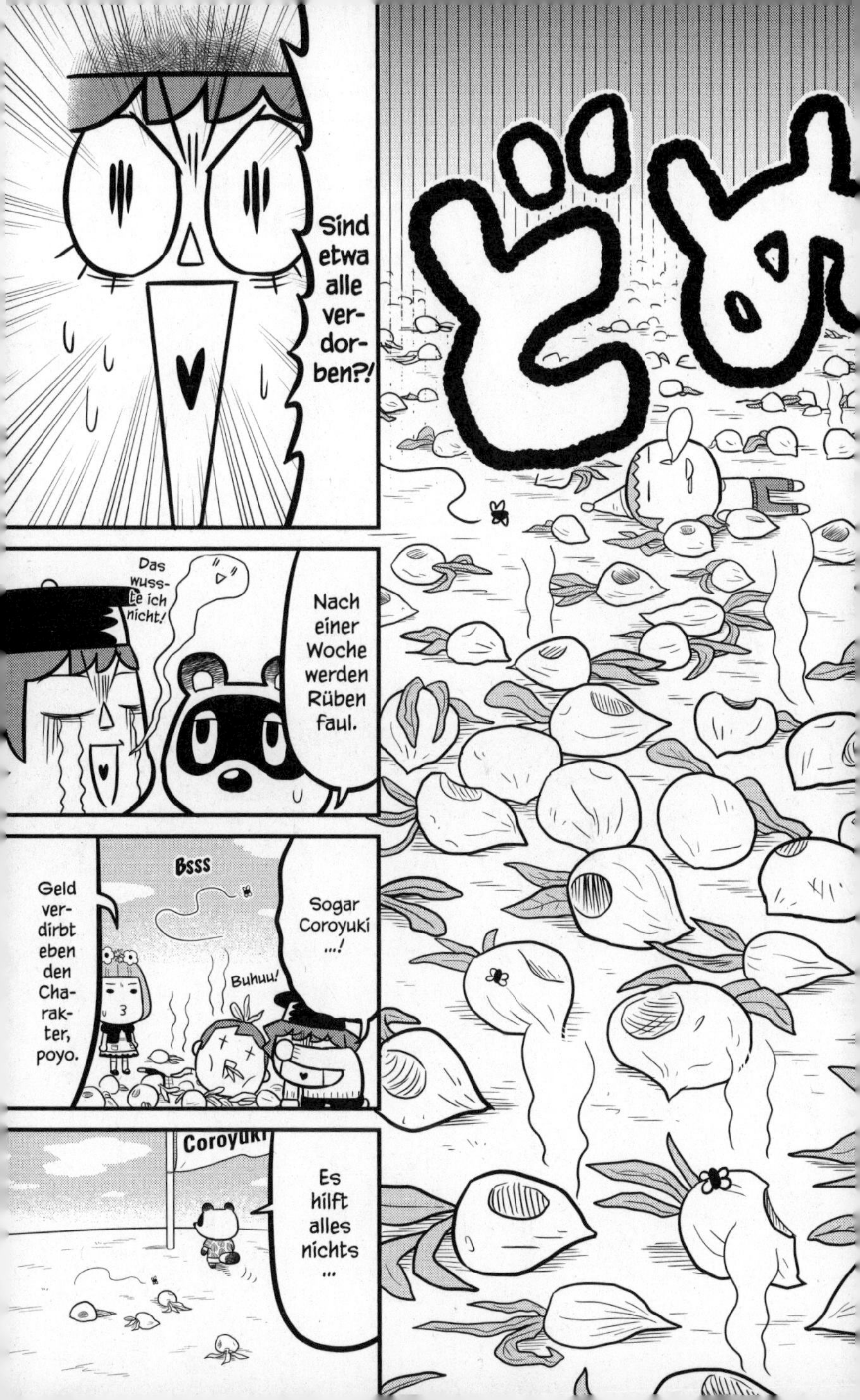

Sind etwa alle verdorben?!
Nach einer Woche werden Rüben faul.
Das wusste ich nicht!
Sogar Coroyuki ...!
Bsss
Buhuu!
Geld verdirbt eben den Charakter, poyo.
Coroyuki
Es hilft alles nichts ...

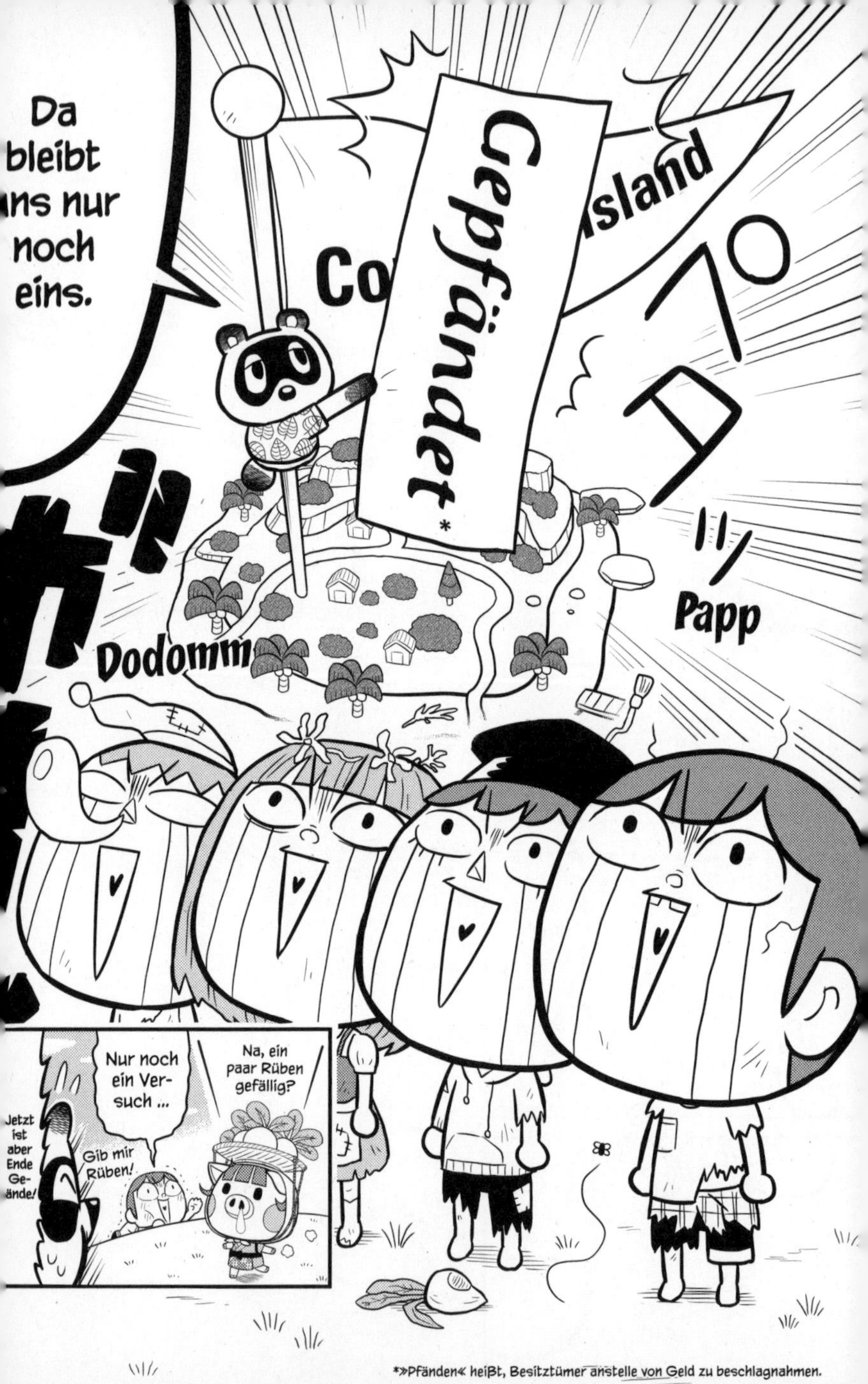

*»Pfänden« heißt, Besitztümer anstelle von Geld zu beschlagnahmen.

Vorsicht vor falschen Kunstwerken!

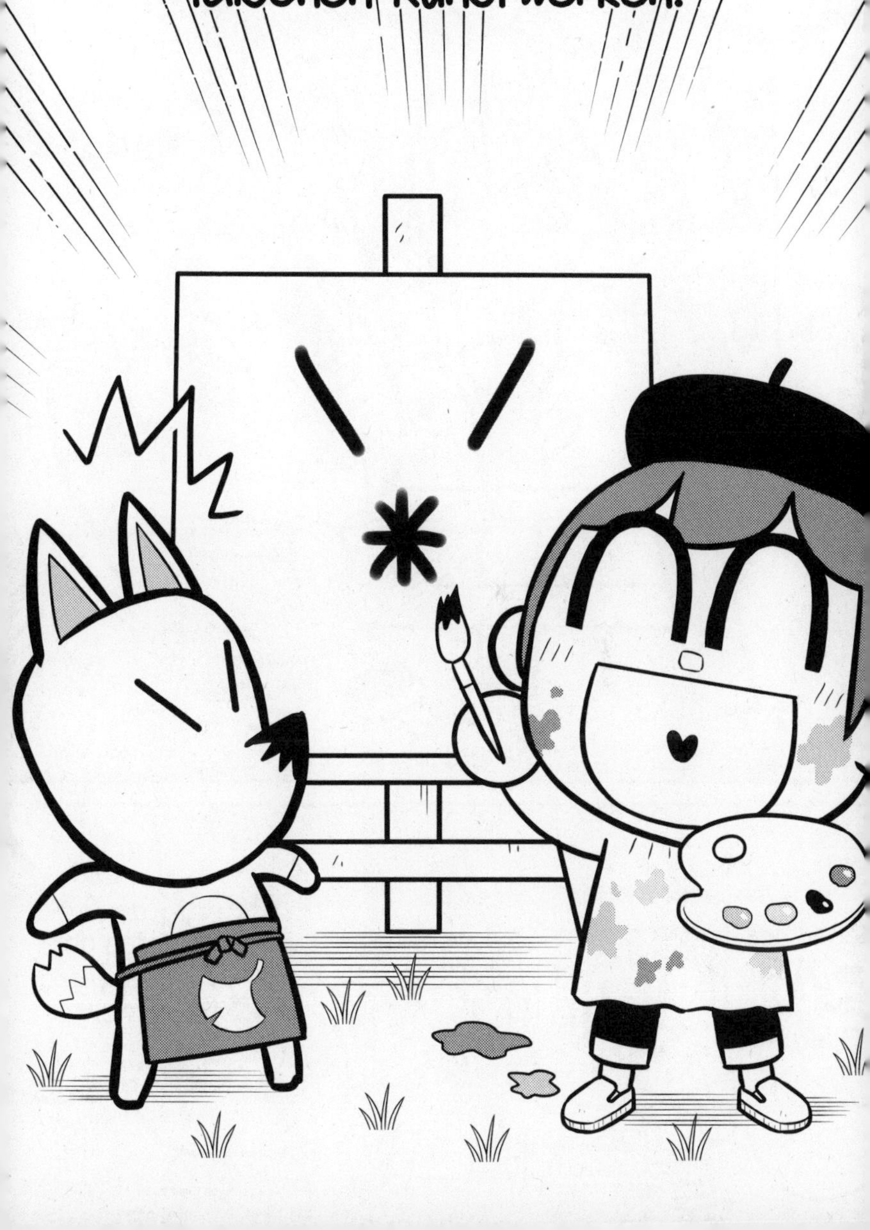

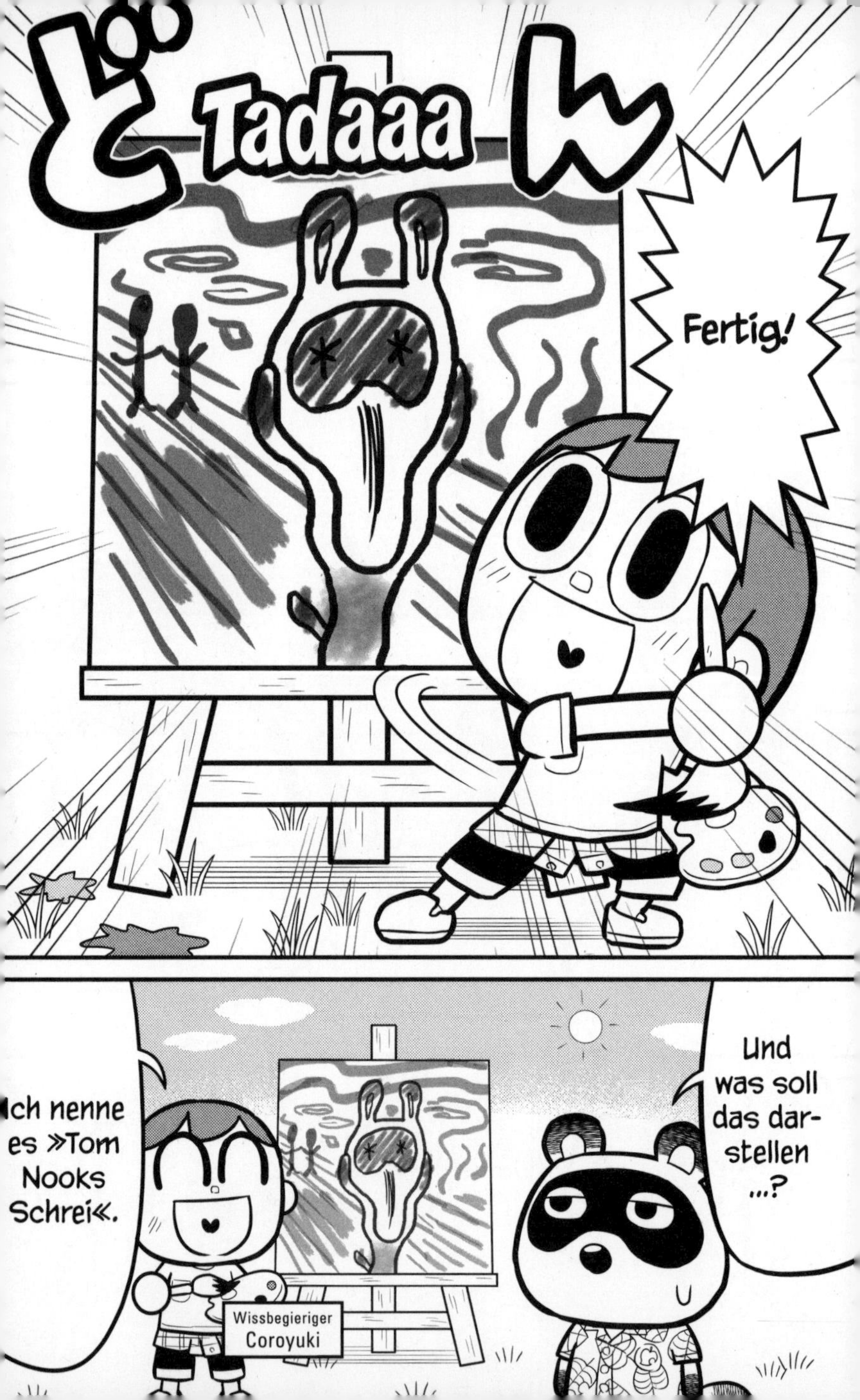

Tadaaa
Fertig!
Ich nenne es »Tom Nooks Schrei«.
Und was soll das darstellen ...?
Wissbegieriger Coroyuki

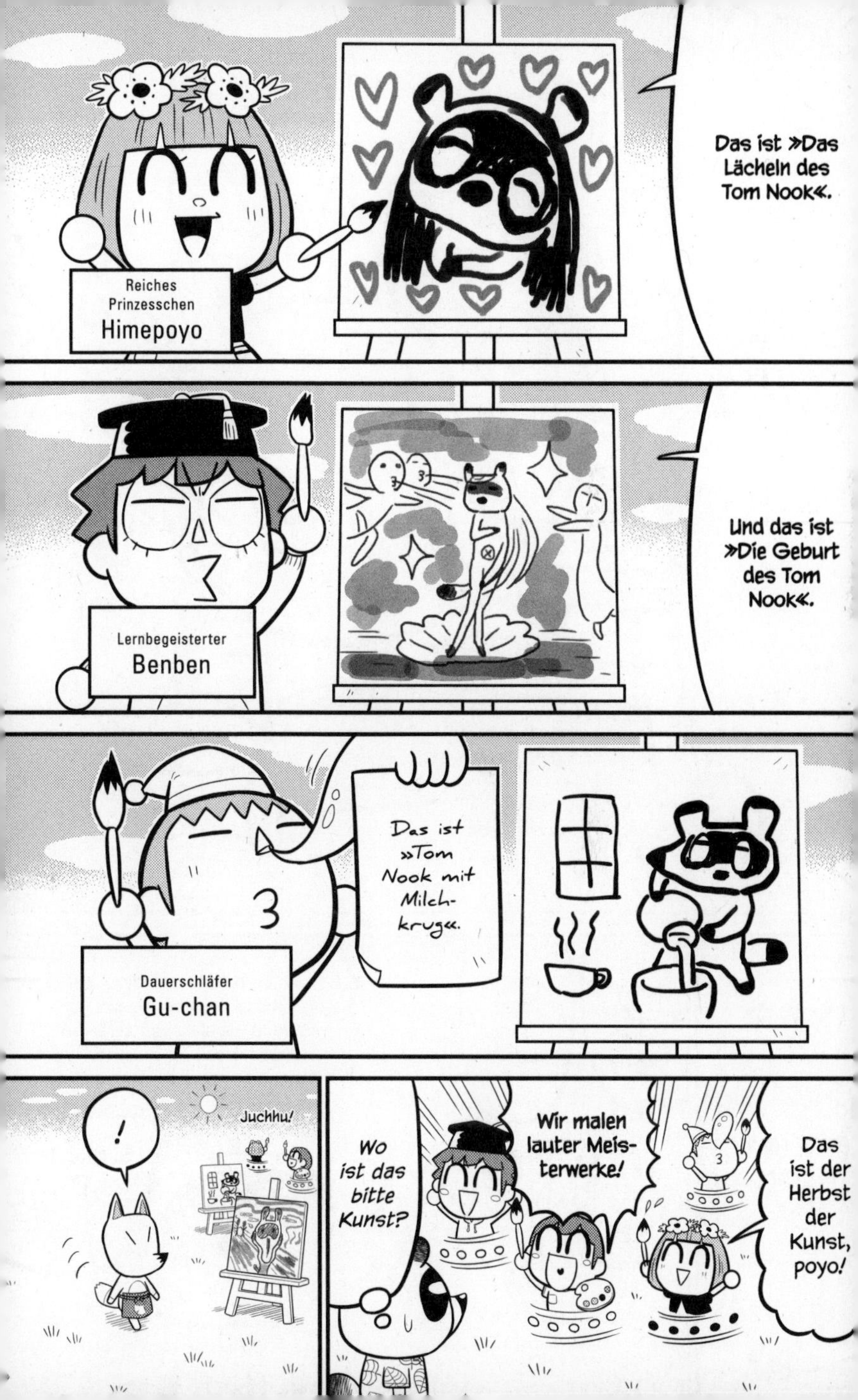
Reiches Prinzesschen
Himepoyo
Das ist »Das Lächeln des Tom Nook«.
Lernbegeisterter
Benben
Und das ist »Die Geburt des Tom Nook«.
Dauerschläfer
Gu-chan
Das ist »Tom Nook mit Milch-krug«.
!
Juchhu!
Wo ist das bitte Kunst?
Wir malen lauter Meis-terwerke!
Das ist der Herbst der Kunst, poyo!

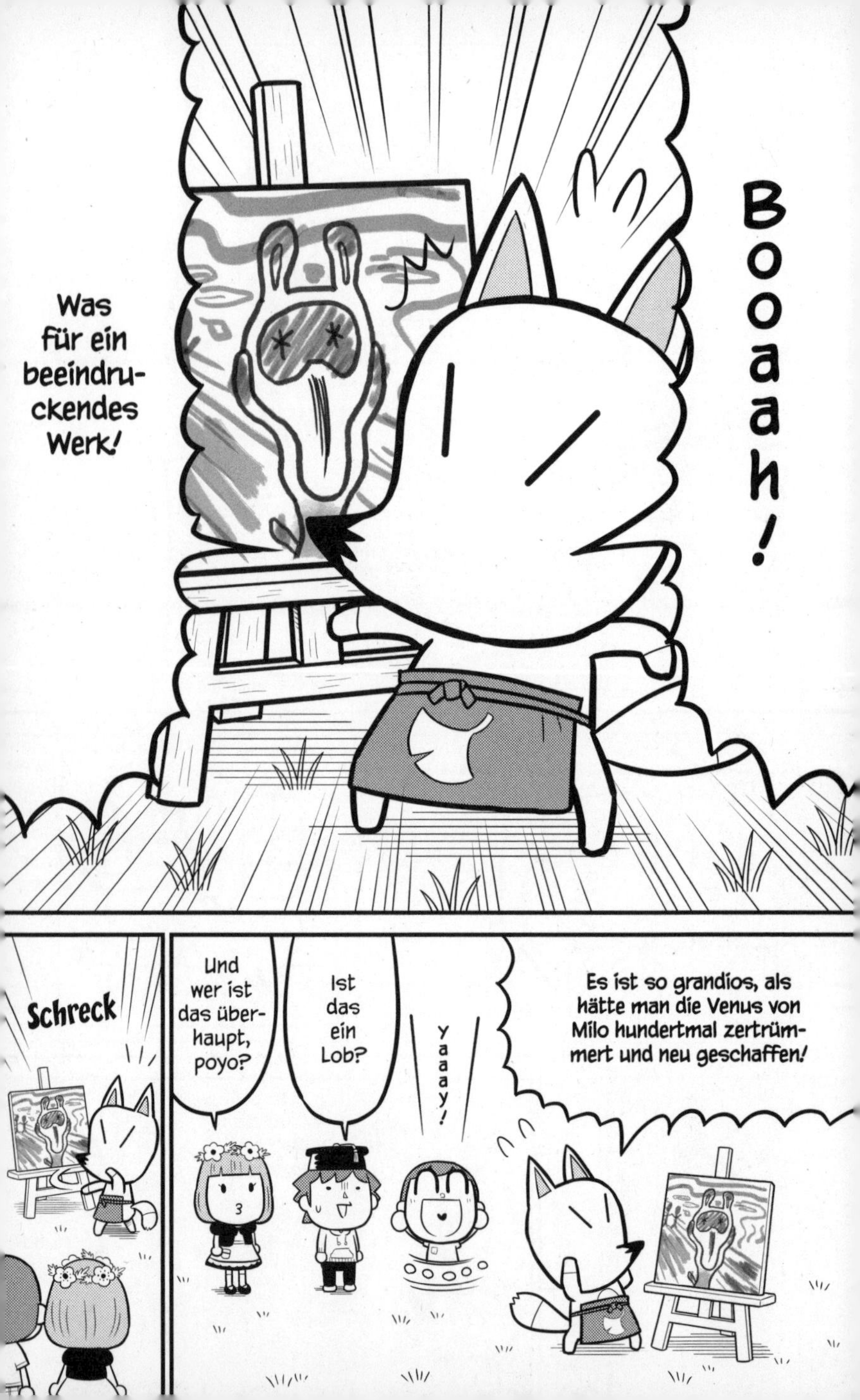
Booaah!
Was für ein beeindruckendes Werk!
Es ist so grandios, als hätte man die Venus von Milo hundertmal zertrümmert und neu geschaffen!
Yaaay!
Ist das ein Lob?
Und wer ist das überhaupt, poyo?
Schreck

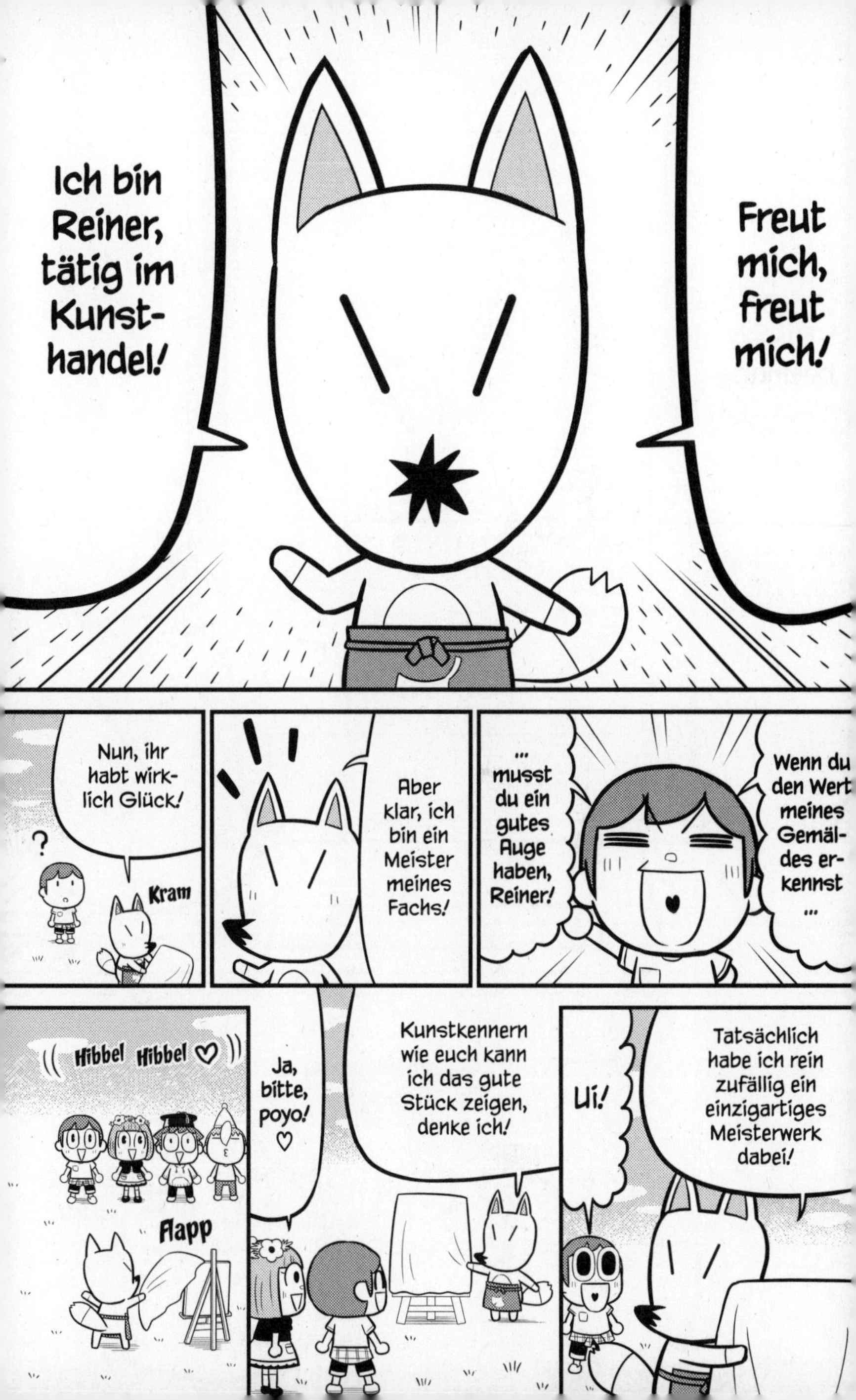
Freut mich, freut mich!
Ich bin Reiner, tätig im Kunsthandel!
Wenn du den Wert meines Gemäldes erkennst …
… musst du ein gutes Auge haben, Reiner!
Aber klar, ich bin ein Meister meines Fachs!
Nun, ihr habt wirklich Glück!
?
Kram
Tatsächlich habe ich rein zufällig ein einzigartiges Meisterwerk dabei!
Ui!
Kunstkennern wie euch kann ich das gute Stück zeigen, denke ich!
Ja, bitte, poyo! ♡
Hibbel Hibbel ♡
Flapp

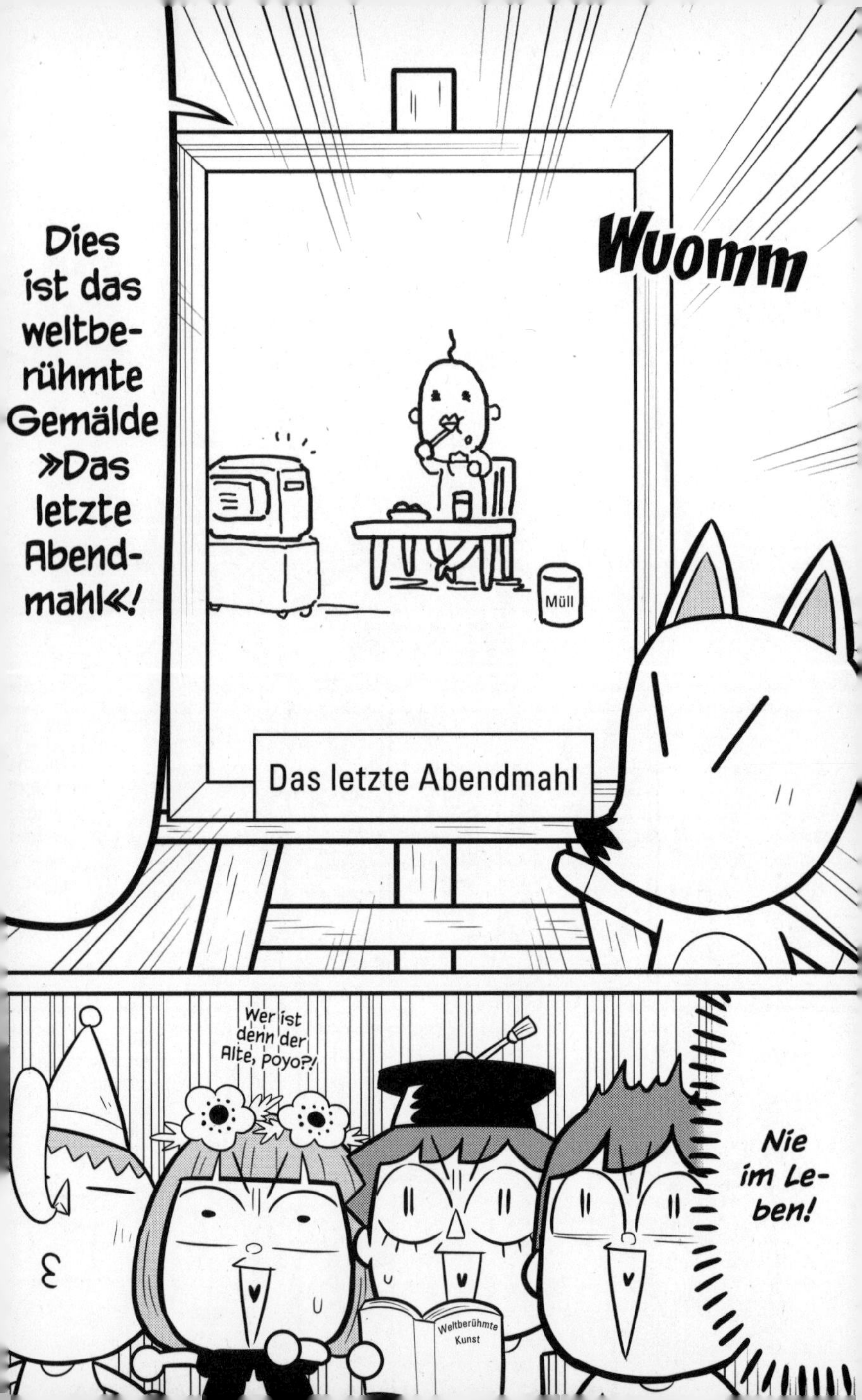
Dies ist das weltberühmte Gemälde »Das letzte Abendmahl«!
Wuomm
Müll
Das letzte Abendmahl
Wer ist denn der Alte, poyo?!
Nie im Leben!
Weltberühmte Kunst

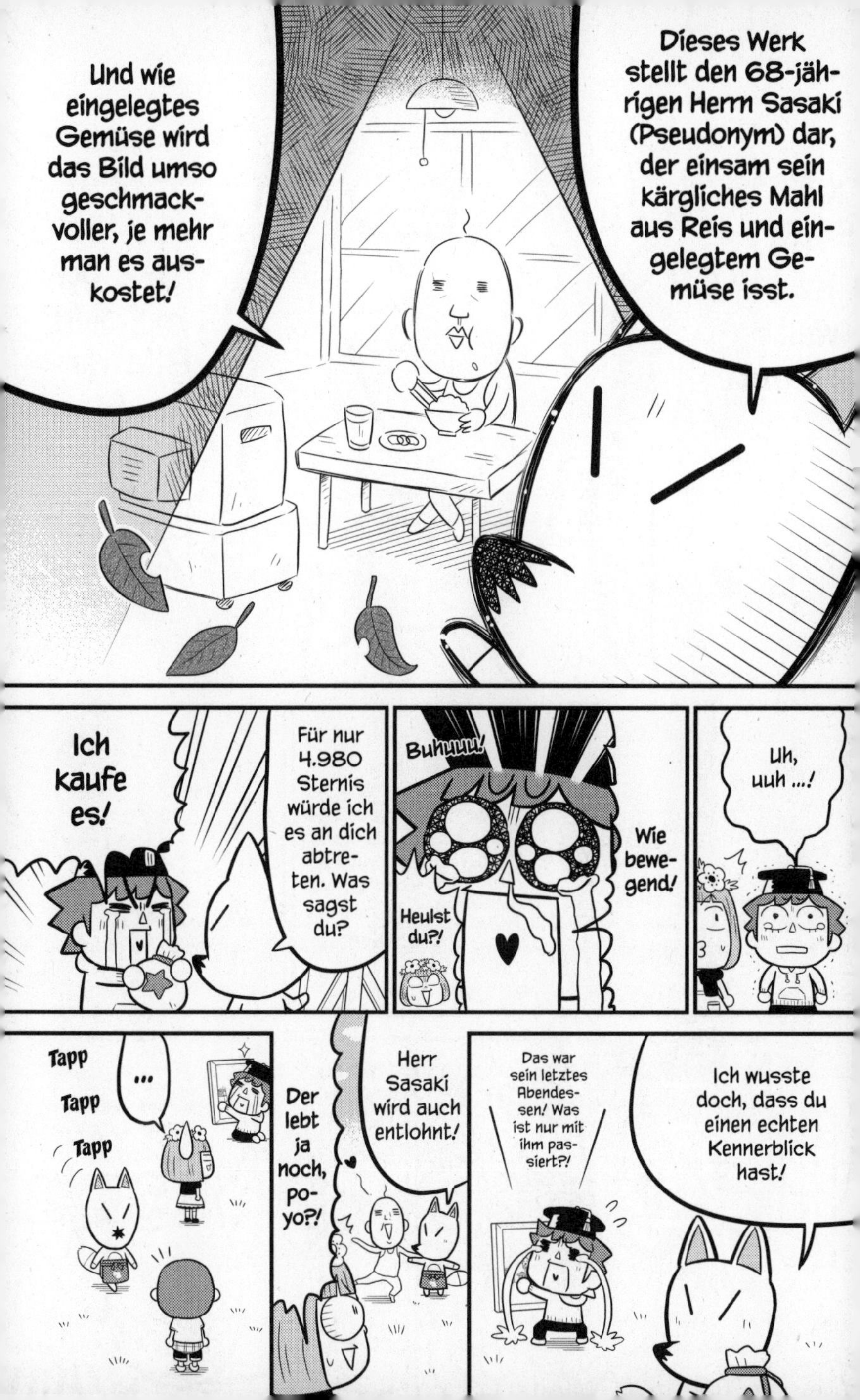
Dieses Werk stellt den 68-jährigen Herrn Sasaki (Pseudonym) dar, der einsam sein kärgliches Mahl aus Reis und eingelegtem Gemüse isst.
Und wie eingelegtes Gemüse wird das Bild umso geschmackvoller, je mehr man es auskostet!
Uh, uuh ...!
Wie bewegend!
Buhuuu!
Heulst du?!
Für nur 4.980 Sternis würde ich es an dich abtreten. Was sagst du?
Ich kaufe es!
Ich wusste doch, dass du einen echten Kennerblick hast!
Das war sein letztes Abendessen! Was ist nur mit ihm passiert?!
Herr Sasaki wird auch entlohnt!
Der lebt ja noch, poyo?!
...
Tapp
Tapp
Tapp

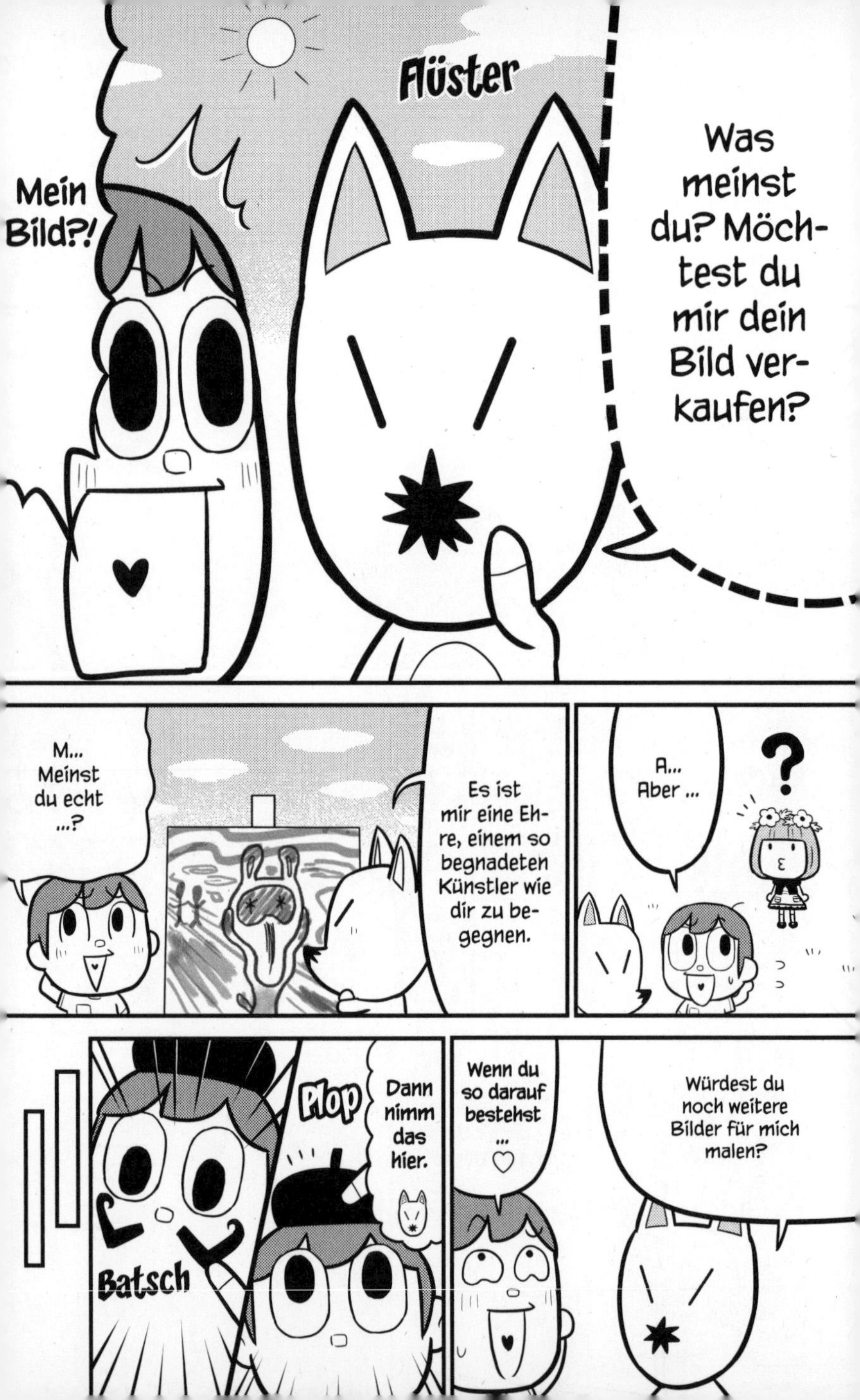
Mein Bild?!
Flüster
Was meinst du? Möchtest du mir dein Bild verkaufen?
M... Meinst du echt ...?
Es ist mir eine Ehre, einem so begnadeten Künstler wie dir zu begegnen.
A... Aber ...
?
Batsch
Plop
Dann nimm das hier.
Wenn du so darauf bestehst ... ♡
Würdest du noch weitere Bilder für mich malen?

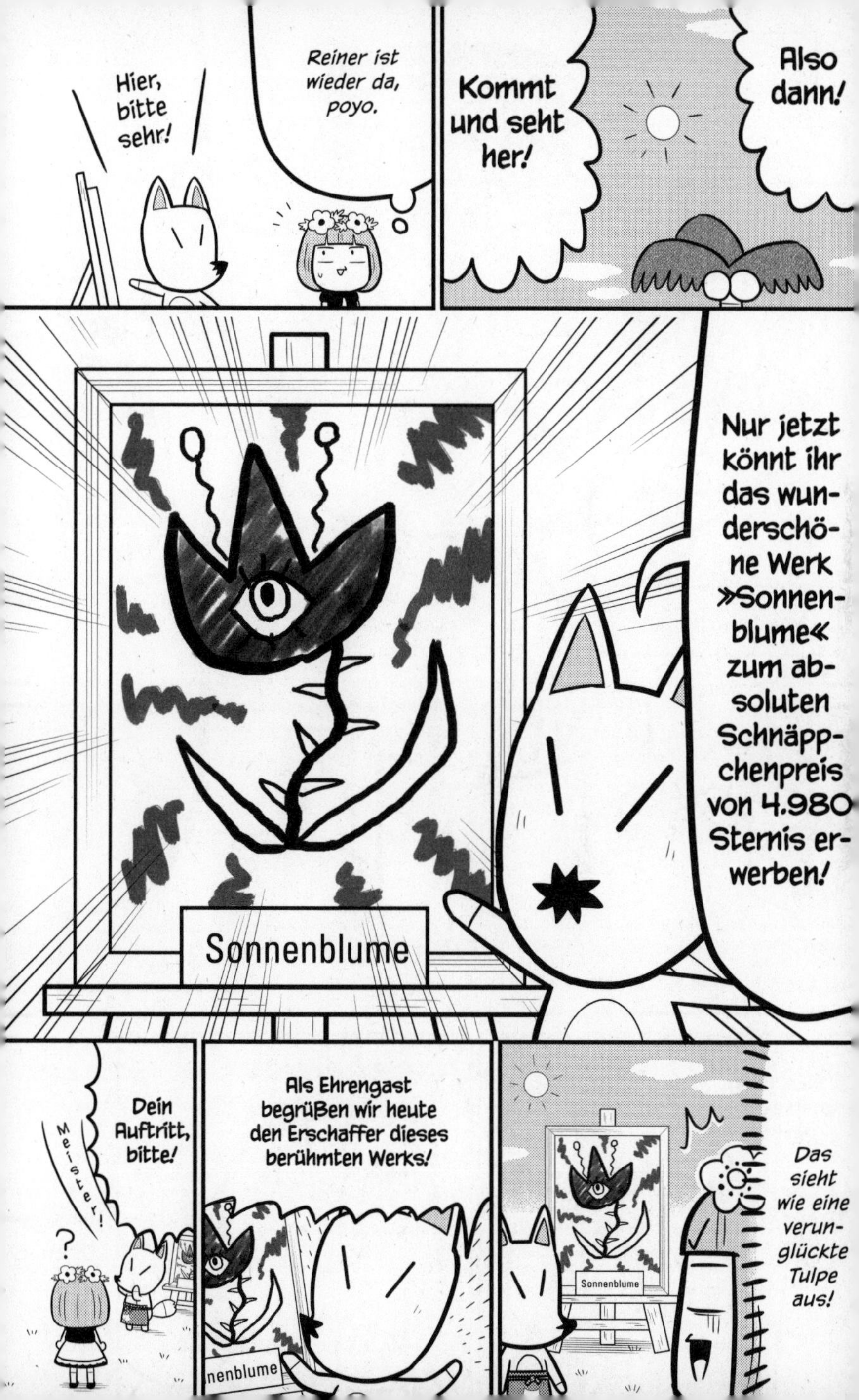
Also dann!
Kommt und seht her!
Reiner ist wieder da, poyo.
Hier, bitte sehr!
Nur jetzt könnt ihr das wunderschöne Werk »Sonnenblume« zum absoluten Schnäppchenpreis von 4.980 Sternis erwerben!
Sonnenblume
Das sieht wie eine verunglückte Tulpe aus!
Sonnenblume
Als Ehrengast begrüßen wir heute den Erschaffer dieses berühmten Werks!
nenblume
Dein Auftritt, bitte!
Meister!
?

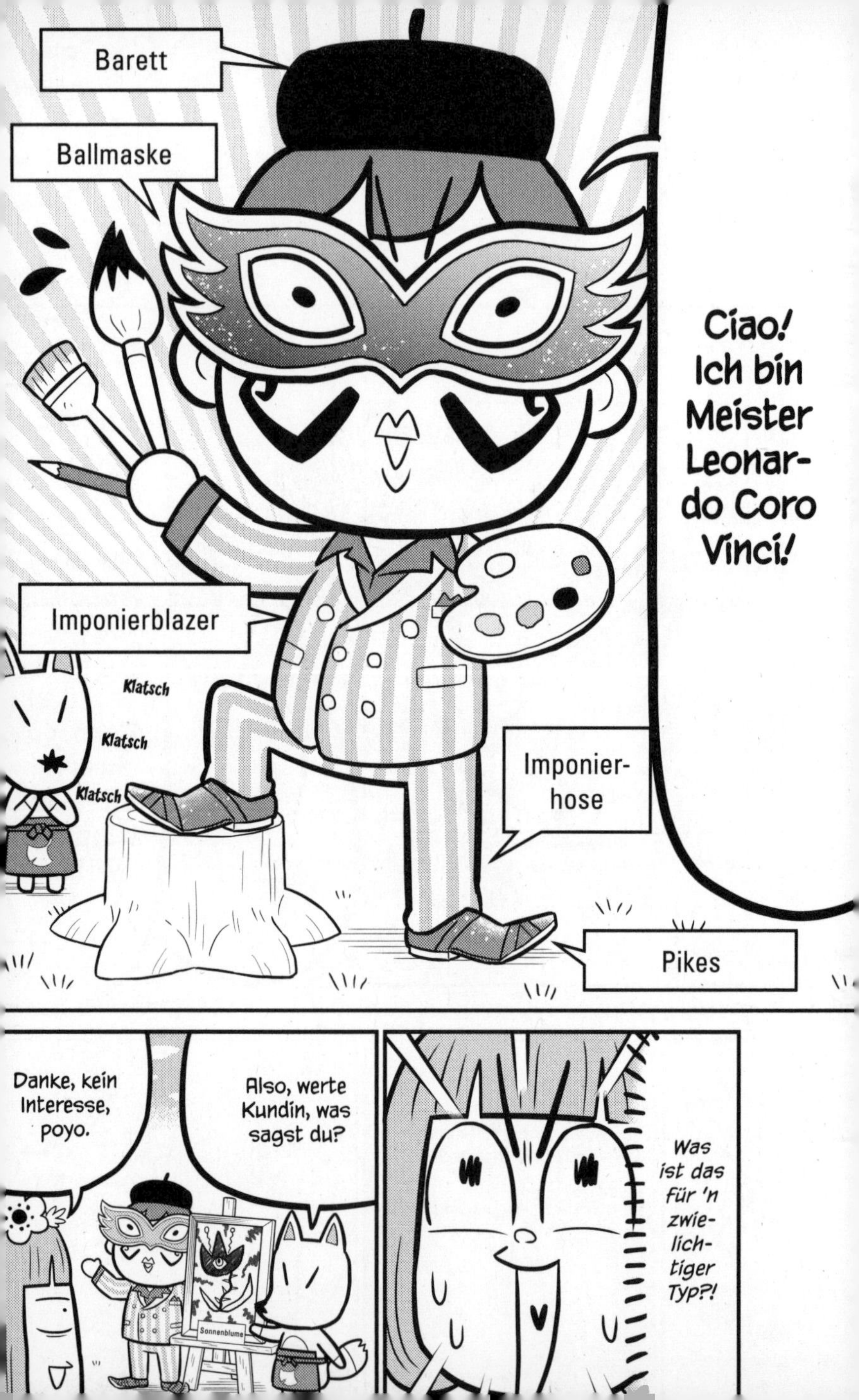
Barett
Ballmaske
Ciao! Ich bin Meister Leonar-do Coro Vinci!
Imponierblazer
Klatsch
Klatsch
Klatsch
Imponier-hose
Pikes
Also, werte Kundin, was sagst du?
Danke, kein Interesse, poyo.
Sonnenblume
Was ist das für 'n zwie-lich-tiger Typ?!

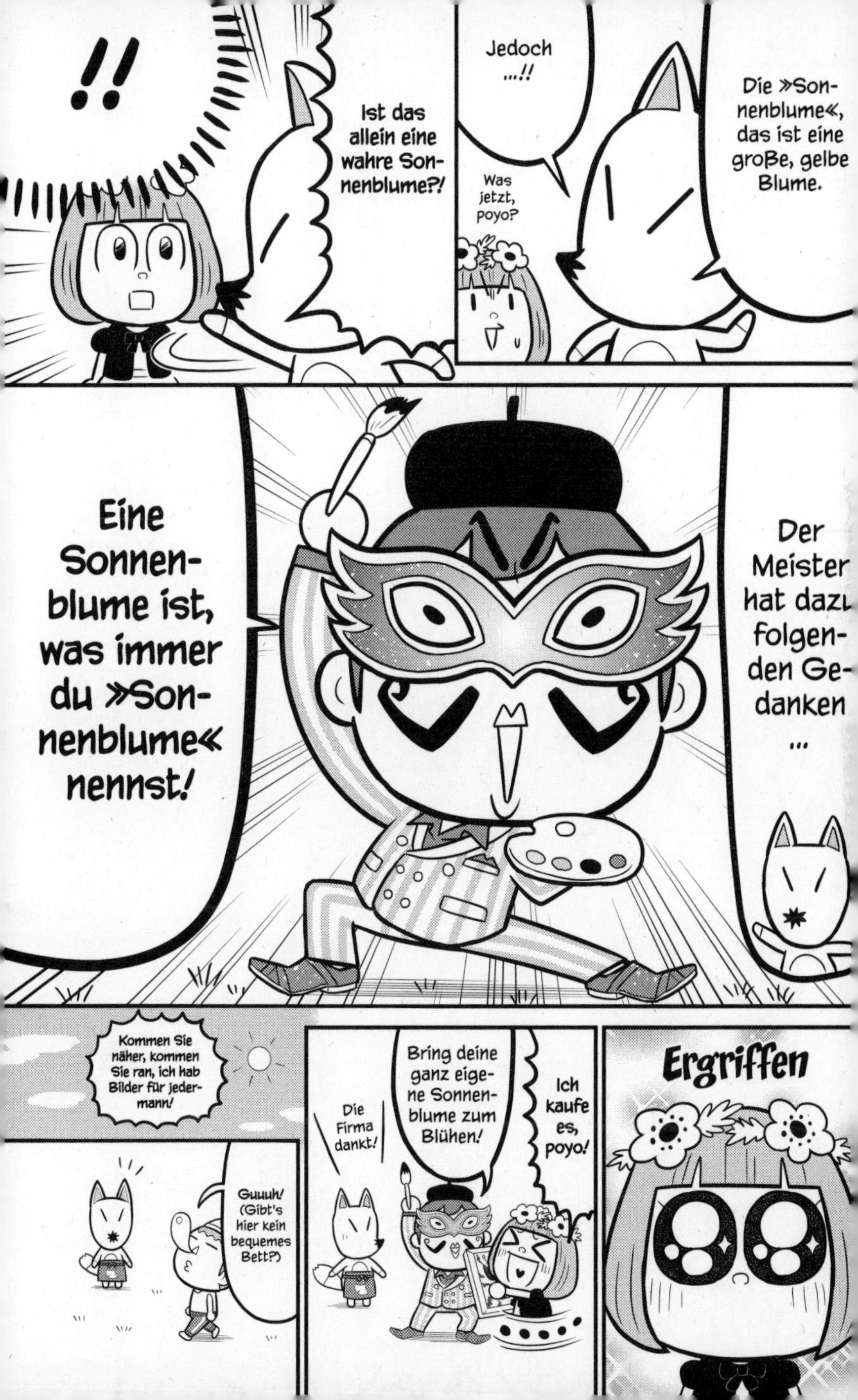
Die »Sonnenblume«, das ist eine große, gelbe Blume.
Jedoch ...!!
Was jetzt, poyo?
Ist das allein eine wahre Sonnenblume?!
!!
Der Meister hat dazu folgenden Gedanken ...
Eine Sonnenblume ist, was immer du »Sonnenblume« nennst!
Ergriffen
Ich kaufe es, poyo!
Bring deine ganz eigene Sonnenblume zum Blühen!
Die Firma dankt!
Kommen Sie näher, kommen Sie ran, ich hab Bilder für jedermann!
Guuuh! (Gibt's hier kein bequemes Bett?)

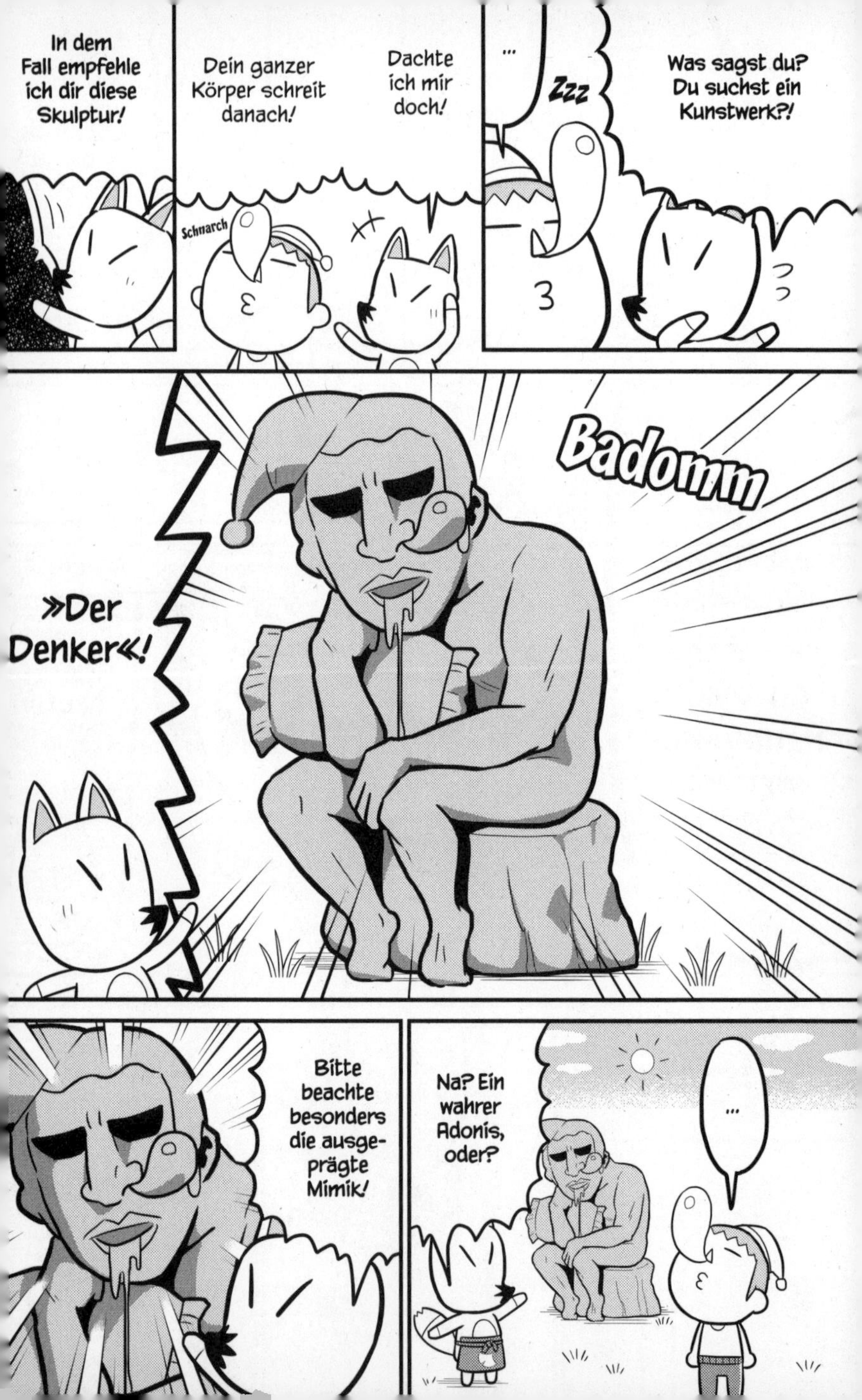
Was sagst du? Du suchst ein Kunstwerk?!
...
Zzz
Dachte ich mir doch!
Dein ganzer Körper schreit danach!
Schnarch
In dem Fall empfehle ich dir diese Skulptur!
Badomm
»Der Denker«!
Bitte beachte besonders die ausgeprägte Mimik!
Na? Ein wahrer Adonis, oder?
...

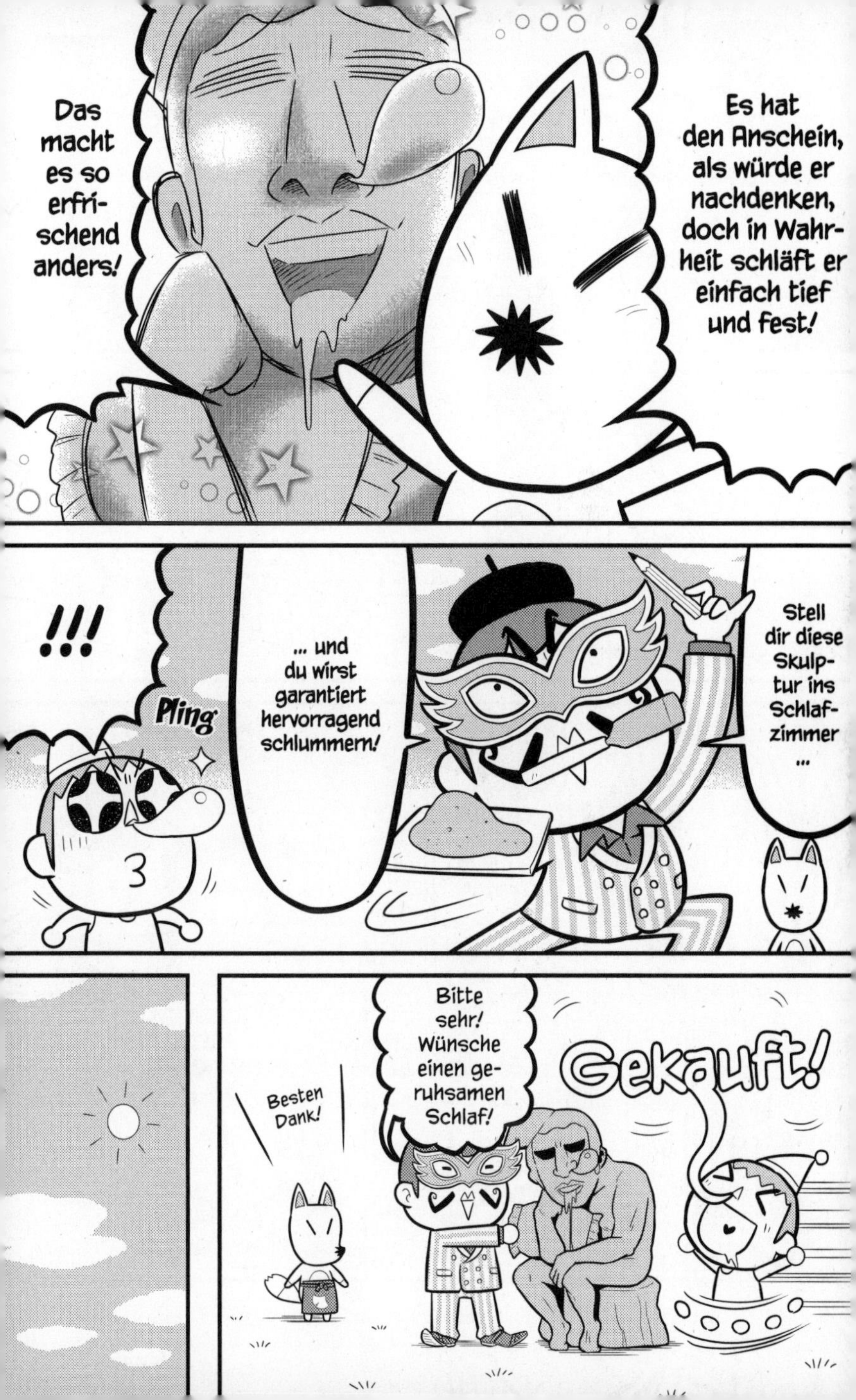
Es hat den Anschein, als würde er nachdenken, doch in Wahrheit schläft er einfach tief und fest!
Das macht es so erfrischend anders!
Stell dir diese Skulptur ins Schlafzimmer ...
... und du wirst garantiert hervorragend schlummern!
Pling
!!!
Gekauft!
Bitte sehr! Wünsche einen geruhsamen Schlaf!
Besten Dank!

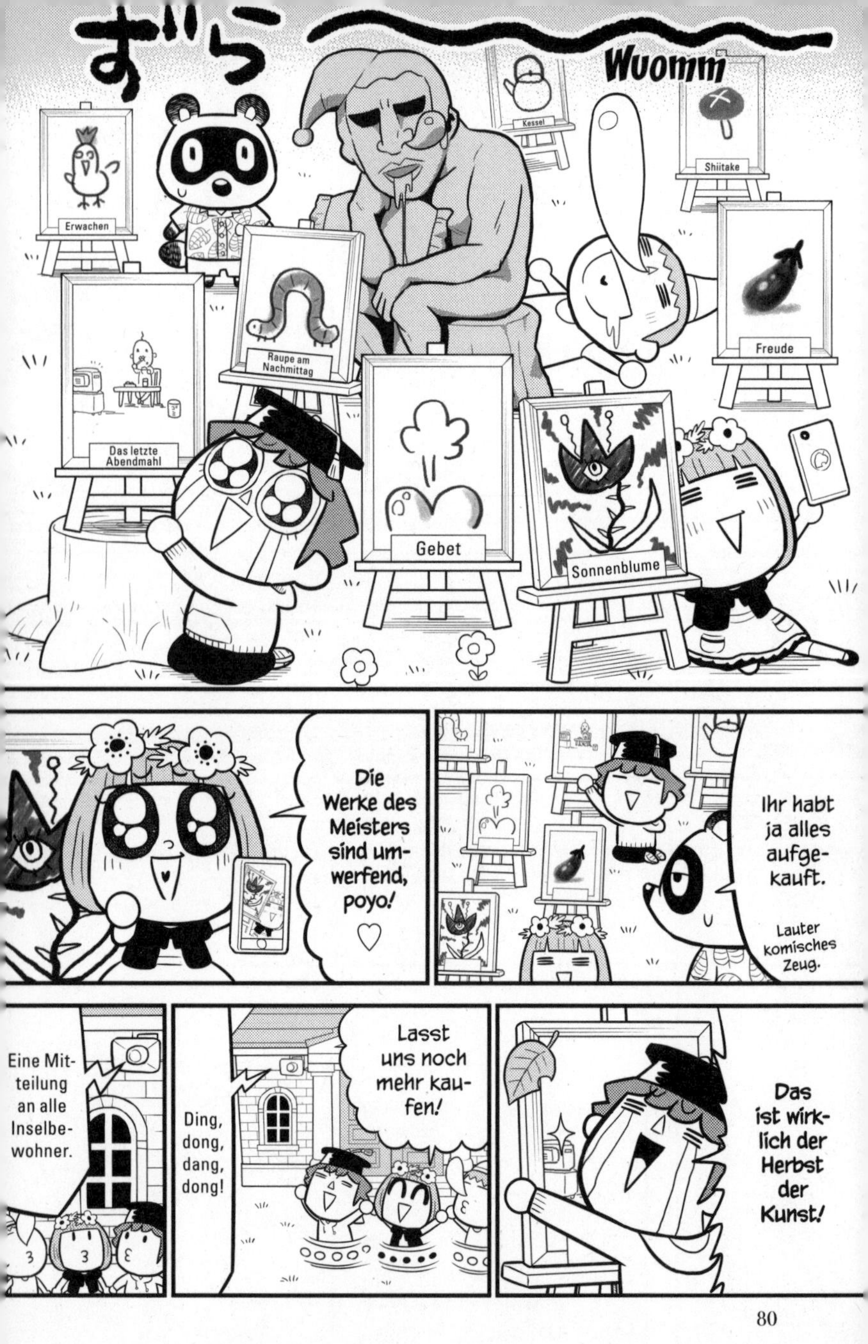

Wuomm
Kessel
Shiitake
Erwachen
Freude
Raupe am Nachmittag
Das letzte Abendmahl
Gebet
Sonnenblume
Die Werke des Meisters sind umwerfend, poyo! ♡
Ihr habt ja alles aufgekauft.
Lauter komisches Zeug.
Eine Mitteilung an alle Inselbewohner.
Ding, dong, dang, dong!
Lasst uns noch mehr kaufen!
Das ist wirklich der Herbst der Kunst!

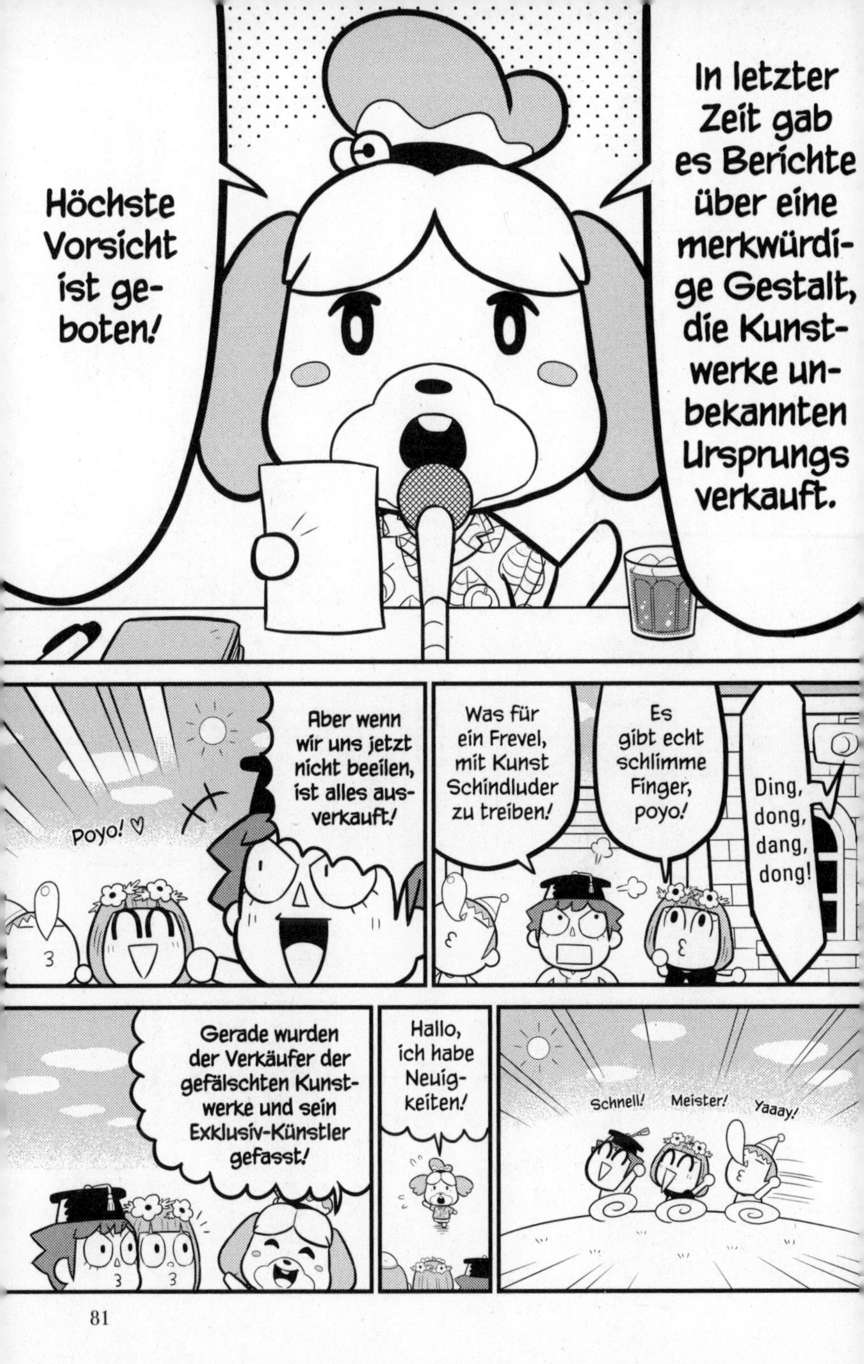
In letzter Zeit gab es Berichte über eine merkwürdige Gestalt, die Kunstwerke unbekannten Ursprungs verkauft.
Höchste Vorsicht ist geboten!
Ding, dong, dang, dong!
Es gibt echt schlimme Finger, poyo!
Was für ein Frevel, mit Kunst Schindluder zu treiben!
Aber wenn wir uns jetzt nicht beeilen, ist alles ausverkauft!
Poyo! ♡
Yaaay!
Meister!
Schnell!
Hallo, ich habe Neuigkeiten!
Gerade wurden der Verkäufer der gefälschten Kunstwerke und sein Exklusiv-Künstler gefasst!

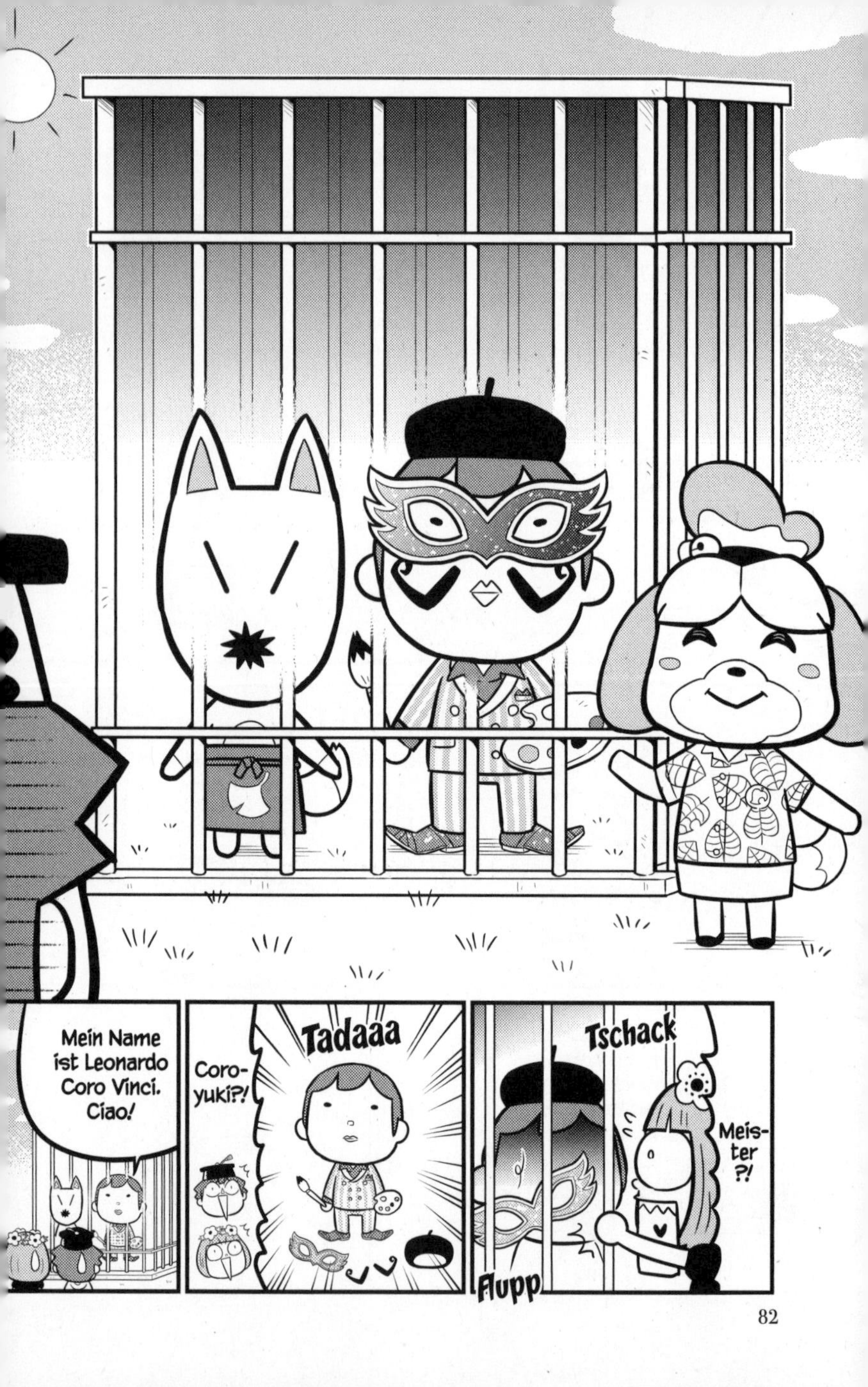
Mein Name ist Leonardo Coro Vinci. Ciao!
Tadaaa
Coro-yuki?!
Tschack
Meis-ter?!
Flupp

Ein Prinz aus dem Paradies

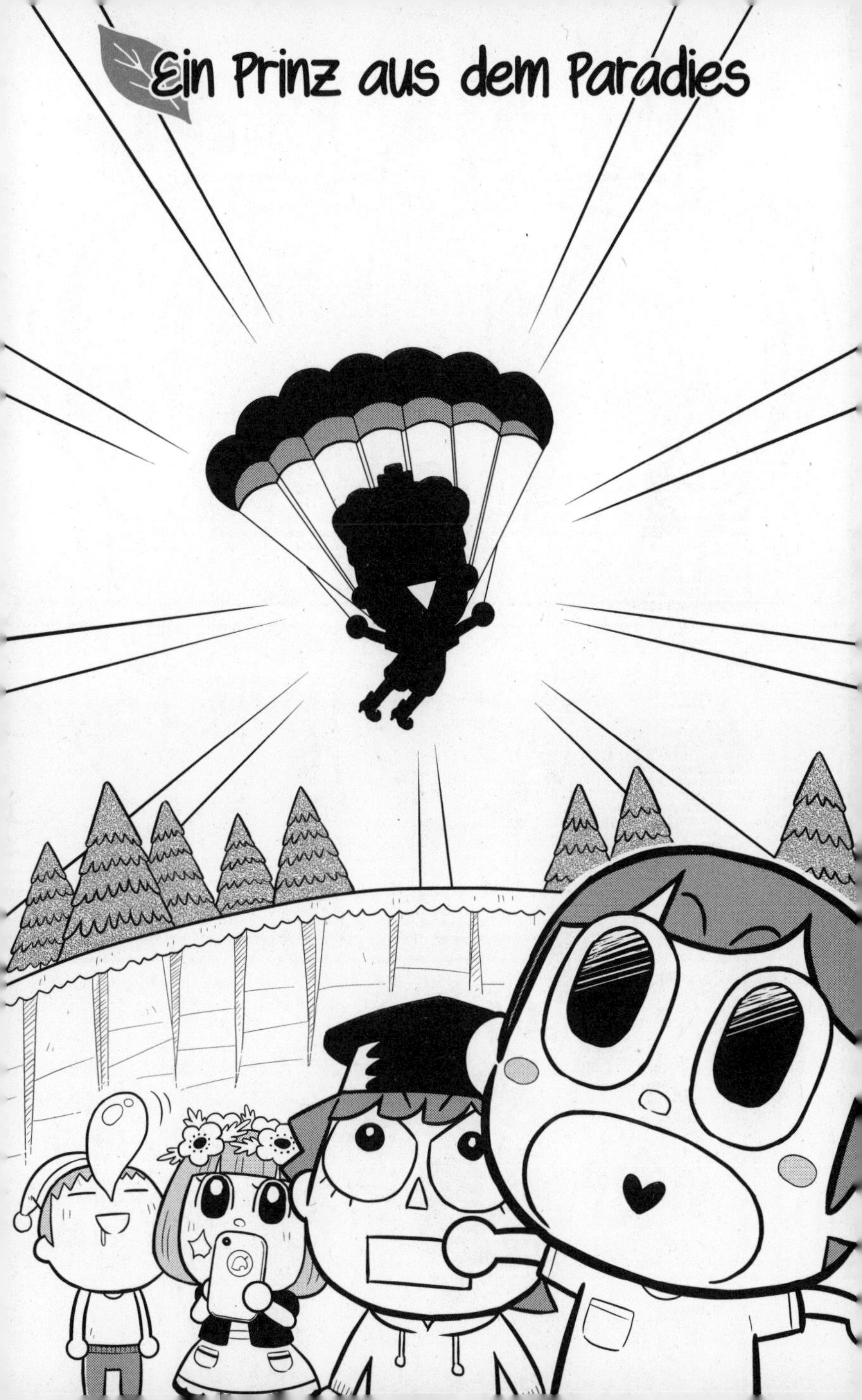

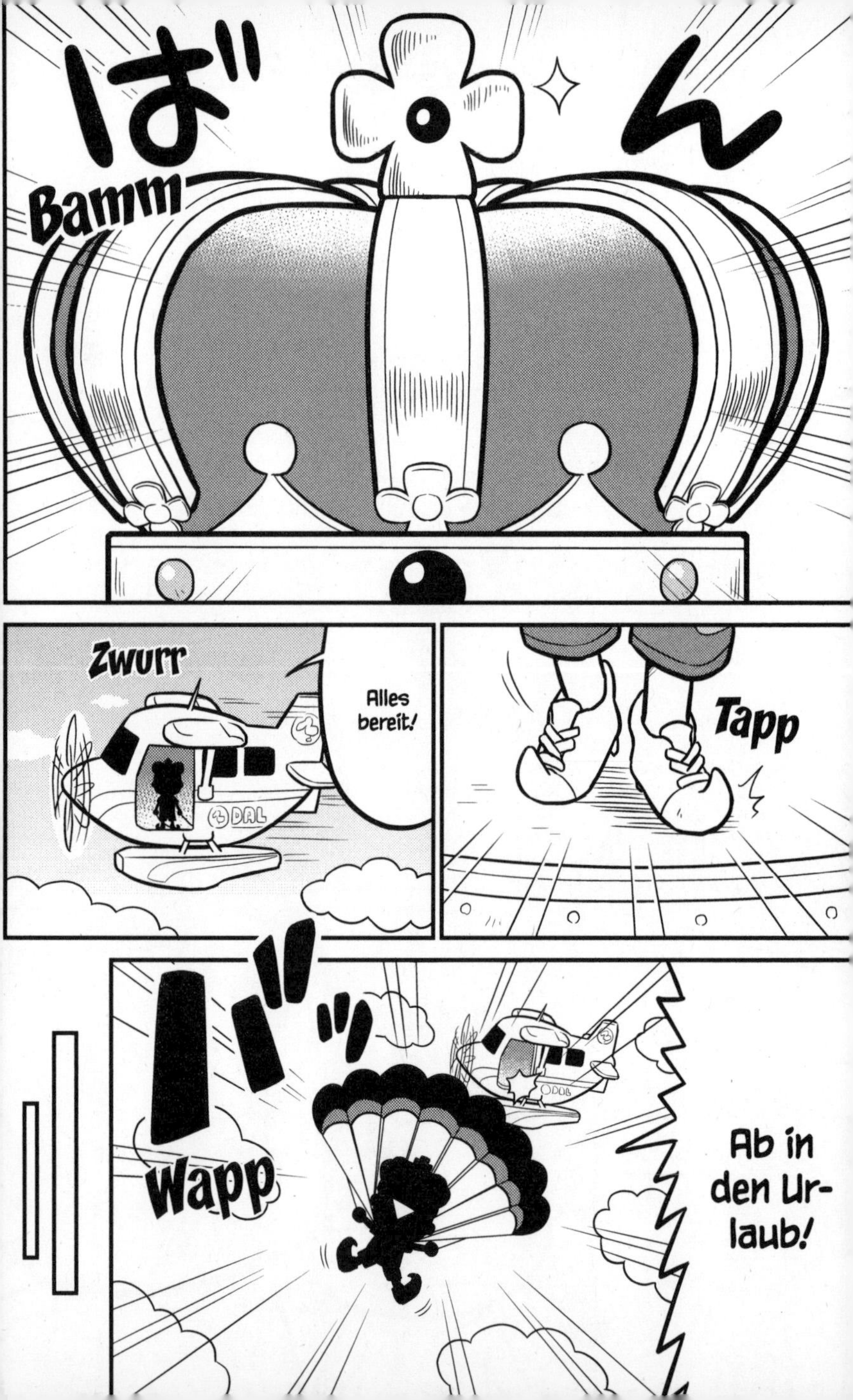
ば ん
Bamm
Tapp
Zwurr
Alles bereit!
バッ
Wapp
Ab in den Ur-laub!

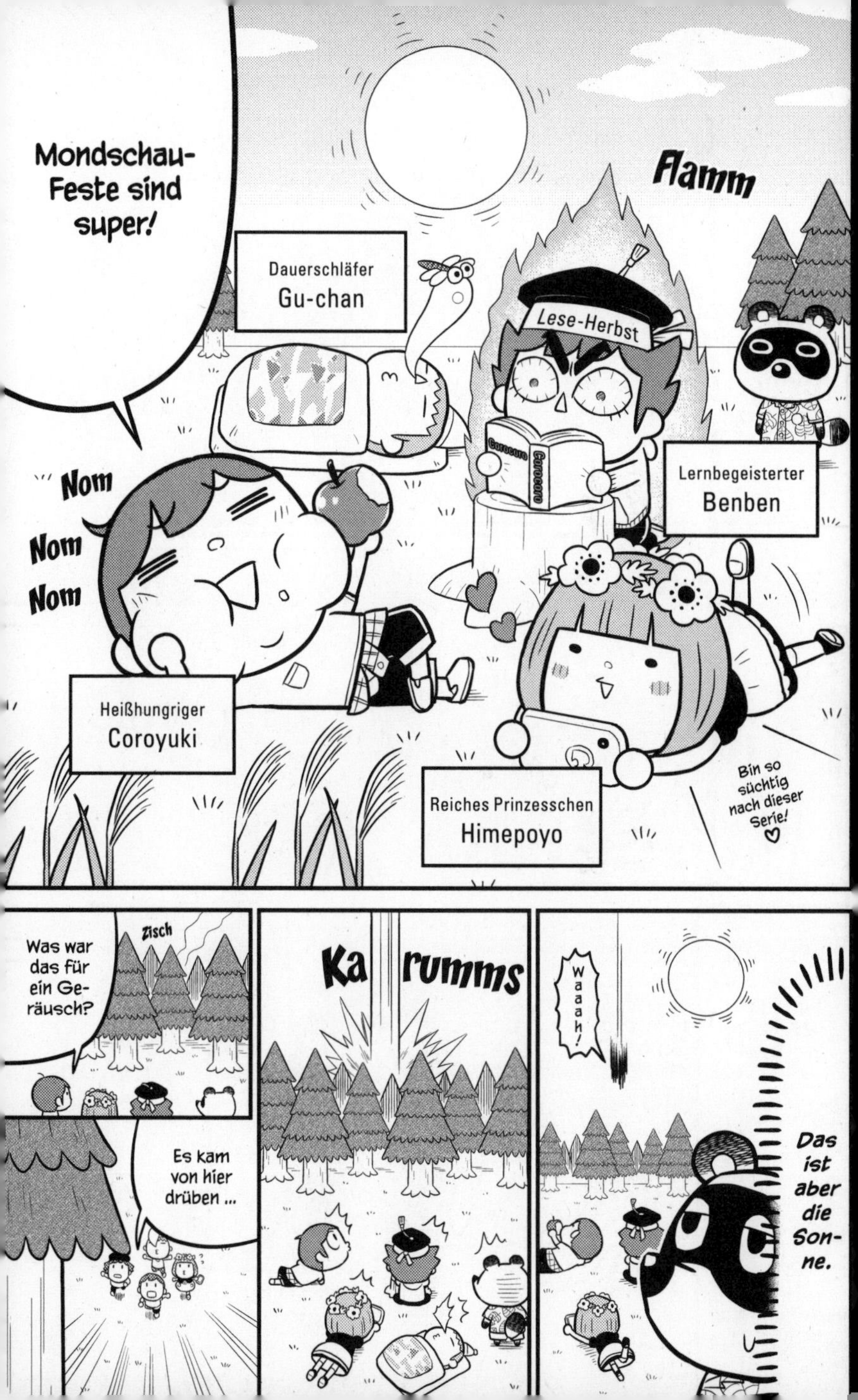

Mondschau-Feste sind super!
Flamm
Dauerschläfer
Gu-chan
Lese-Herbst
Corocoro
Lernbegeisterter
Benben
Nom
Nom
Nom
Heißhungriger
Coroyuki
Reiches Prinzesschen
Himepoyo
Bin so süchtig nach dieser Serie! ♡
Zisch
Was war das für ein Geräusch?
Es kam von hier drüben ...
Ka rumms
Waaah!
Das ist aber die Son-ne.

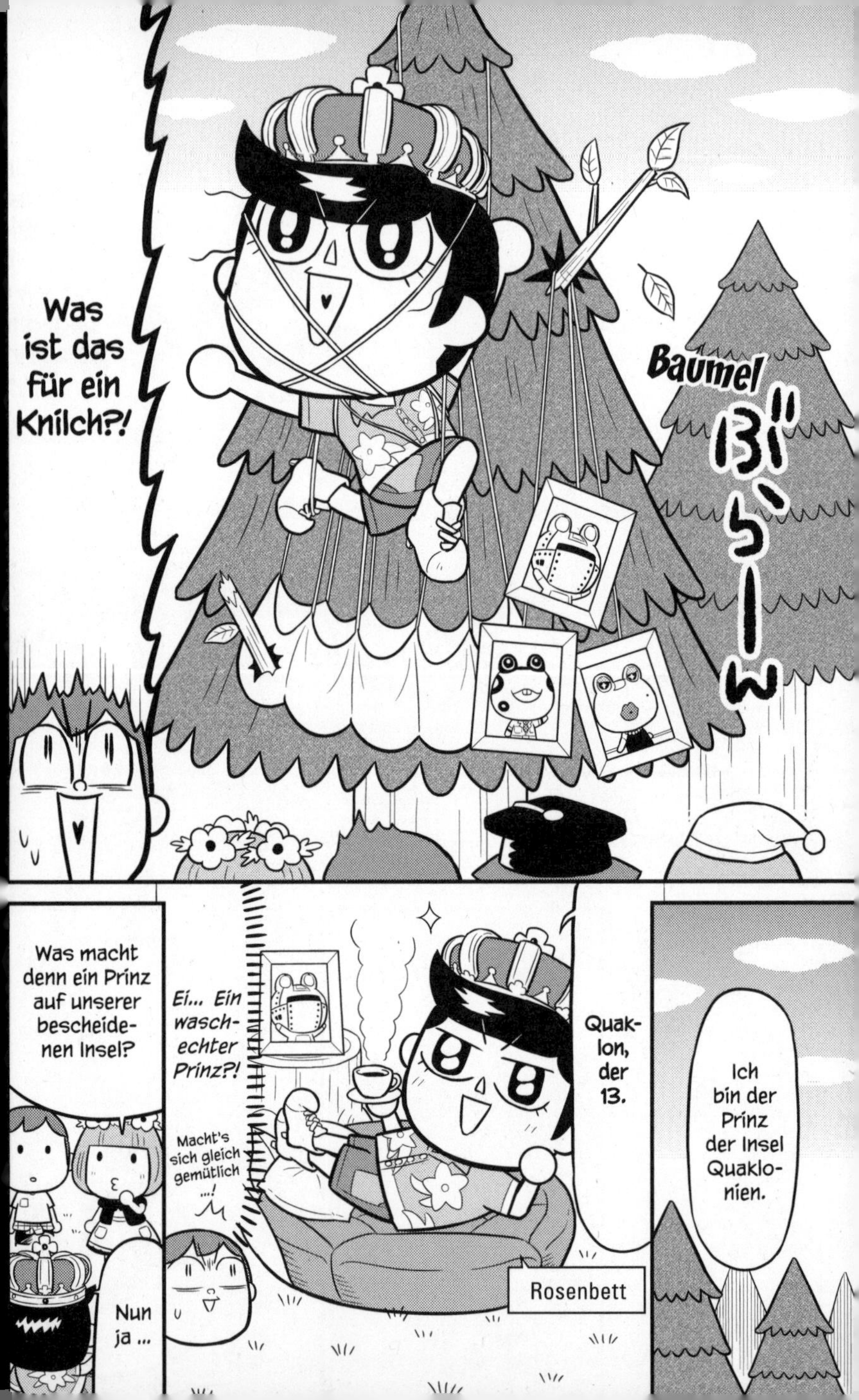

Was ist das für ein Knilch?!
Baumel
ぶら〜ん
Ich bin der Prinz der Insel Quaklonien.
Quaklon, der 13.
Ei... Ein waschechter Prinz?!
Macht's sich gleich gemütlich ...!
Was macht denn ein Prinz auf unserer bescheidenen Insel?
Rosenbett
Nun ja ...

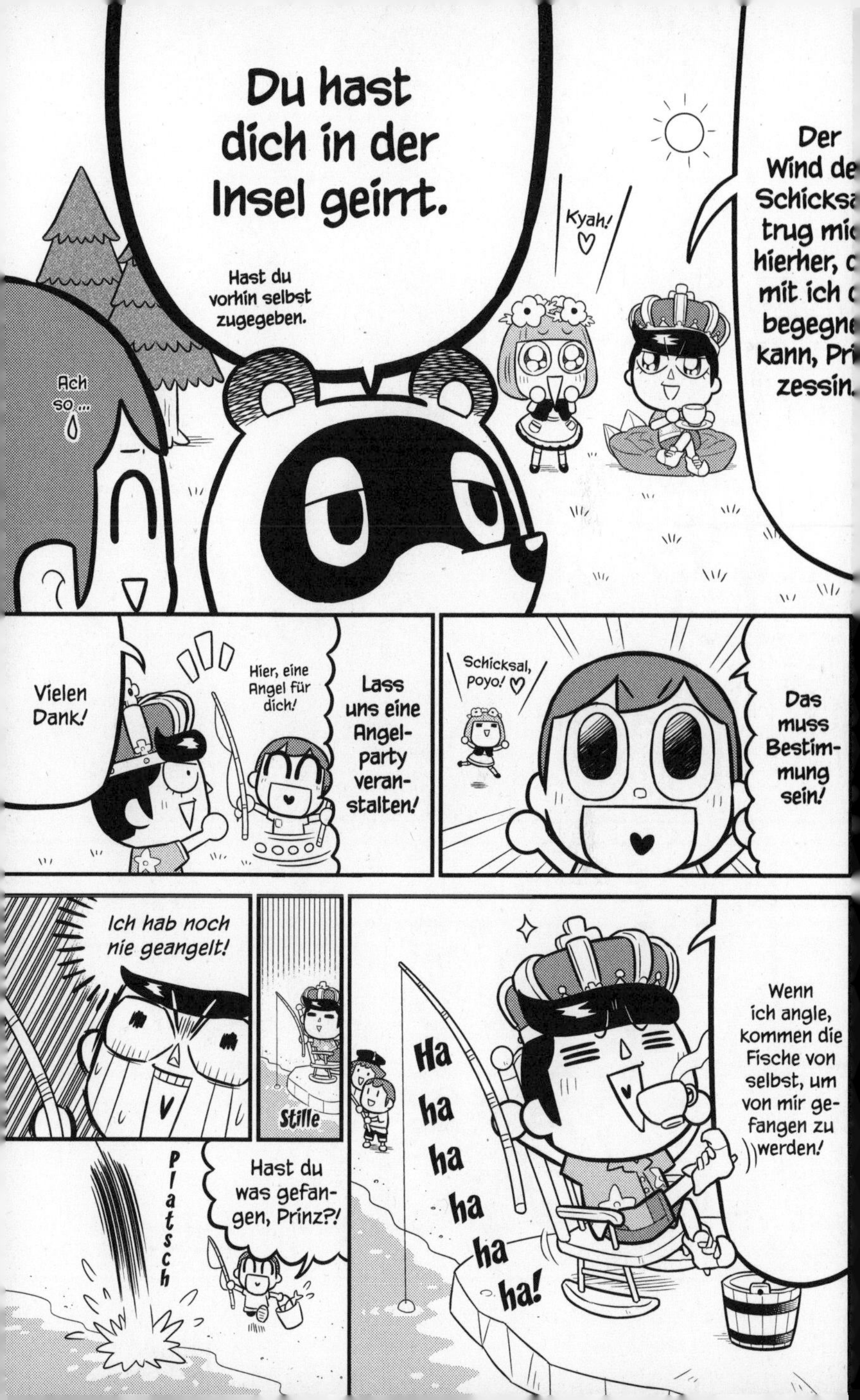
Der Wind de
Schicksa
trug mi
hierher,
mit ich
begegne
kann, Pri
zessin.
Kyah! ♡
Du hast dich in der Insel geirrt.
Hast du vorhin selbst zugegeben.
Ach so ...
Das muss Bestimmung sein!
Schicksal, poyo! ♡
Lass uns eine Angel-party veran-stalten!
Hier, eine Angel für dich!
Vielen Dank!
Wenn ich angle, kommen die Fische von selbst, um von mir ge-fangen zu werden!
Ha ha ha ha ha ha!
Ich hab noch nie geangelt!
Stille
Hast du was gefan-gen, Prinz?!
Platsch

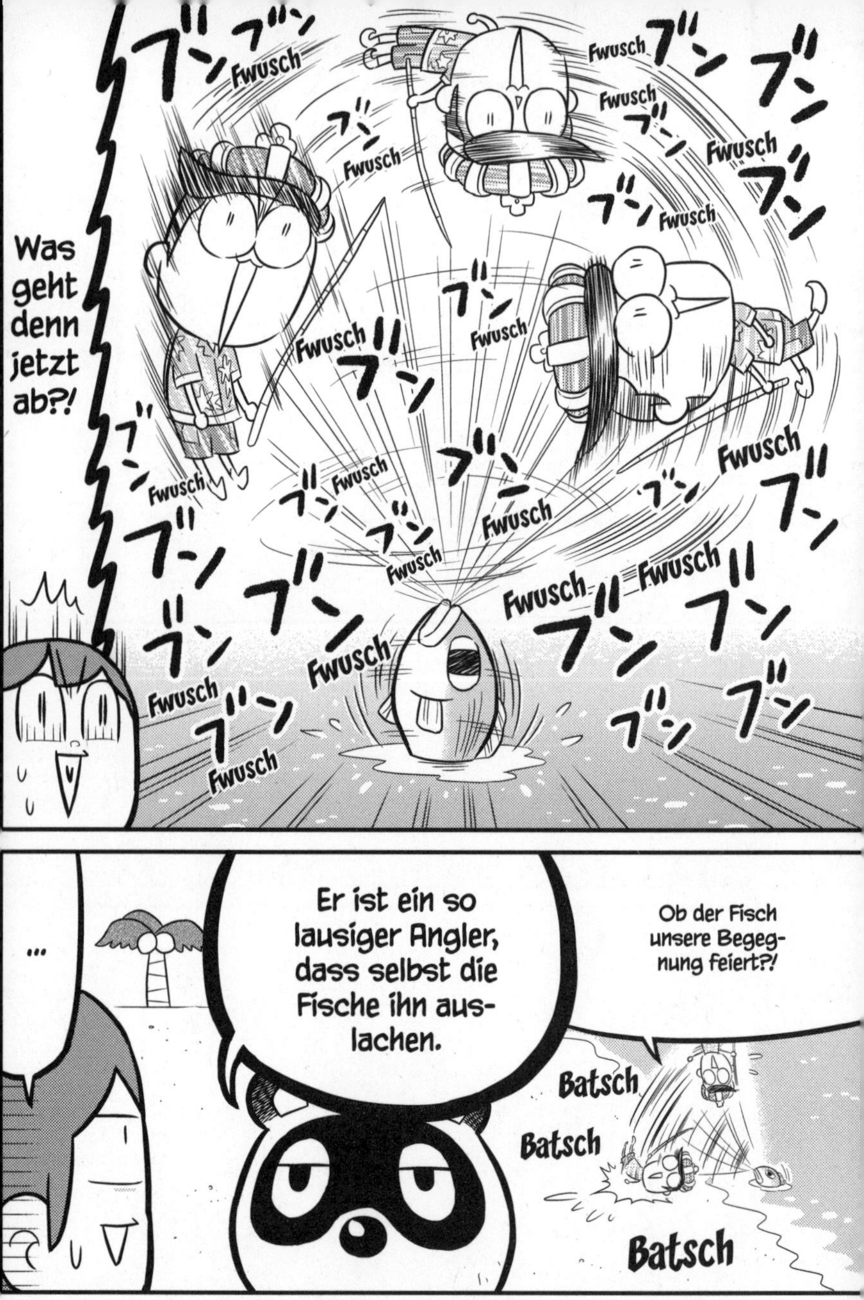
ブン ブン
Fwusch
Fwusch
Was geht denn jetzt ab?!
Ob der Fisch unsere Begeg-
nung feiert?!
Batsch
Batsch
Batsch
Er ist ein so lausiger Angler, dass selbst die Fische ihn aus-
lachen.
...

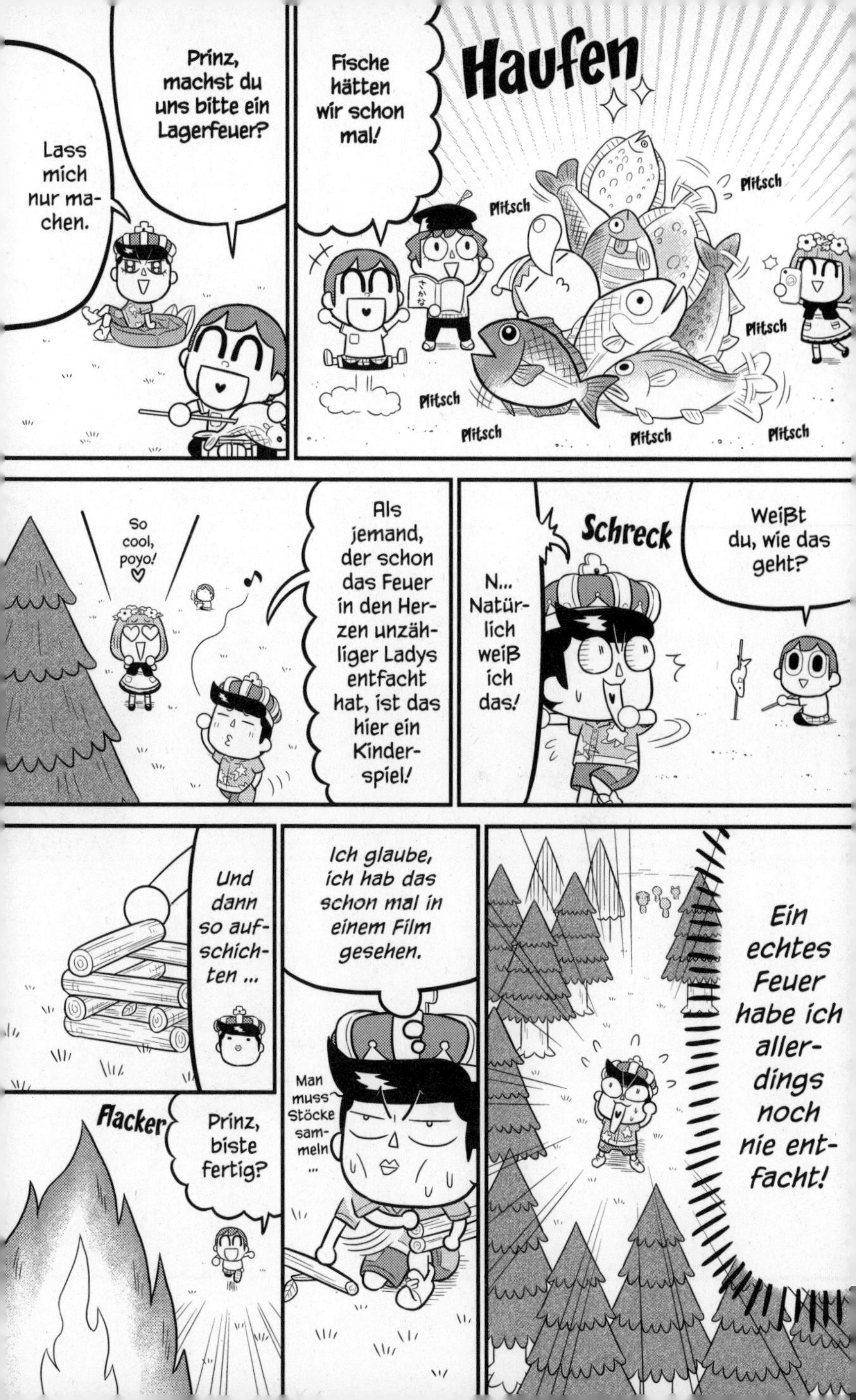
Prinz, machst du uns bitte ein Lagerfeuer?
Lass mich nur ma-chen.
Fische hätten wir schon mal!
Haufen
Plitsch
Plitsch
Plitsch
Plitsch
Plitsch
Plitsch
Plitsch
So cool, poyo! ♡
Als jemand, der schon das Feuer in den Her-zen unzäh-liger Ladys entfacht hat, ist das hier ein Kinder-spiel!
Weißt du, wie das geht?
Schreck
N... Natür-lich weiß ich das!
Und dann so auf-schich-ten ...
Ich glaube, ich hab das schon mal in einem Film gesehen.
Ein echtes Feuer habe ich aller-dings noch nie ent-facht!
Flacker
Prinz, biste fertig?
Man muss Stöcke sam-meln ...

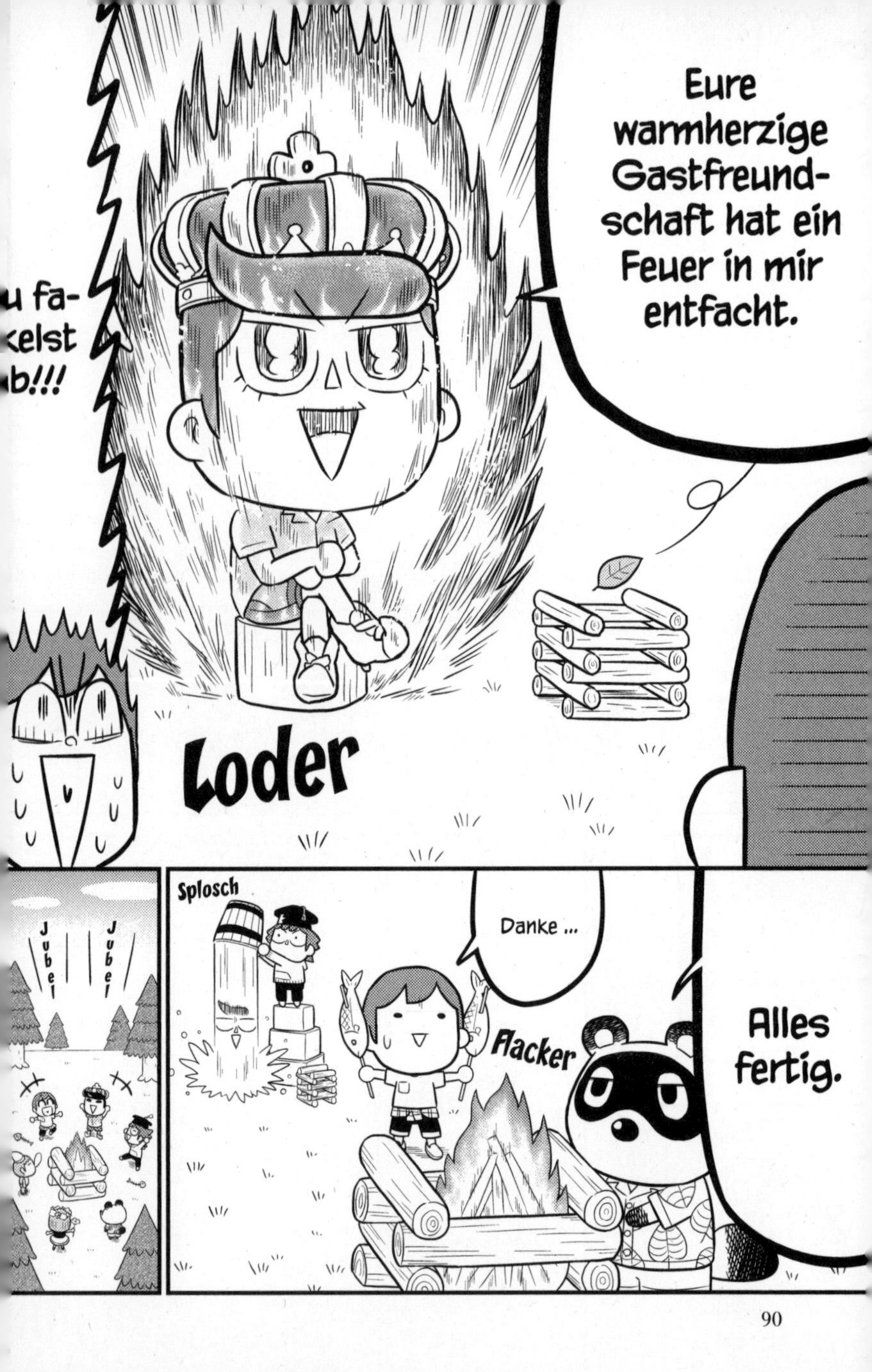
Eure warmherzige Gastfreundschaft hat ein Feuer in mir entfacht.
u fa-
kelst
b!!!
Loder
Alles fertig.
Danke ...
Flacker
Splosch
Jubel
Jubel

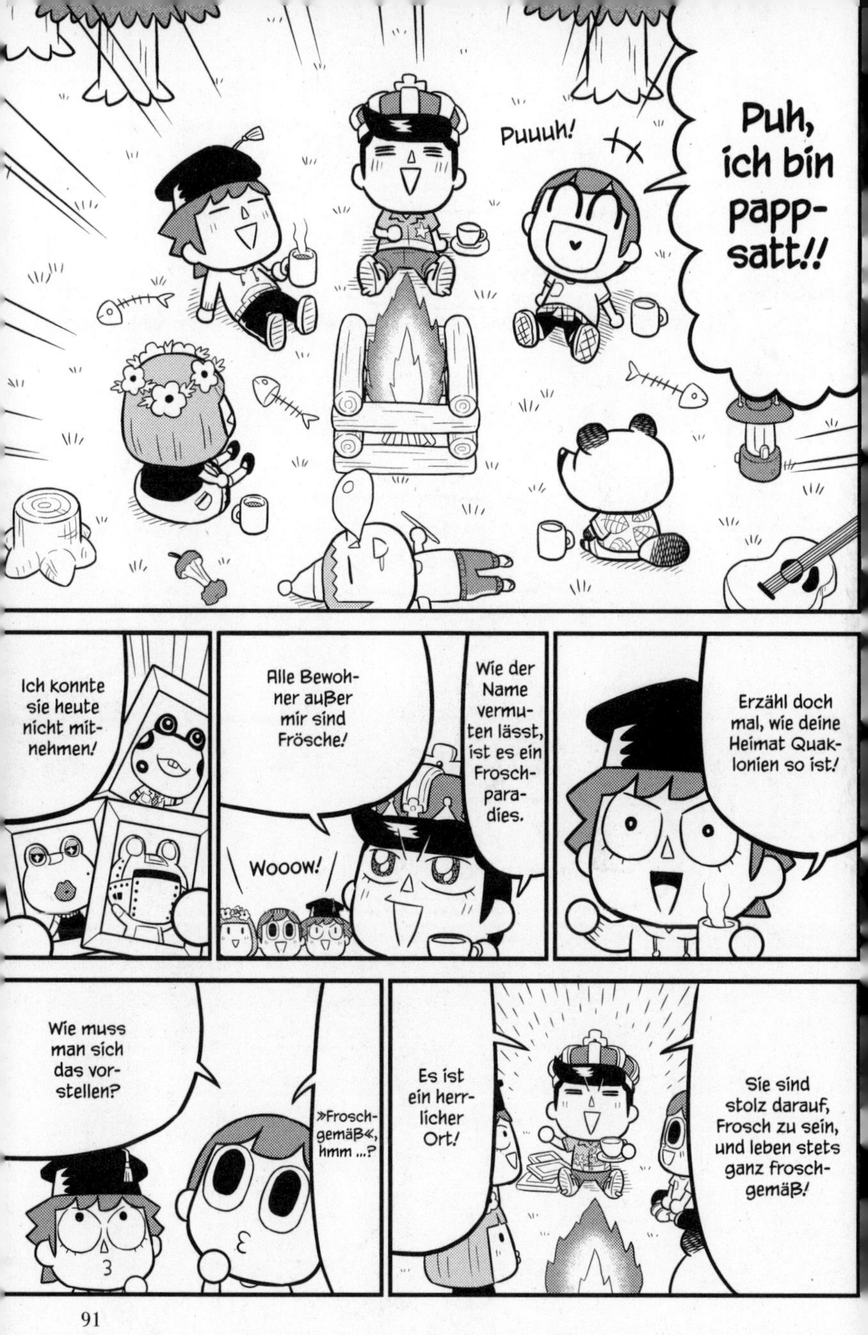
Puh, ich bin papp-satt!!
Puuuh!
Erzähl doch mal, wie deine Heimat Quak-lonien so ist!
Wie der Name vermu-ten lässt, ist es ein Frosch-para-dies.
Alle Bewoh-ner außer mir sind Frösche!
Wooow!
Ich konnte sie heute nicht mit-nehmen!
Sie sind stolz darauf, Frosch zu sein, und leben stets ganz frosch-gemäß!
Es ist ein herr-licher Ort!
»Frosch-gemäß«, hmm ...?
Wie muss man sich das vor-stellen?

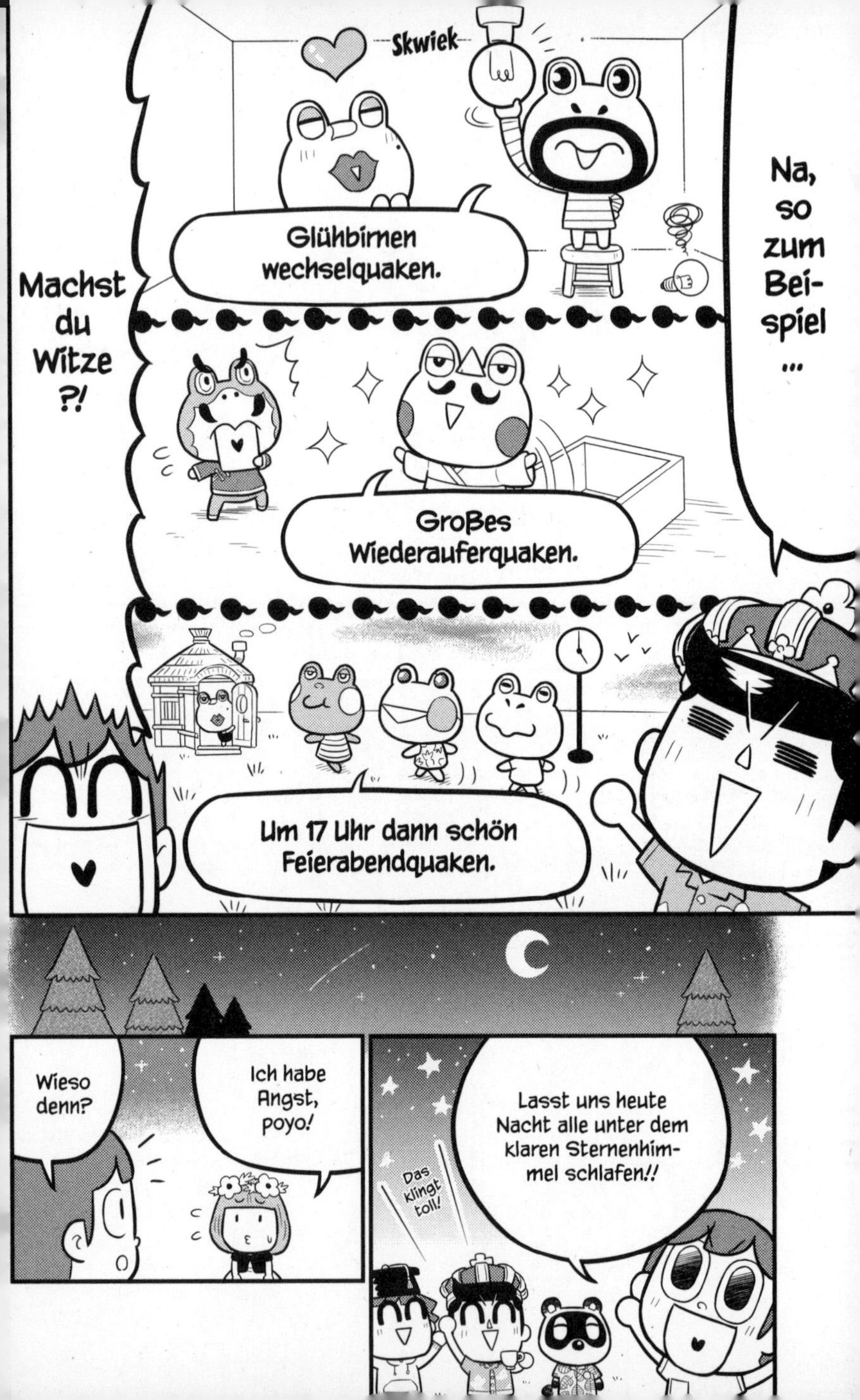
Na, so zum Beispiel …
Skwiek
Glühbirnen wechselquaken.
Großes Wiederauferquaken.
Um 17 Uhr dann schön Feierabendquaken.
Machst du Witze ?!
Ich habe Angst, poyo!
Wieso denn?
Lasst uns heute Nacht alle unter dem klaren Sternenhimmel schlafen!!
Das klingt toll!

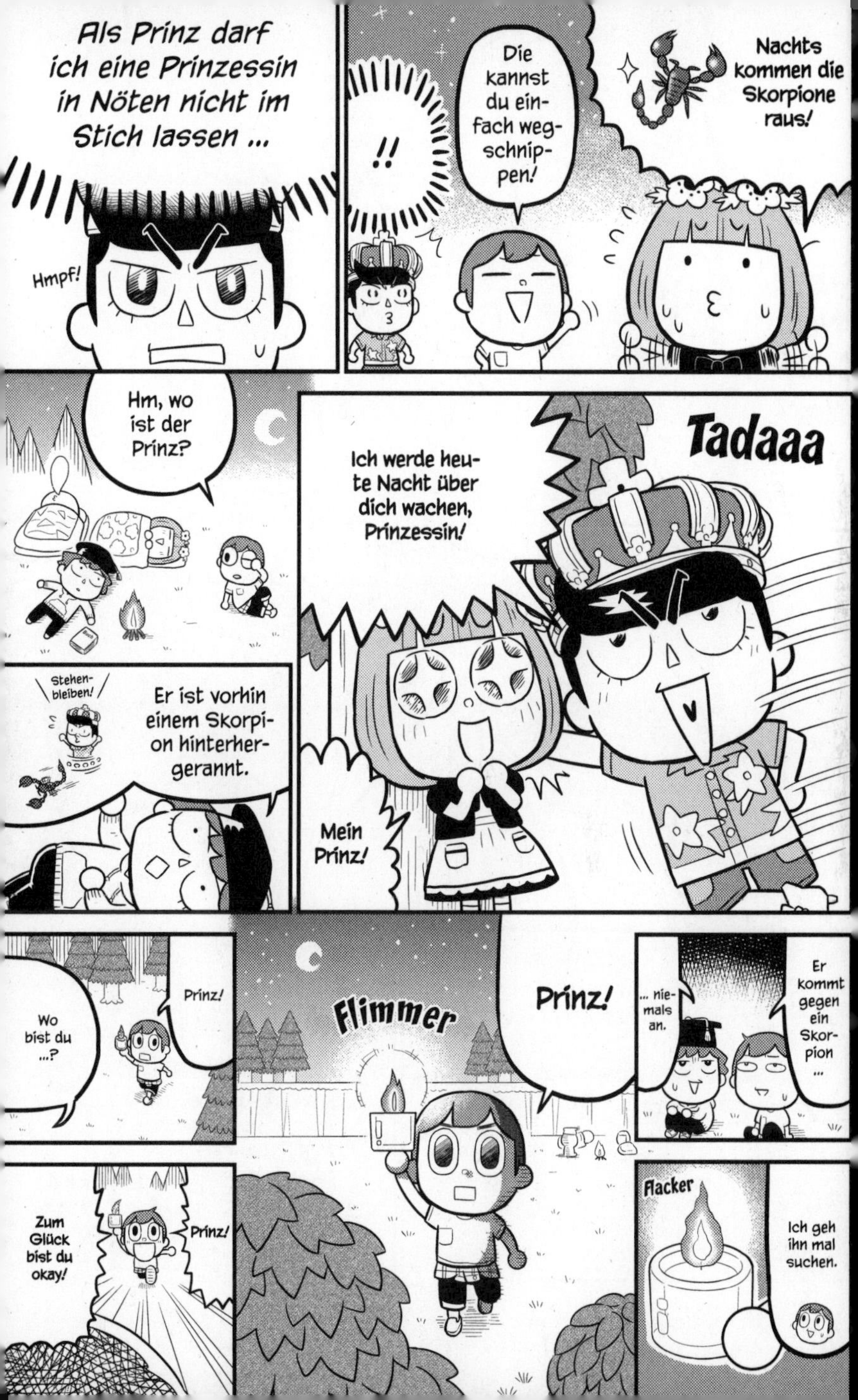

Als Prinz darf ich eine Prinzessin in Nöten nicht im Stich lassen ...
Hmpf!
!!
Die kannst du einfach wegschnippen!
Nachts kommen die Skorpione raus!
Hm, wo ist der Prinz?
Tadaaa
Ich werde heute Nacht über dich wachen, Prinzessin!
Stehenbleiben!
Er ist vorhin einem Skorpion hinterhergerannt.
Mein Prinz!
Prinz!
Wo bist du ...?
Flimmer
Prinz!
... niemals an.
Er kommt gegen ein Skorpion ...
Zum Glück bist du okay!
Prinz!
Flacker
Ich geh ihn mal suchen.

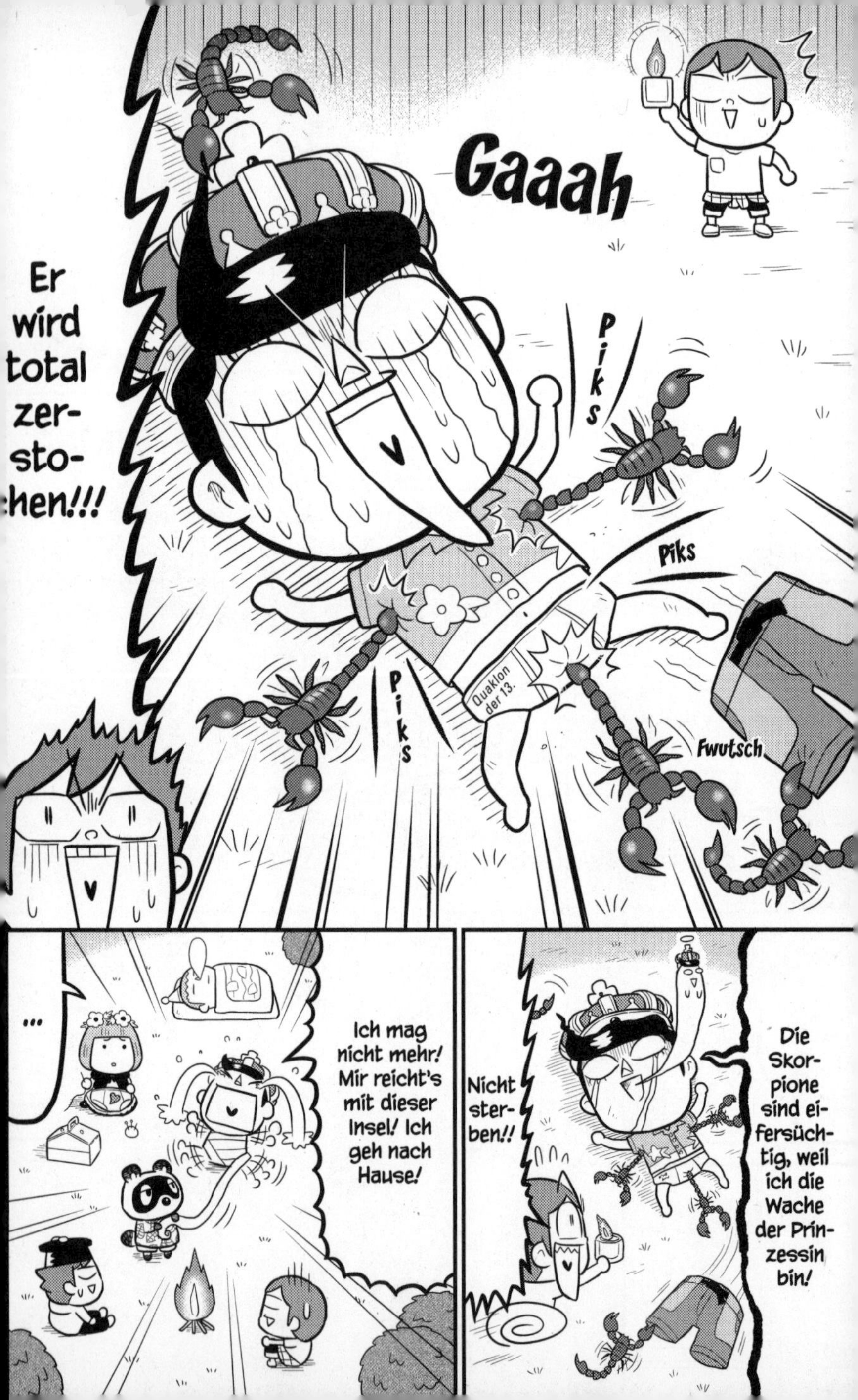
Gaaah
Er wird total zer-sto-chen!!!
Piks
Piks
Quaklon der 13.
Piks
Fwutsch
...
Ich mag nicht mehr! Mir reicht's mit dieser Insel! Ich geh nach Hause!
Die Skor-pione sind ei-fersüch-tig, weil ich die Wache der Prin-zessin bin!
Nicht ster-ben!!

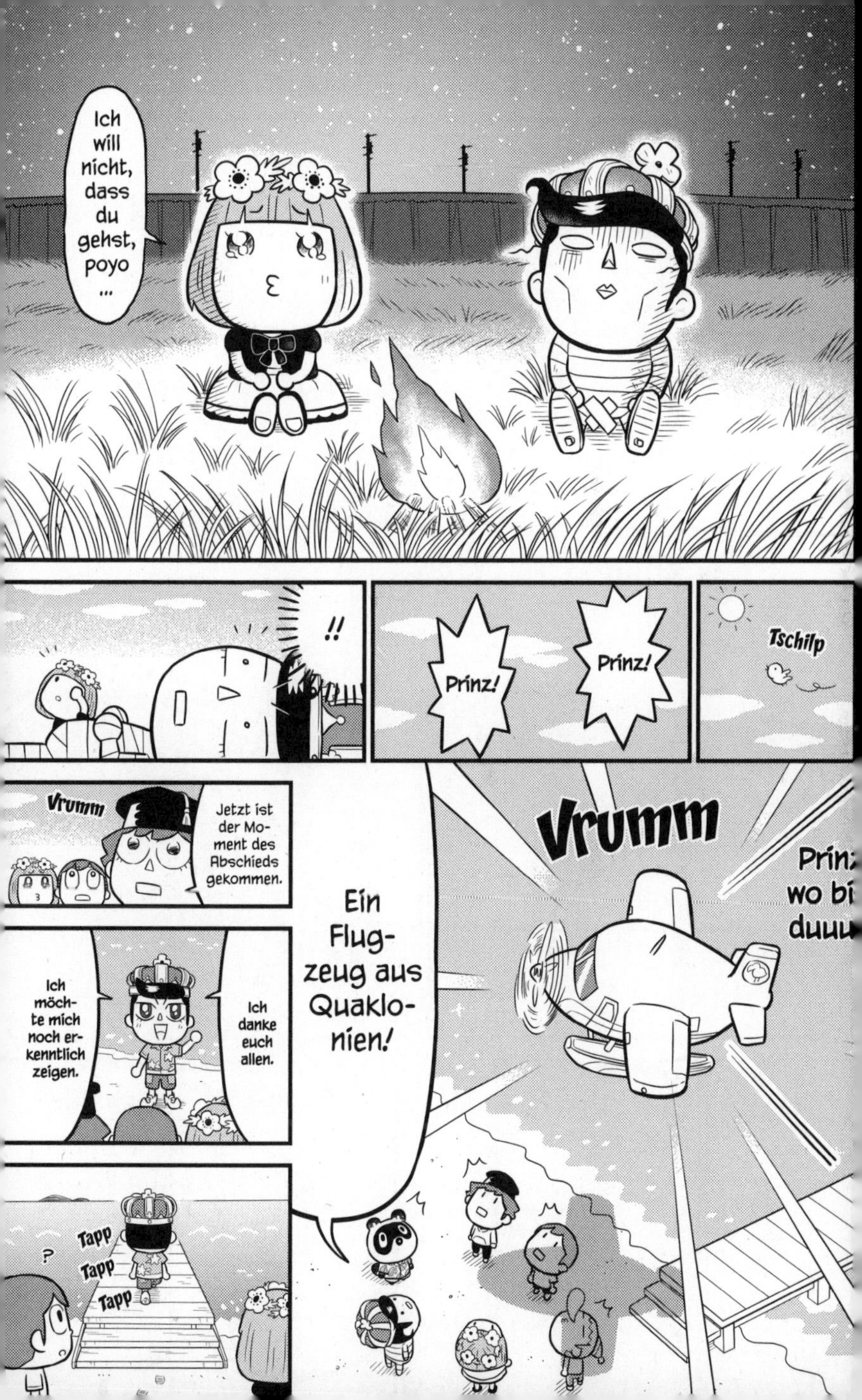
Ich will nicht, dass du gehst, poyo ...
Tschilp
Prinz!
Prinz!
!!
Prinz, wo bi duuu
Vrumm
Ein Flugzeug aus Quaklonien!
Jetzt ist der Moment des Abschieds gekommen.
Vrumm
Ich danke euch allen.
Ich möchte mich noch erkenntlich zeigen.
Tapp
Tapp
Tapp
?

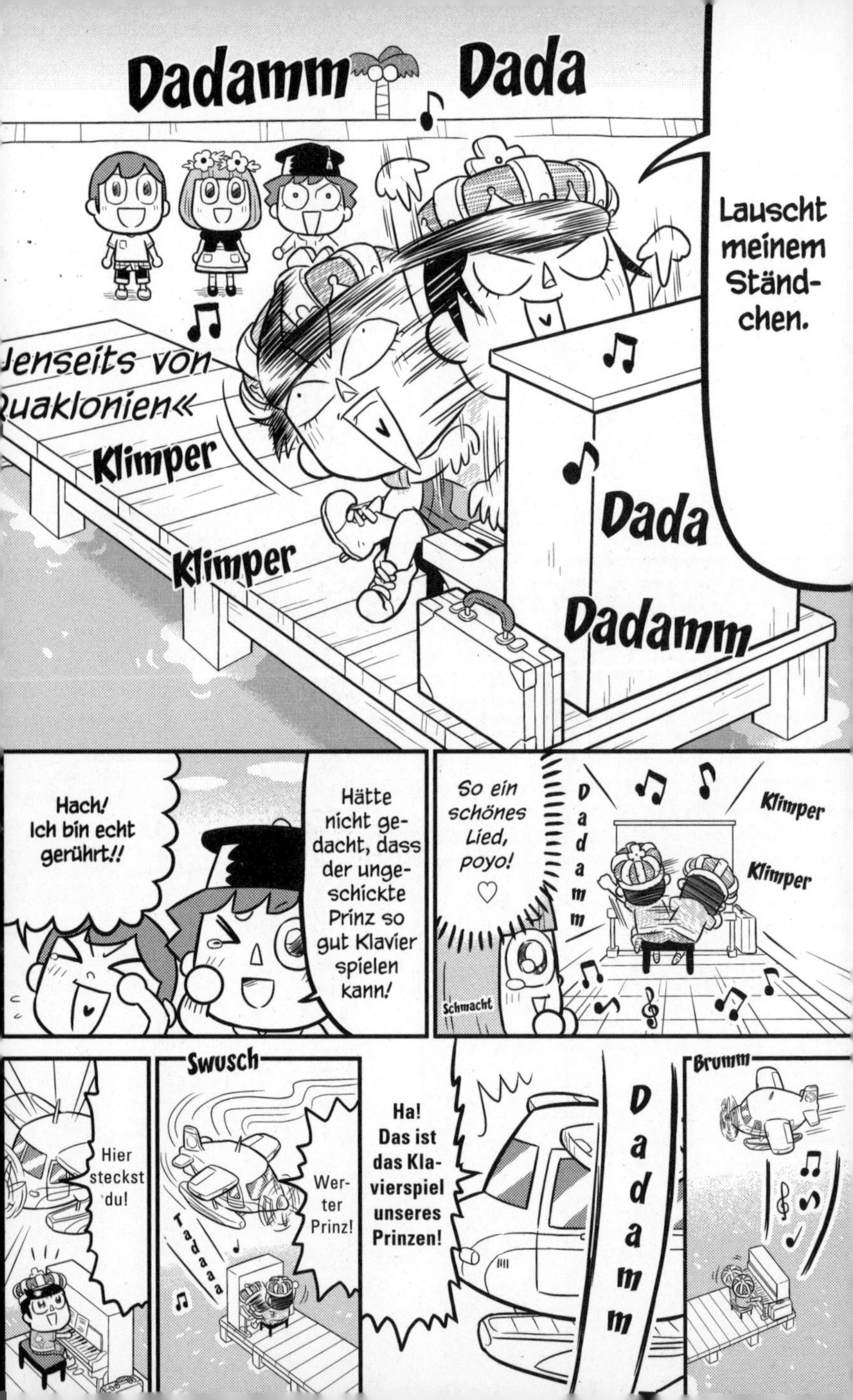
Dadamm Dada
Lauscht meinem Ständchen.
Jenseits von Quaklonien«
Klimper
Klimper
Dada
Dadamm
Hach! Ich bin echt gerührt!!
Hätte nicht gedacht, dass der ungeschickte Prinz so gut Klavier spielen kann!
So ein schönes Lied, poyo! ♡
Dadamm
Klimper
Klimper
Schmacht
Hier steckst du!
Swusch
Tadaaa
Werter Prinz!
Ha! Das ist das Klavierspiel unseres Prinzen!
Dadamm
Brumm

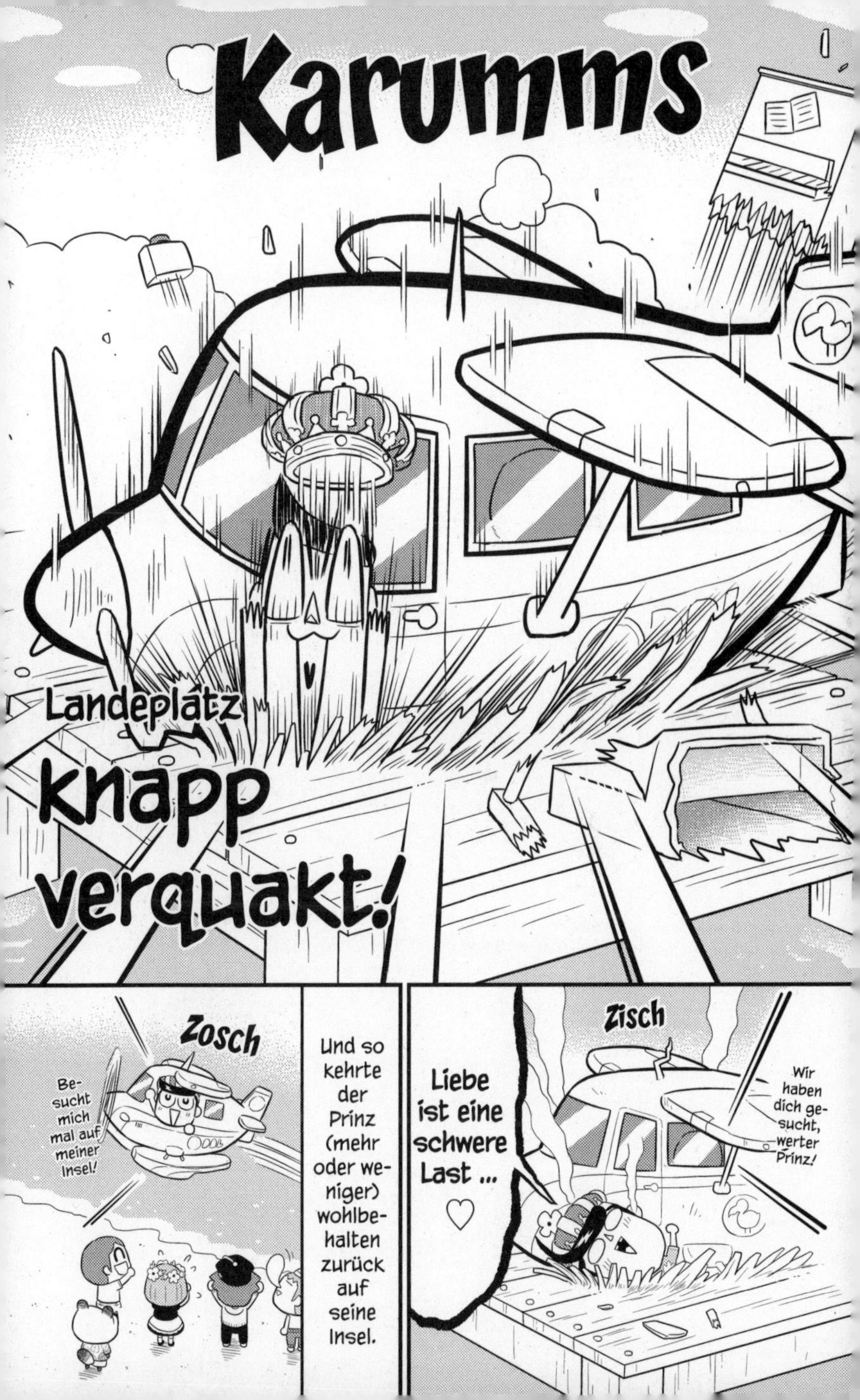
Karumms
Landeplätz
knapp
verquakt!
Zosch
Be-
sucht
mich
mal auf
meiner
Insel!
Und so
kehrte
der
Prinz
(mehr
oder we-
niger)
wohlbe-
halten
zurück
auf
seine
Insel.
Liebe
ist eine
schwere
Last ...
Zisch
Wir
haben
dich ge-
sucht,
werter
Prinz!

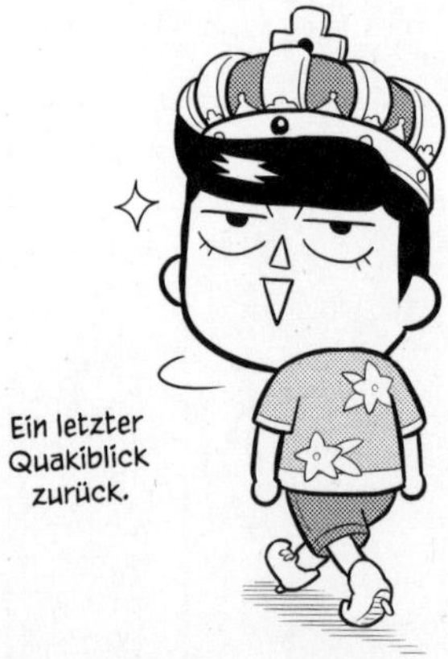
Ein letzter Quakiblick zurück.

Wie man ein gelungenes Halloween feiert

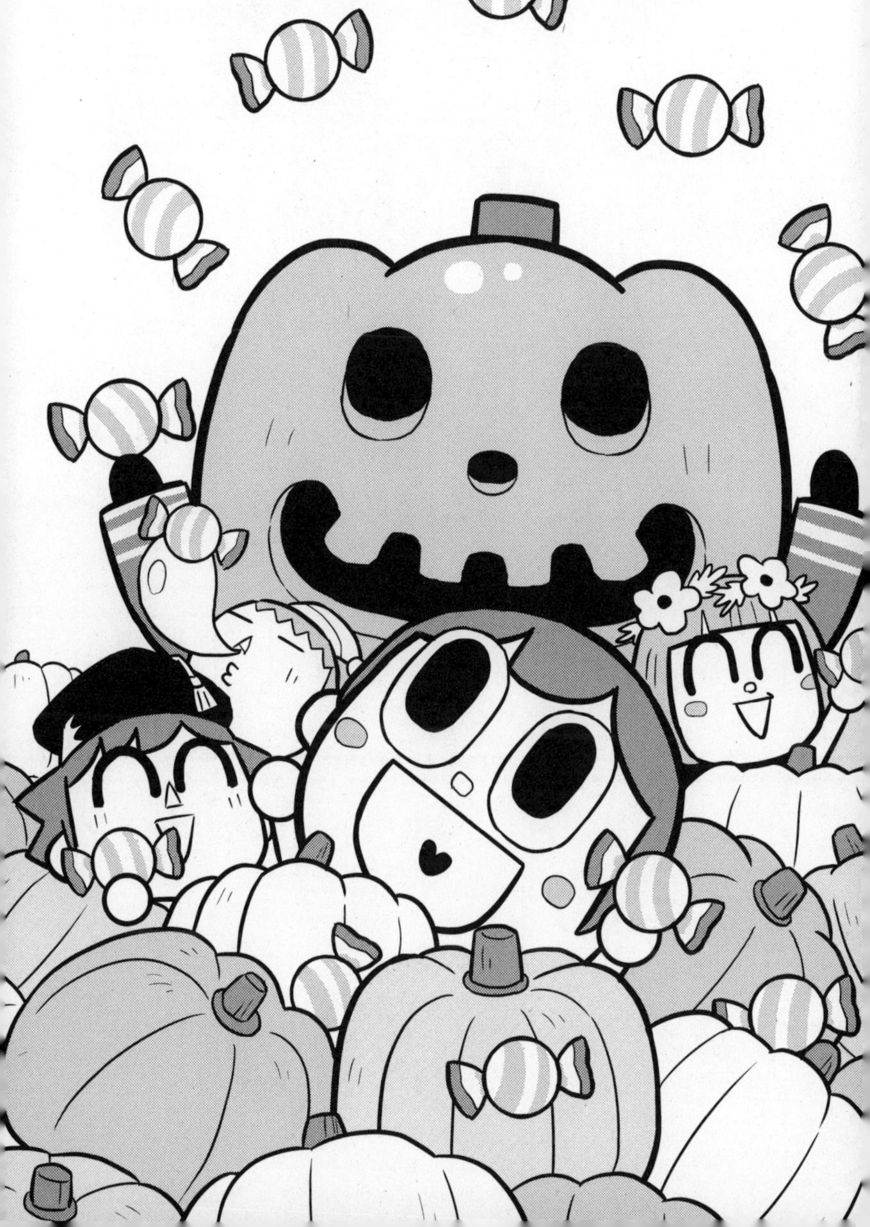

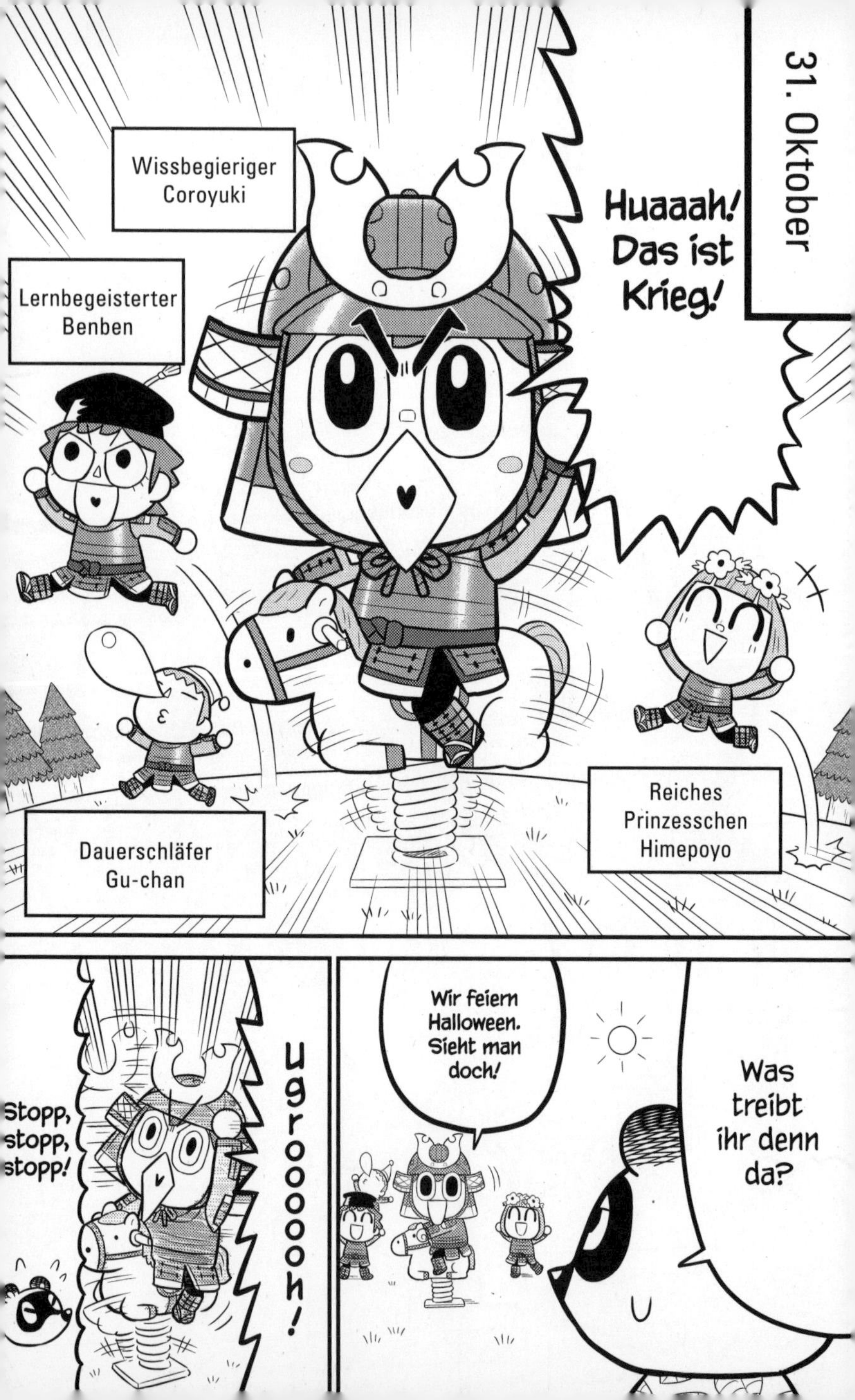
31. Oktober
Huaaah! Das ist Krieg!
Wissbegieriger Coroyuki
Lernbegeisterter Benben
Reiches Prinzesschen Himepoyo
Dauerschläfer Gu-chan
Was treibt ihr denn da?
Wir feiern Halloween. Sieht man doch!
Ugroooooh!
Stopp, stopp, stopp!

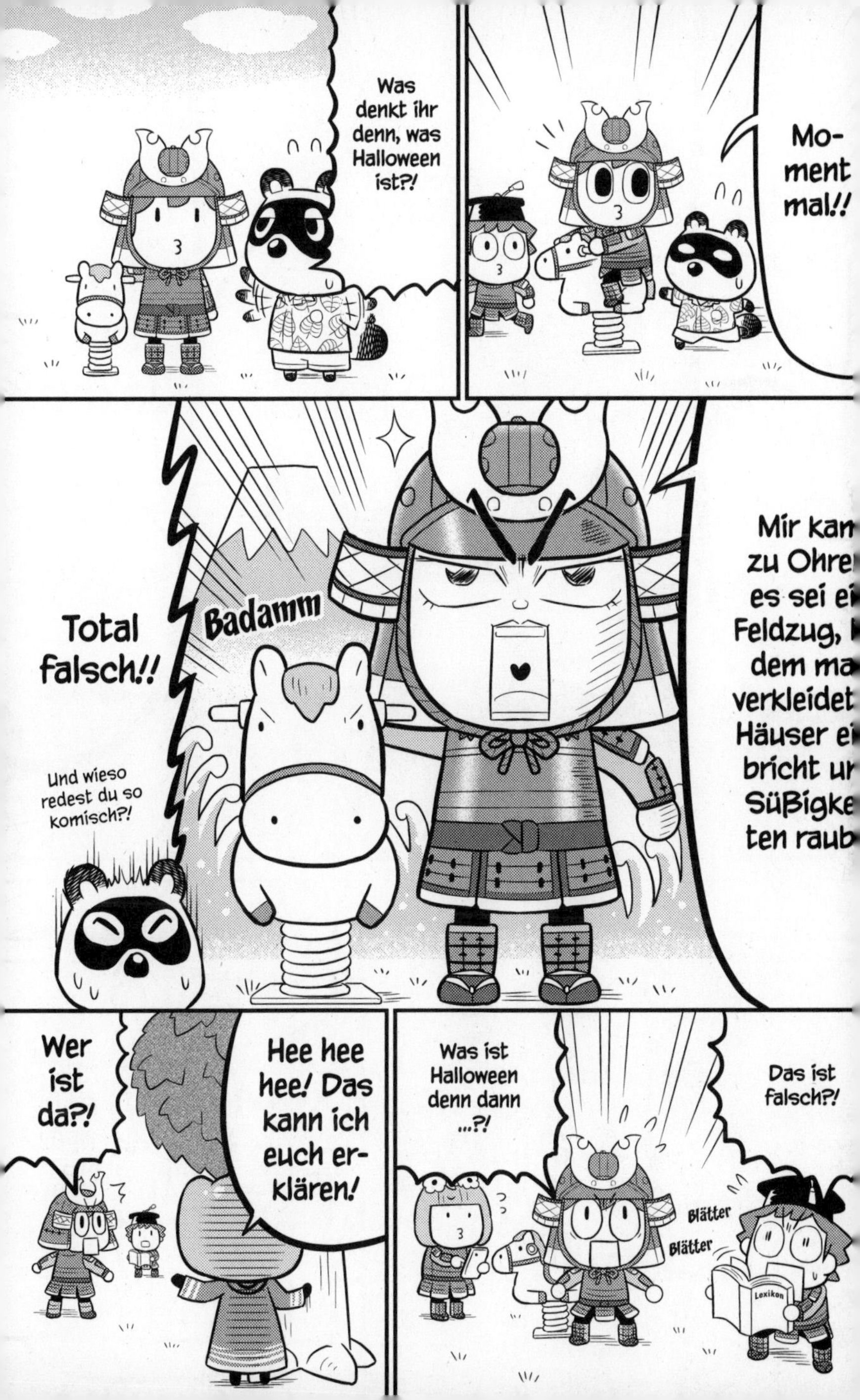

Was denkt ihr denn, was Halloween ist?!
Mo-ment mal!!
Mir kan zu Ohre es sei ei Feldzug, dem ma verkleidet Häuser ei bricht ur Süßigke ten raub
Badamm
Total falsch!!
Und wieso redest du so komisch?!
Wer ist da?!
Hee hee hee! Das kann ich euch er-klären!
Was ist Halloween denn dann …?!
Das ist falsch?!
Blätter
Blätter
Lexikon

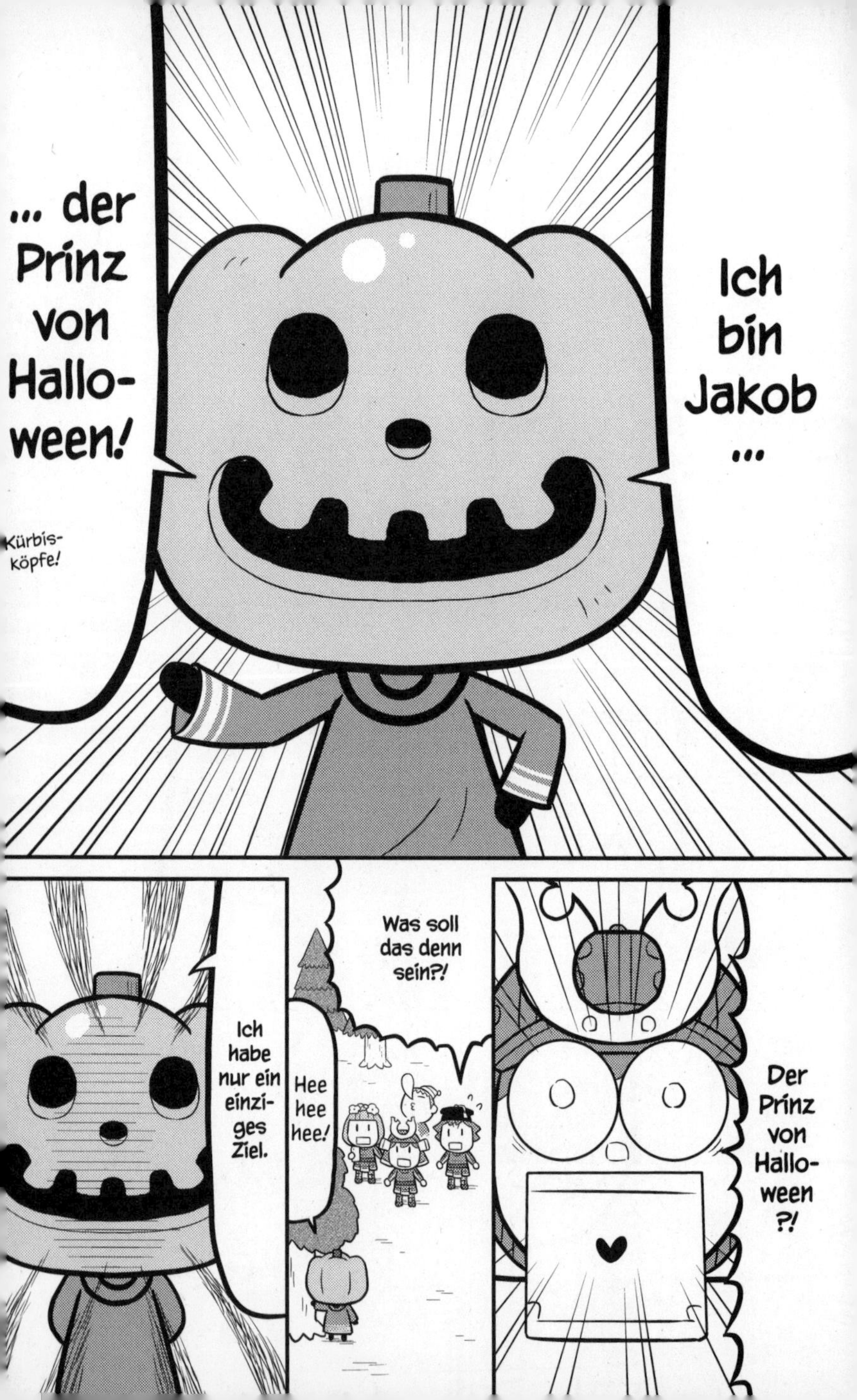
Ich bin Jakob ...
... der Prinz von Halloween!
Kürbisköpfe!
Der Prinz von Halloween?!
Was soll das denn sein?!
Hee hee hee!
Ich habe nur ein einziges Ziel.

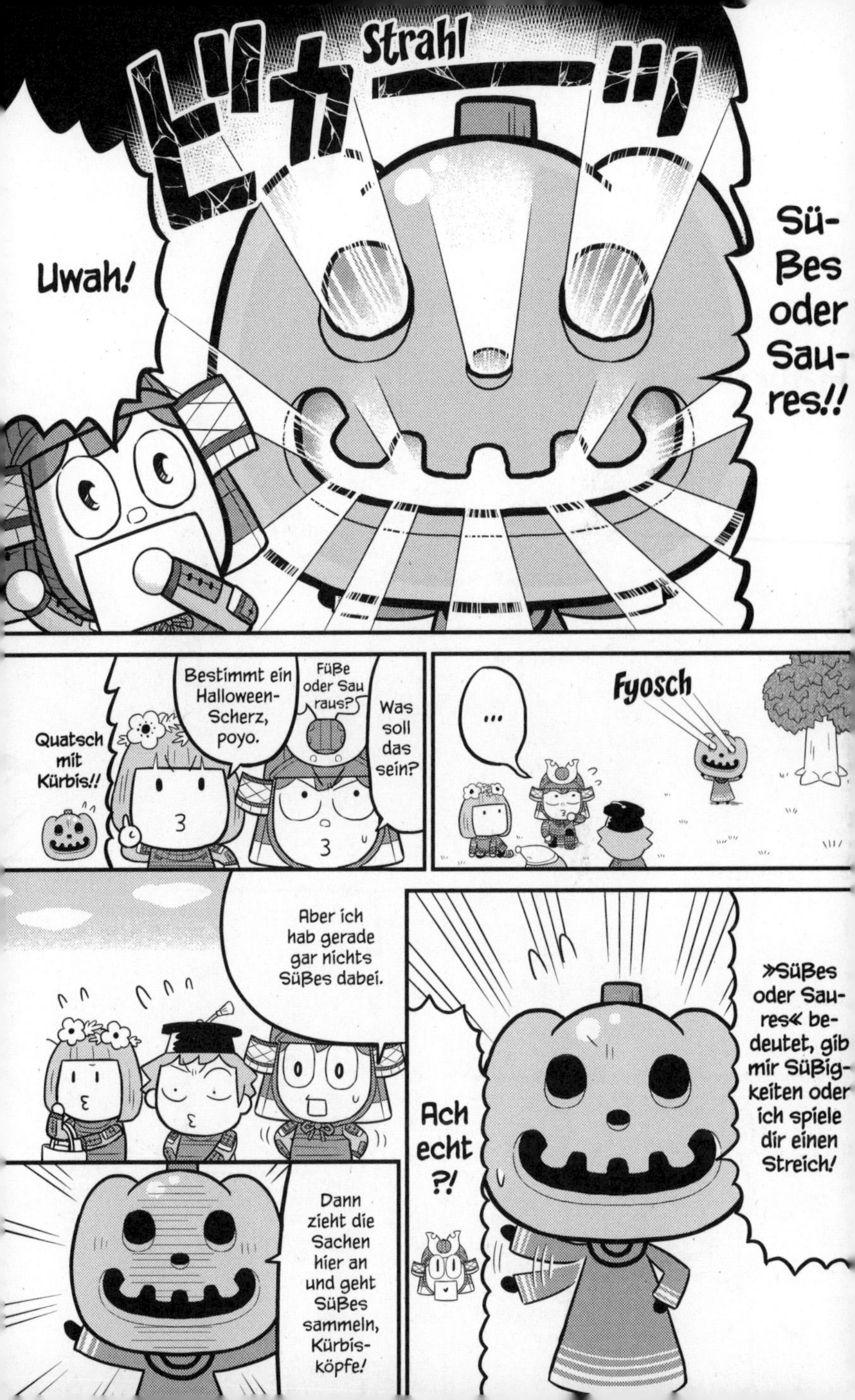
Strahl
Süßes oder Saures!!
Uwah!
…
Fyosch
Was soll das sein?
Füße oder Sau raus?
Bestimmt ein Halloween-Scherz, poyo.
Quatsch mit Kürbis!!
»Süßes oder Saures« bedeutet, gib mir Süßigkeiten oder ich spiele dir einen Streich!
Ach echt?!
Aber ich hab gerade gar nichts Süßes dabei.
Dann zieht die Sachen hier an und geht Süßes sammeln, Kürbisköpfe!

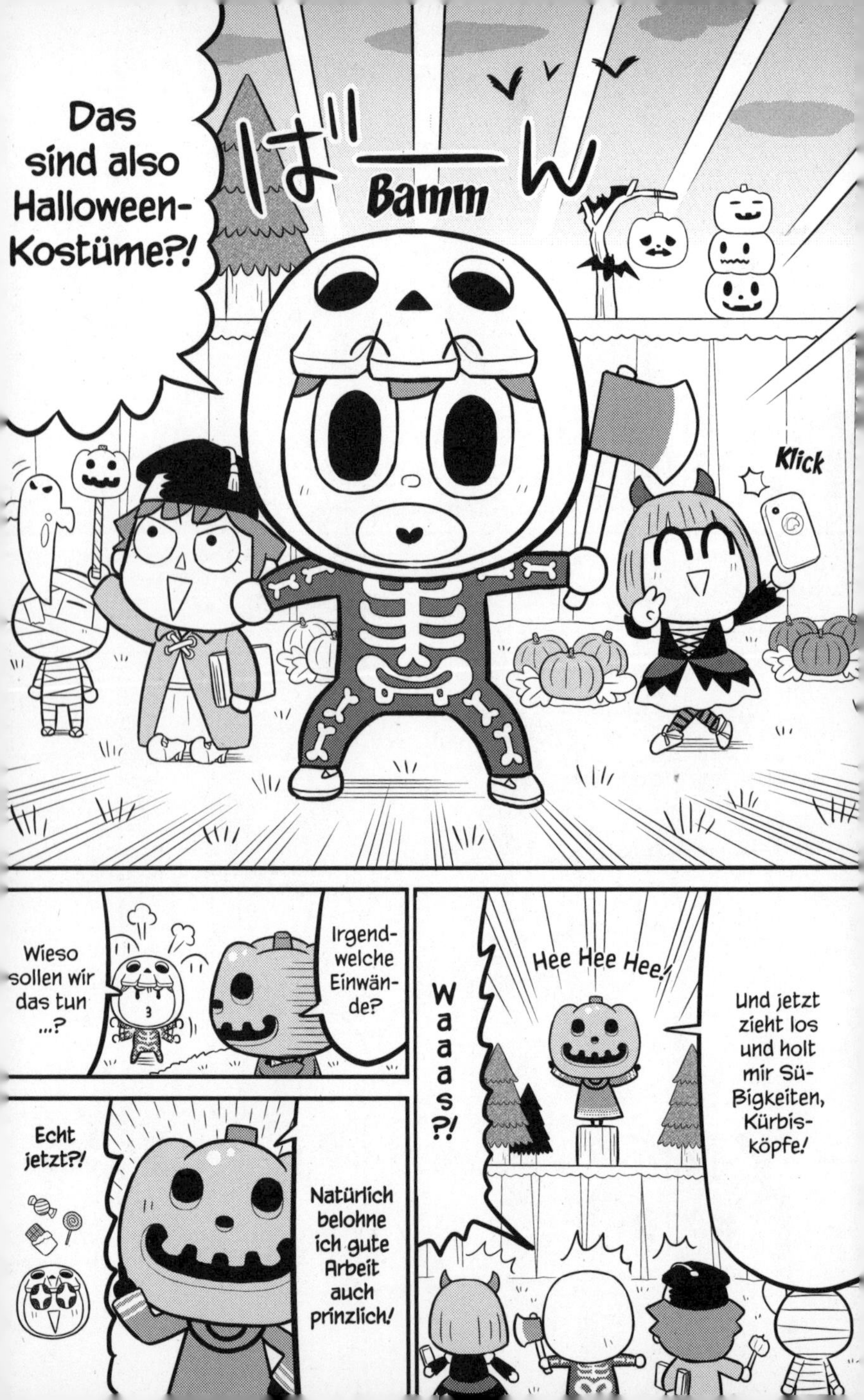

Das sind also Halloween-Kostüme?!
ばーん
Bamm
Klick
Hee Hee Hee!
Und jetzt zieht los und holt mir Süßigkeiten, Kürbisköpfe!
Waaas?!
Irgendwelche Einwände?
Wieso sollen wir das tun …?
Natürlich belohne ich gute Arbeit auch prinzlich!
Echt jetzt?!

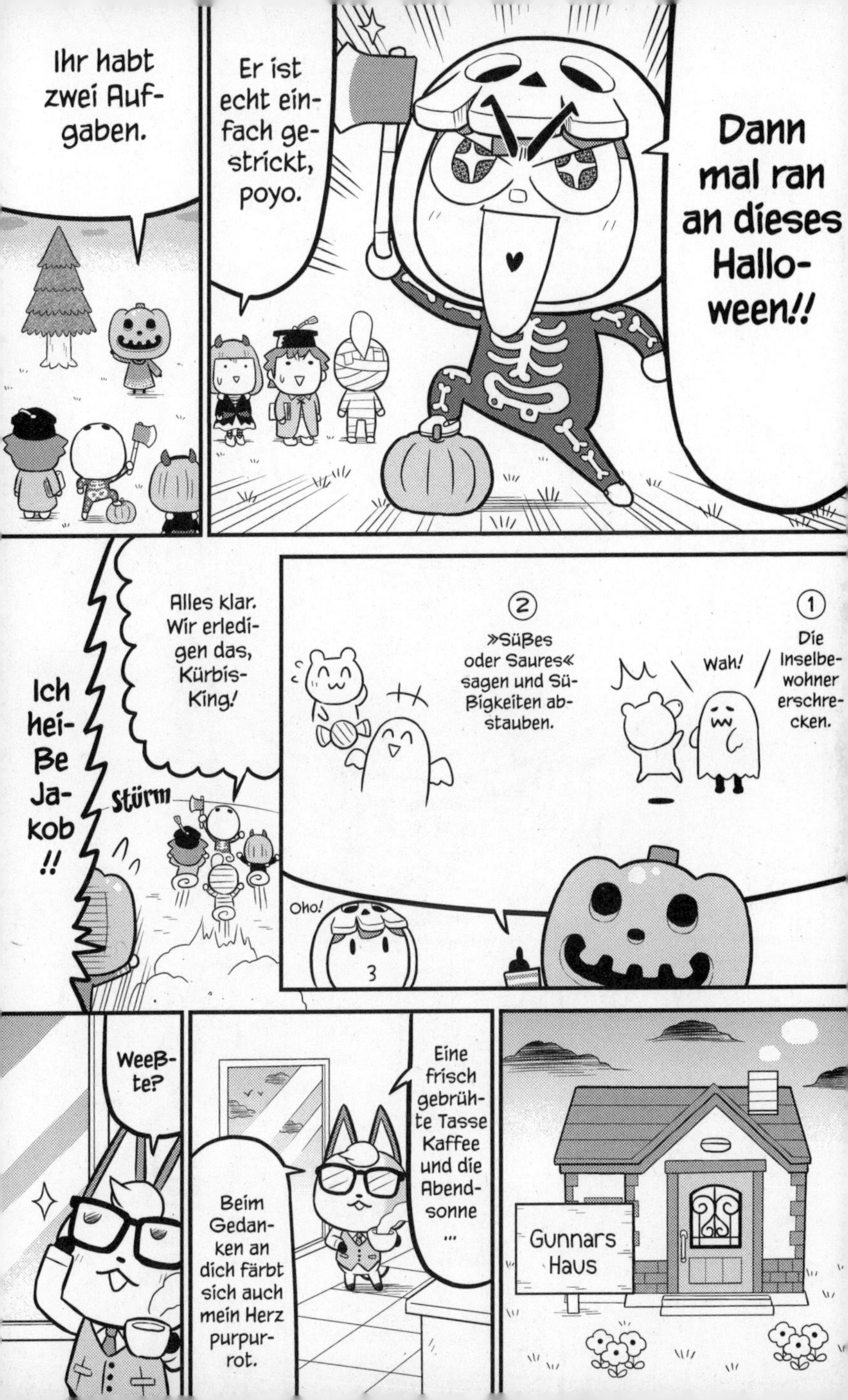

Dann mal ran an dieses Halloween!!
Er ist echt einfach gestrickt, poyo.
Ihr habt zwei Aufgaben.
① Die Inselbewohner erschrecken.
Wah!
② »Süßes oder Saures« sagen und Süßigkeiten abstauben.
Oho!
Alles klar. Wir erledigen das, Kürbis-King!
Stürm
Ich heiße Jakob!!
Gunnars Haus
Eine frisch gebrühte Tasse Kaffee und die Abendsonne …
Beim Gedanken an dich färbt sich auch mein Herz purpurrot.
Weeßte?

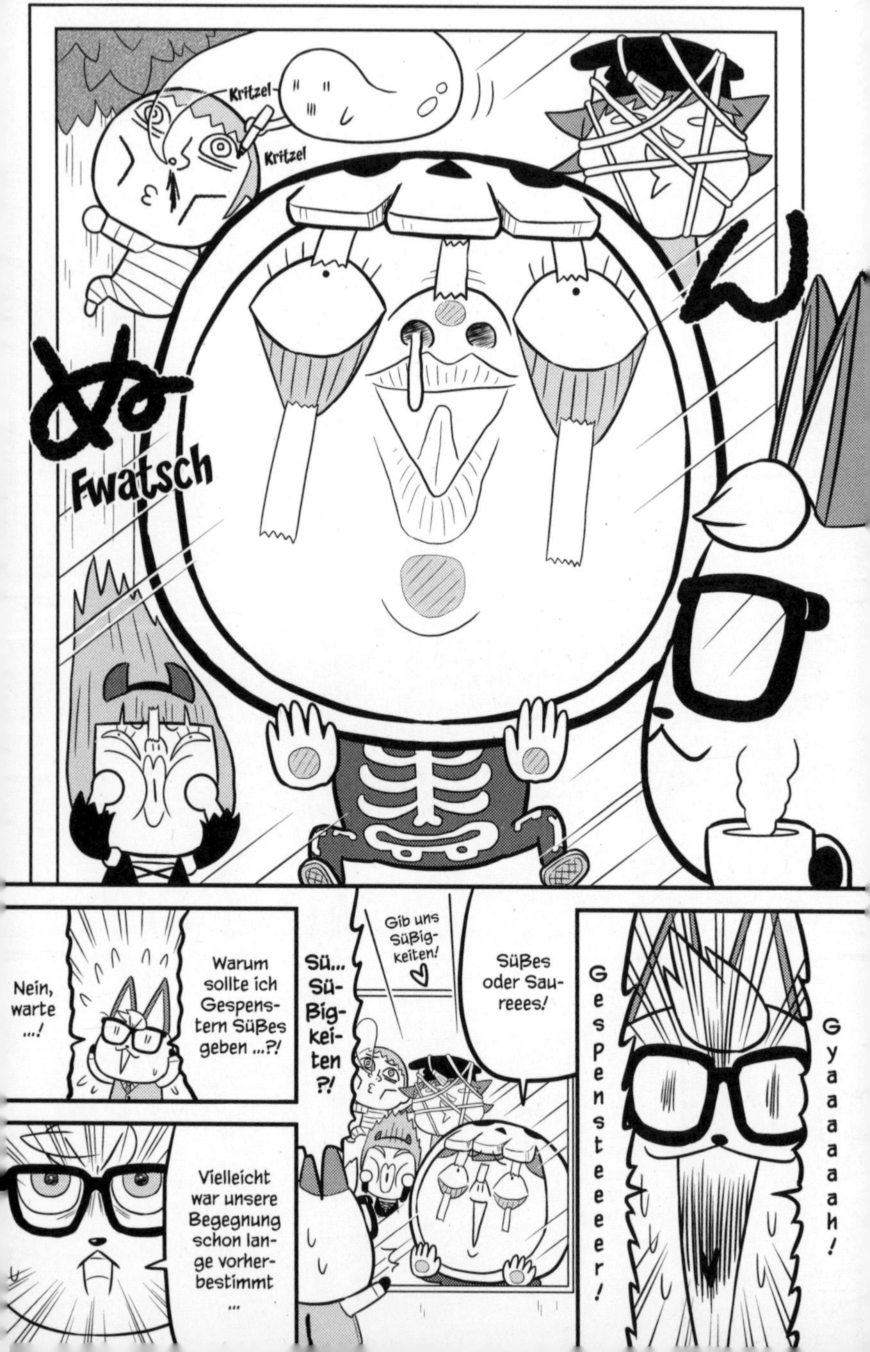
ん
Kritzel
Kritzel
ぬ
Fwatsch
Gyaaaaaah!
Gespensteeeer!
Süßes oder Saureees!
Gib uns Süßigkeiten! ♡
Sü... Sü-ßig-kei-ten?!
Warum sollte ich Gespenstern Süßes geben ...?!
Nein, warte ...!
Vielleicht war unsere Begegnung schon lange vorherbestimmt ...

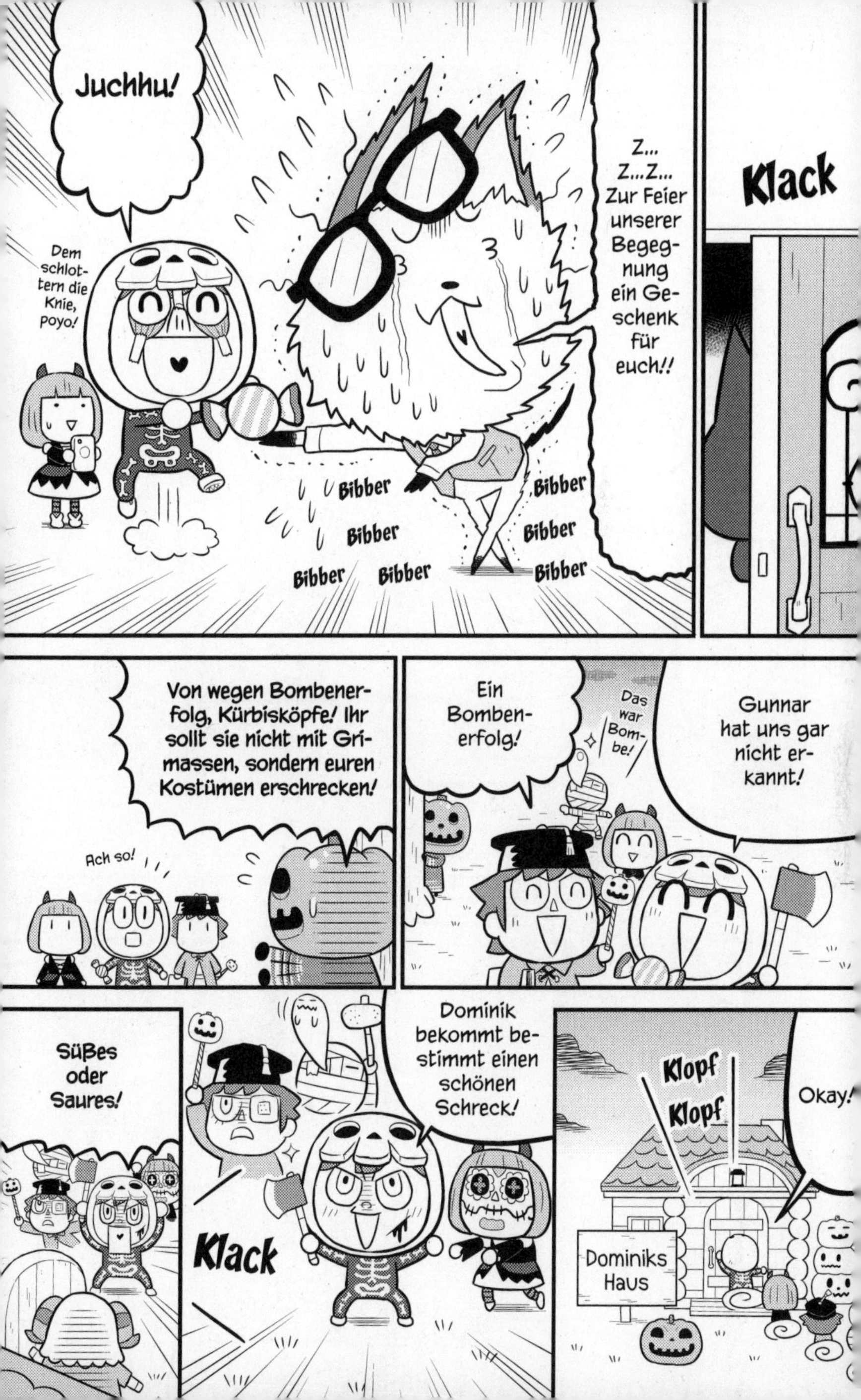

Klack
Z... Z...Z... Zur Feier unserer Begegnung ein Geschenk für euch!!
Bibber
Bibber
Bibber
Bibber
Bibber
Bibber
Juchhu!
Dem schlottern die Knie, poyo!
Gunnar hat uns gar nicht erkannt!
Das war Bombe!
Ein Bombenerfolg!
Von wegen Bombenerfolg, Kürbisköpfe! Ihr sollt sie nicht mit Grimassen, sondern euren Kostümen erschrecken!
Ach so!
Okay!
Klopf
Klopf
Dominiks Haus
Dominik bekommt bestimmt einen schönen Schreck!
Klack
Süßes oder Saures!

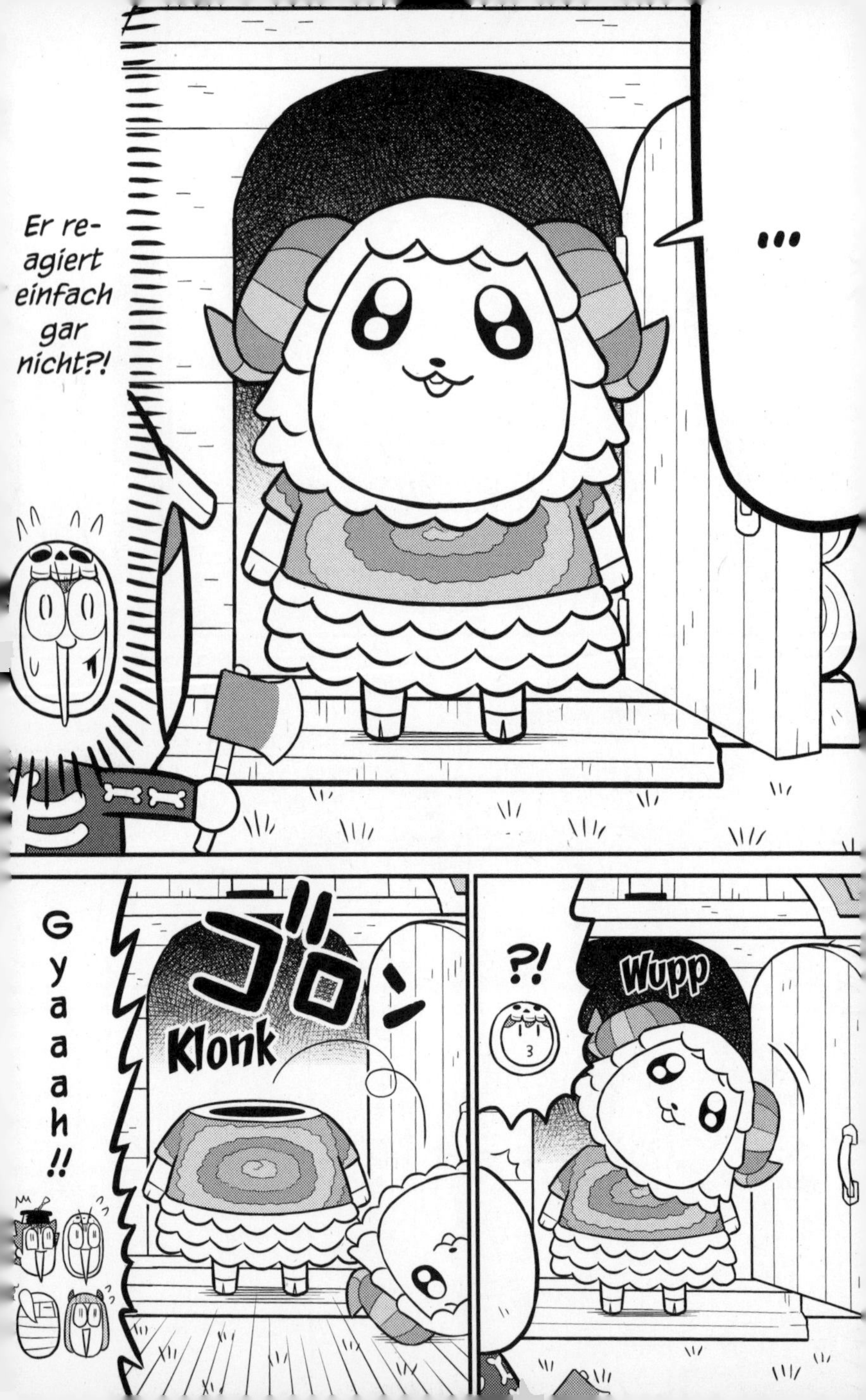
...
Er re-
agiert
einfach
gar
nicht?!
?!
Wupp
Klonk
ゴロン
Gyaaaah!!

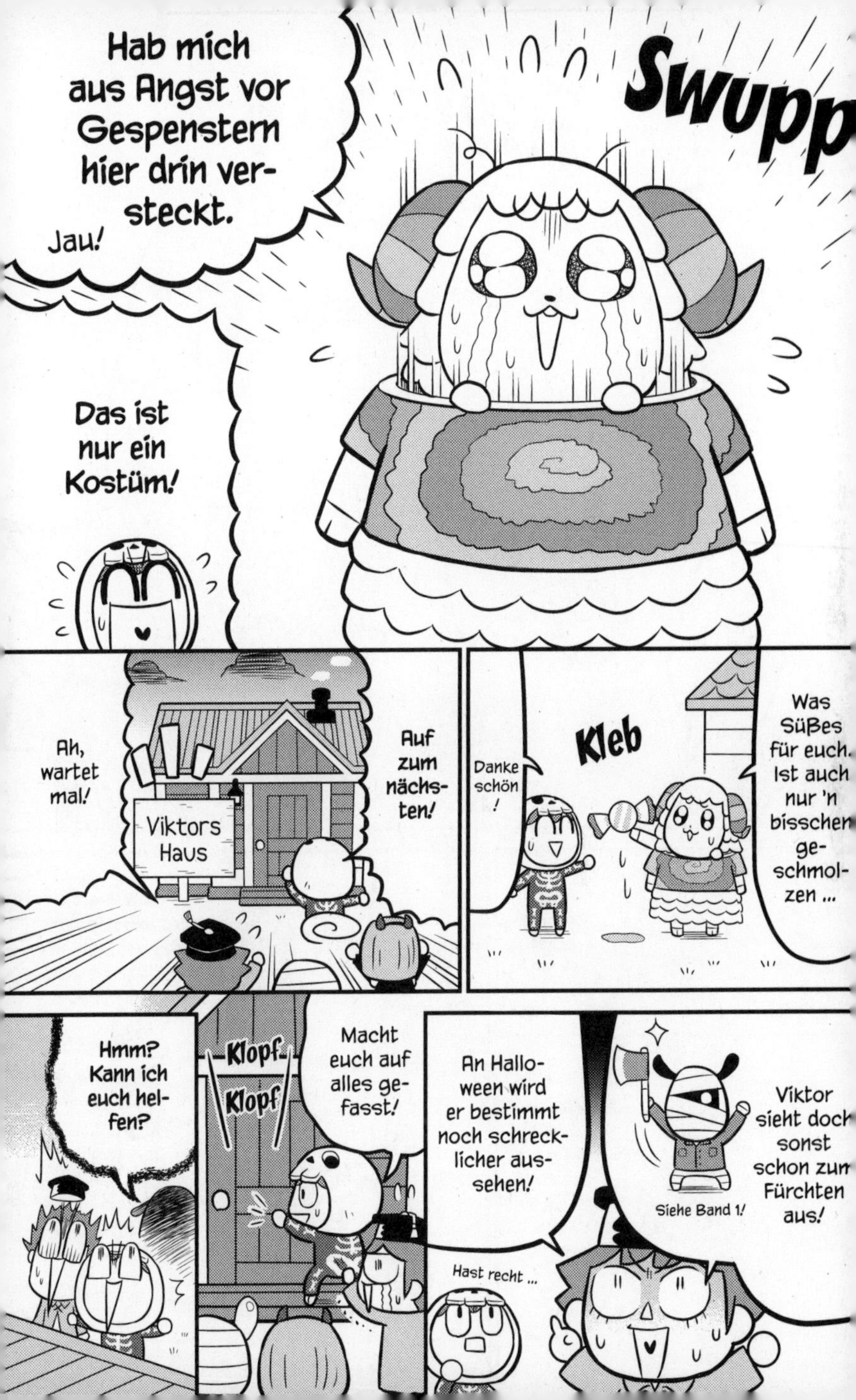
Swupp
Hab mich aus Angst vor Gespenstern hier drin versteckt.
Jau!
Das ist nur ein Kostüm!
Auf zum nächsten!
Ah, wartet mal!
Viktors Haus
Was Süßes für euch. Ist auch nur 'n bisschen geschmolzen ...
Kleb
Danke schön!
Klopf
Klopf
Macht euch auf alles gefasst!
Hmm? Kann ich euch helfen?
Viktor sieht doch sonst schon zum Fürchten aus!
Siehe Band 1!
An Halloween wird er bestimmt noch schrecklicher aussehen!
Hast recht ...

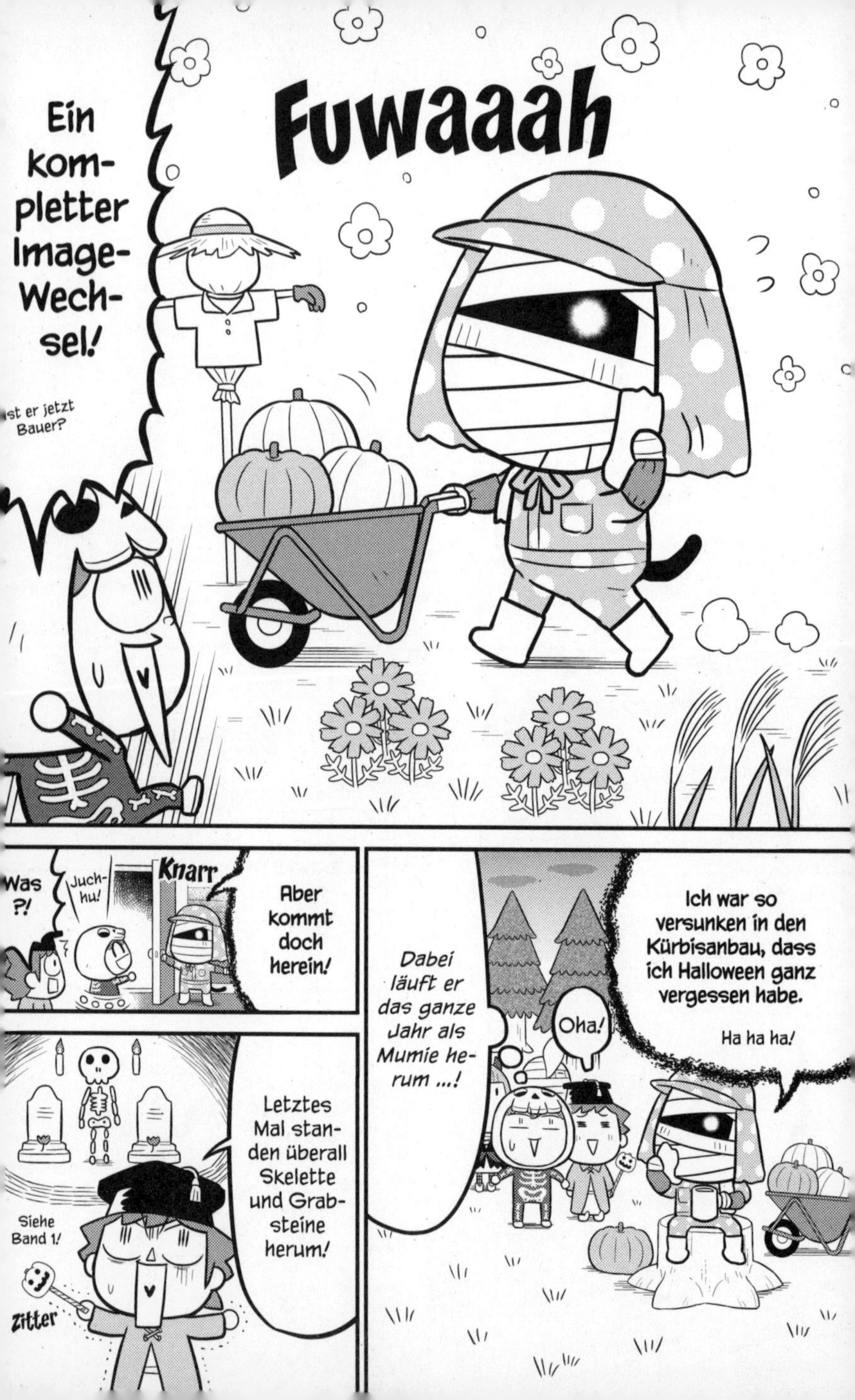
Fuwaaah
Ein kompletter Image-Wechsel!
st er jetzt Bauer?
Ich war so versunken in den Kürbisanbau, dass ich Halloween ganz vergessen habe.
Ha ha ha!
Oha!
Dabei läuft er das ganze Jahr als Mumie herum ...!
Knarr
Aber kommt doch herein!
Juchhu!
Was?!
Letztes Mal standen überall Skelette und Grabsteine herum!
Siehe Band 1!
Zitter

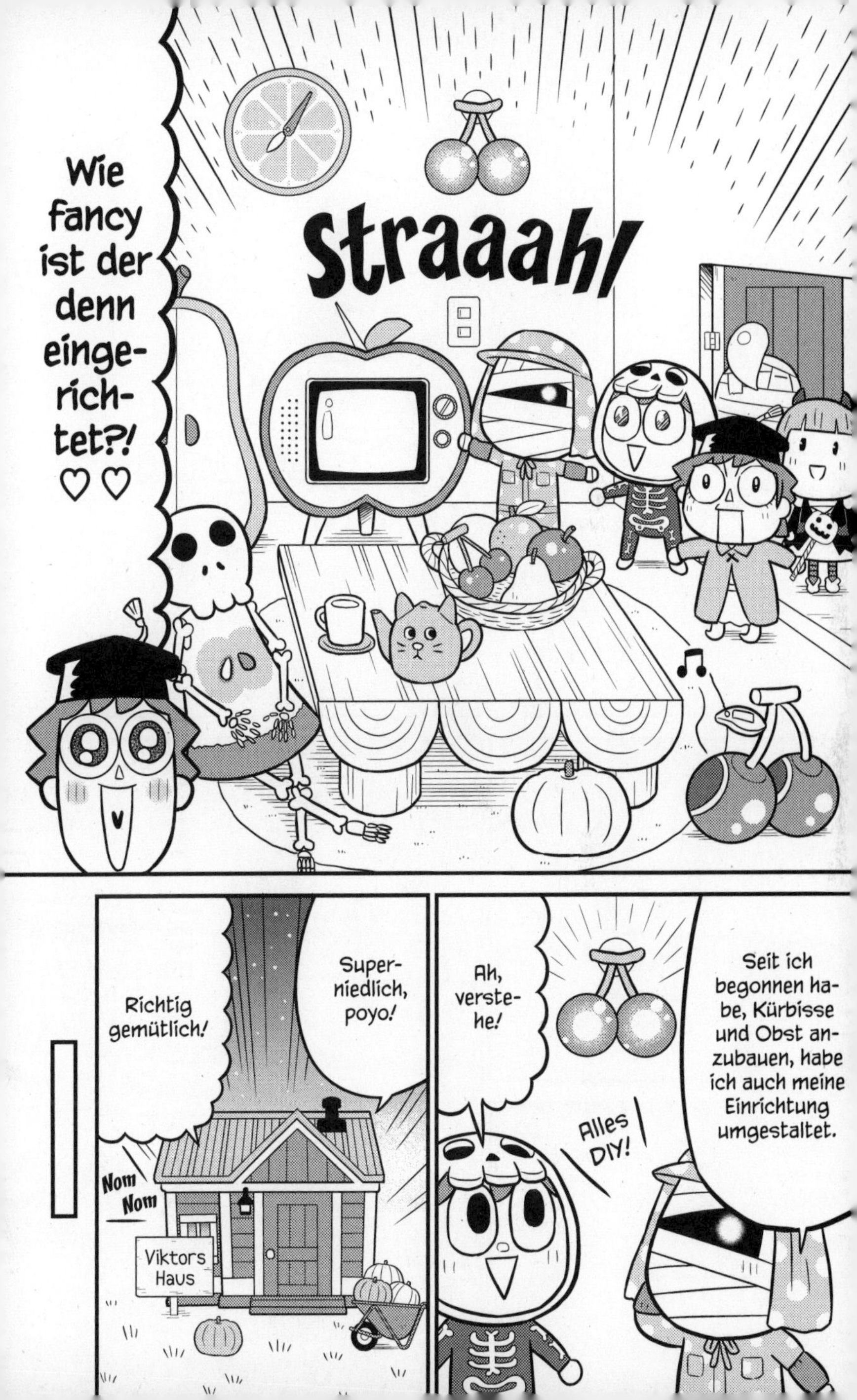
Wie fancy ist der denn einge-rich-tet?! ♡ ♡
Straaah!
Super-niedlich, poyo!
Richtig gemütlich!
Nom Nom
Viktors Haus
Seit ich begonnen ha-be, Kürbisse und Obst an-zubauen, habe ich auch meine Einrichtung umgestaltet.
Ah, verste-he!
Alles DIY!

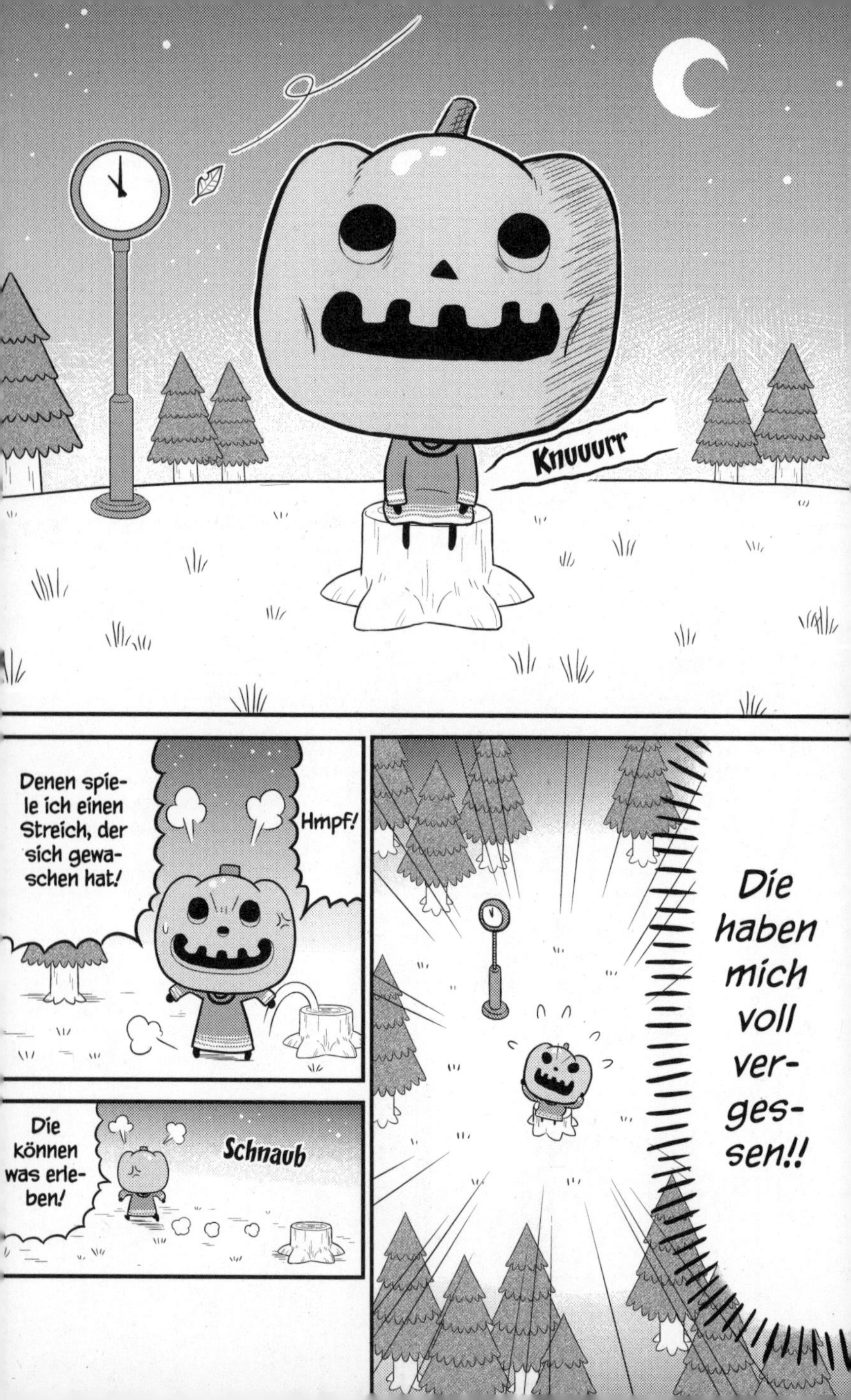
Knuuurr
Denen spiele ich einen Streich, der sich gewaschen hat!
Hmpf!
Die können was erleben!
Schnaub
Die haben mich voll vergessen!!

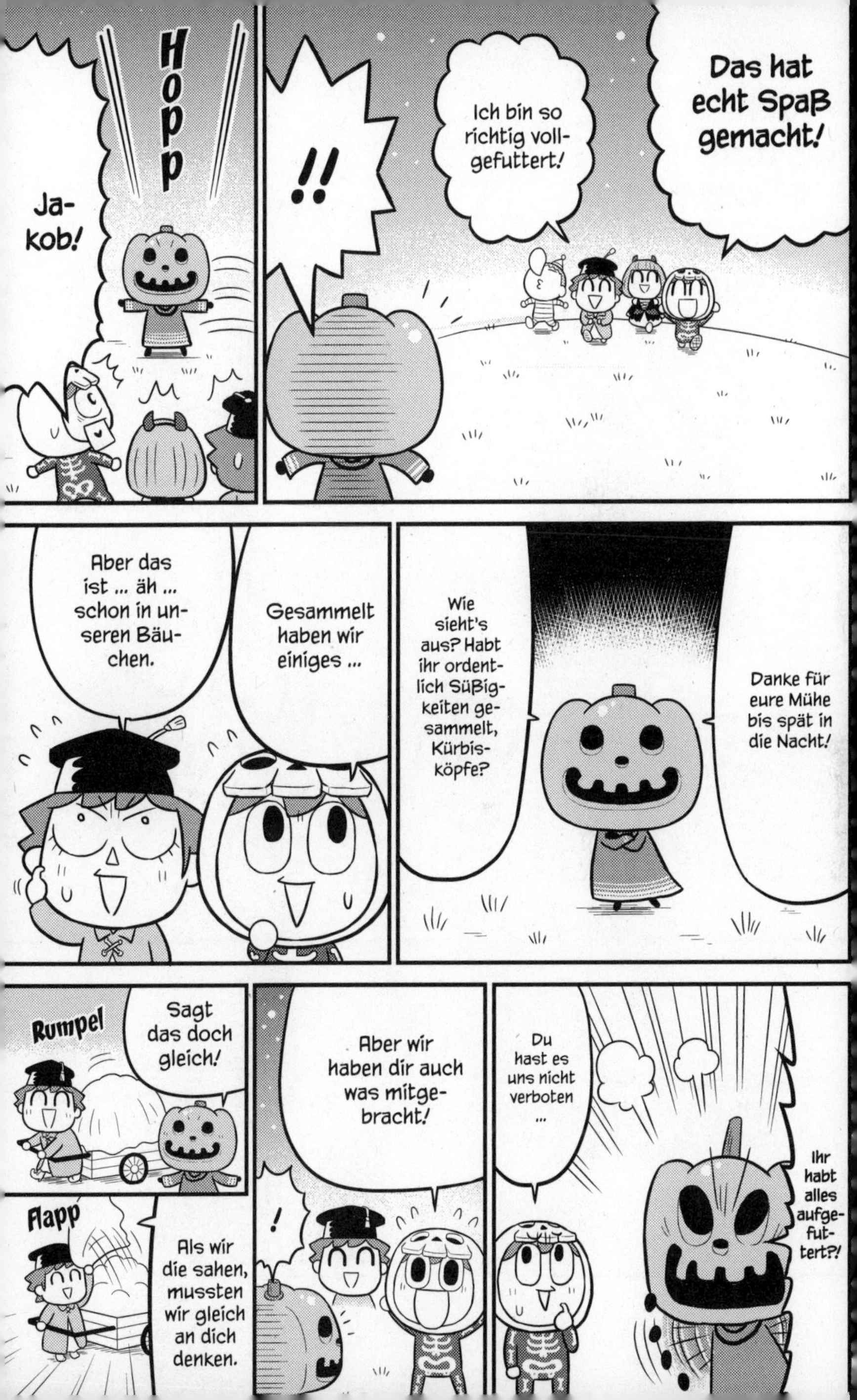
Das hat echt Spaß gemacht!
Ich bin so richtig voll-gefuttert!
!!
Hopp
Ja-kob!
Danke für eure Mühe bis spät in die Nacht!
Wie sieht's aus? Habt ihr ordentlich Süßigkeiten gesammelt, Kürbisköpfe?
Gesammelt haben wir einiges ...
Aber das ist ... äh ... schon in unseren Bäuchen.
Ihr habt alles aufgefuttert?!
Du hast es uns nicht verboten ...
Aber wir haben dir auch was mitgebracht!
!
Sagt das doch gleich!
Rumpel
Flapp
Als wir die sahen, mussten wir gleich an dich denken.

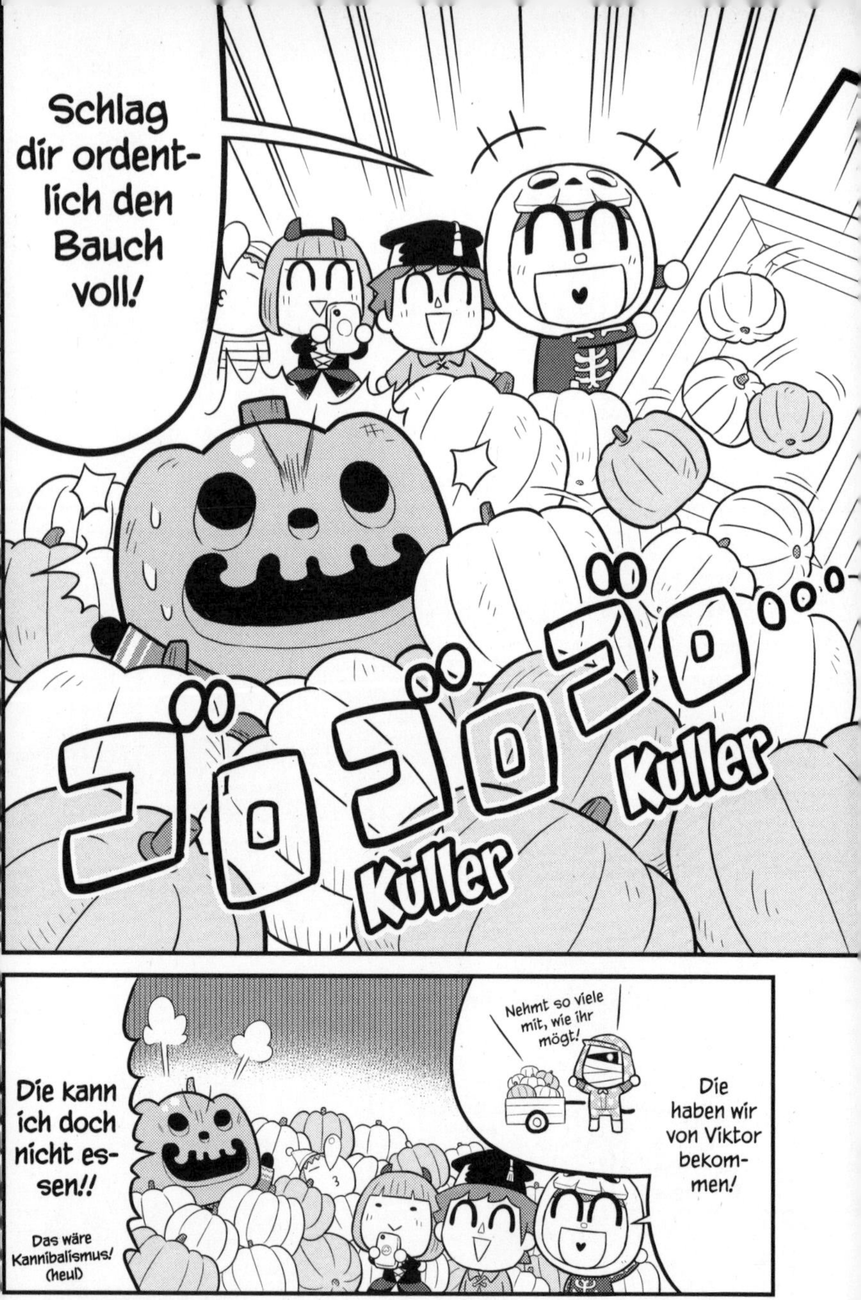

Schlag dir ordent-lich den Bauch voll!
ゴロゴロゴロ・・・
Kuller
Kuller
Die haben wir von Viktor bekom-men!
Nehmt so viele mit, wie ihr mögt!
Die kann ich doch nicht es-sen!!
Das wäre Kannibalismus! (heul)

Bonus-Tagebuch

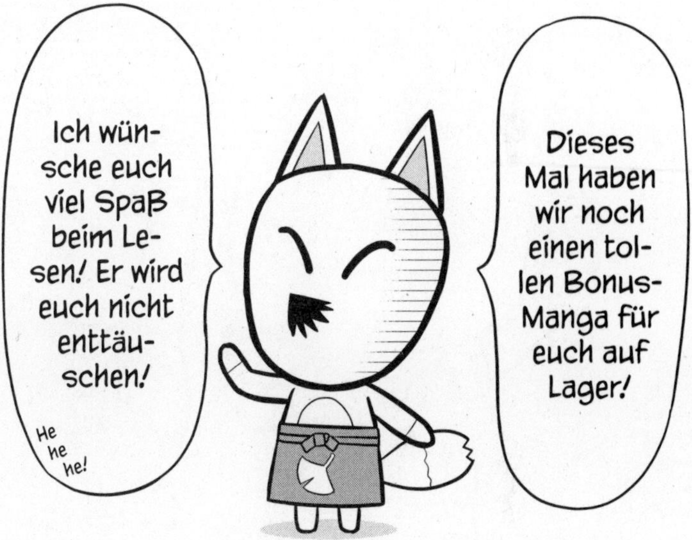

- Rumbas ureigene Vorstellung der Tiere
- Rumbas Animal-Crossing-Tagebuch

Rumbas ureigene Vorstellung der Tiere

Lomeus

Smartphone

Total ramponiert, weil es ständig ins Meer fällt oder von Fischen verschluckt wird.

Beruf

Sieht auf den ersten Blick wie ein Angler aus, ist aber in Wahrheit Fischsammler.

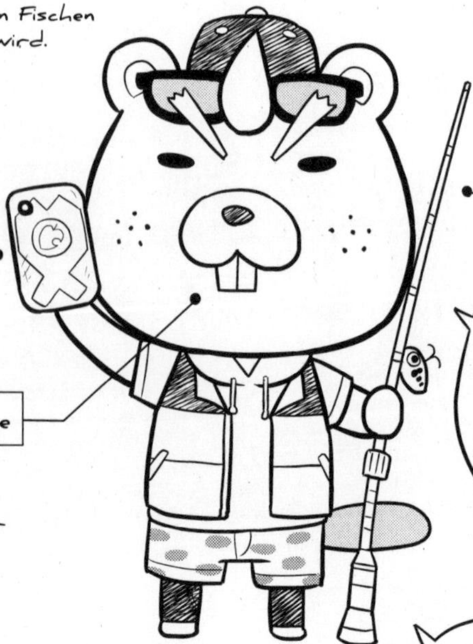

Vorderzähne

Reflektieren gern mal das Blitzlicht der Kamera.

Ich angle gar nicht! Yo!☆

Sammlung

Hat mehr Selfies als Fische gesammelt?!

Die Angelrute benutze ich als Selfie-Stick, um gestellte Angelfotos zu schießen! Yo!☆

Rumbas ureigene Vorstellung der Tiere

Johannes

Wenn du mal traurig bist, denk immer daran: Es gibt Hängematten.

Runde Augen

Scheinen immer nur nach vorn zu sehen, doch tatsächlich hat er die ganze Welt durchschaut!

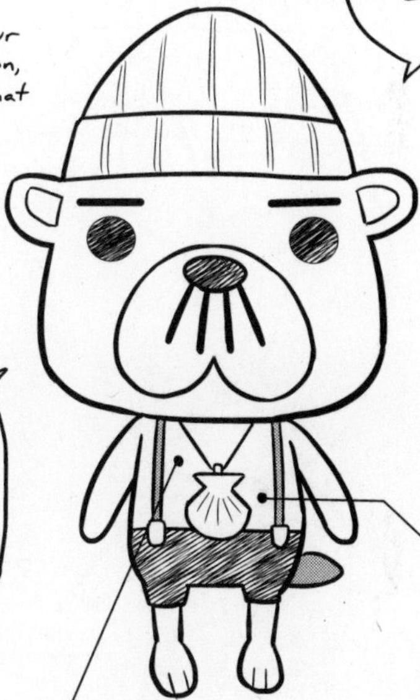

Weisheiten

Kennt er so viele wie Kammmuscheln im Meer.

Katzen sind die Pusteblumen der Tierwelt, Maaann. Ein Windhauch und ihre Haare sind überall!

Kammmuscheln

Viel besser als die Muscheln, die er selbst sammelt, sind diejenigen, die ihm andere geben.

Geheime Gelüste

Manchmal hat er Heißhunger auf Languste.

Nach Verkündung der Weisheit ...

... macht er sich auf zur nächsten Kammmuschel.

Das sind nur Rumbas ganz persönliche Ansichten.

Rumbas ureigene Vorstellung der Tiere

Reiner

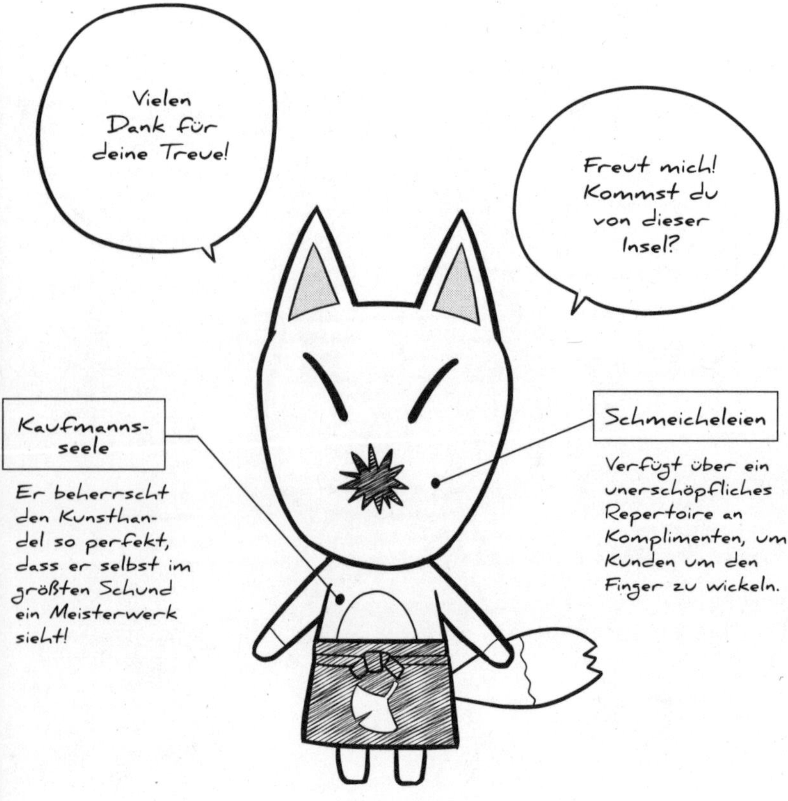

»Tom Nooks Schrei«

Coroyukis Meisterwerk (?) »Tom Nooks Schrei« hat er später offenbar auf einer weit entfernten Insel verkauft …

Rumbas ureigene Vorstellung der Tiere

Melinda

Wendet euch mit allen Fragen ganz unbesorgt an mich!

Hobby: Lesen

Ihr Lieblingsbuch ist »Die Tänzerin von Izu« von Yasunari Kawabata. ♡

Es ist gar nicht so schmalzig, wie man denkt, sondern ziemlich nüchtern erzählt!

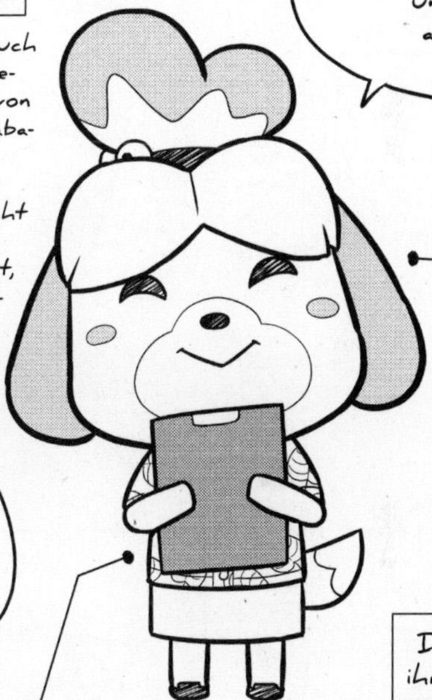

Lächeln

Selbst etwas bissige Kommentare verzeiht man ihr bei diesem Lächeln.

Fünf Sterne!

Das Geheimnis ihrer Frohnatur

Sie liest und schläft auch während der Arbeit … ganz ungeniert!

Auf die Art könnte man selbst 24 Stunden problemlos durcharbeiten!

Sie bewertet nicht nur die Insel?!

Sicher erstellt sie heimlich auch ein Ranking der bestaussehenden Inselbewohner …

Das sind nur Rumbas ganz persönliche Ansichten.

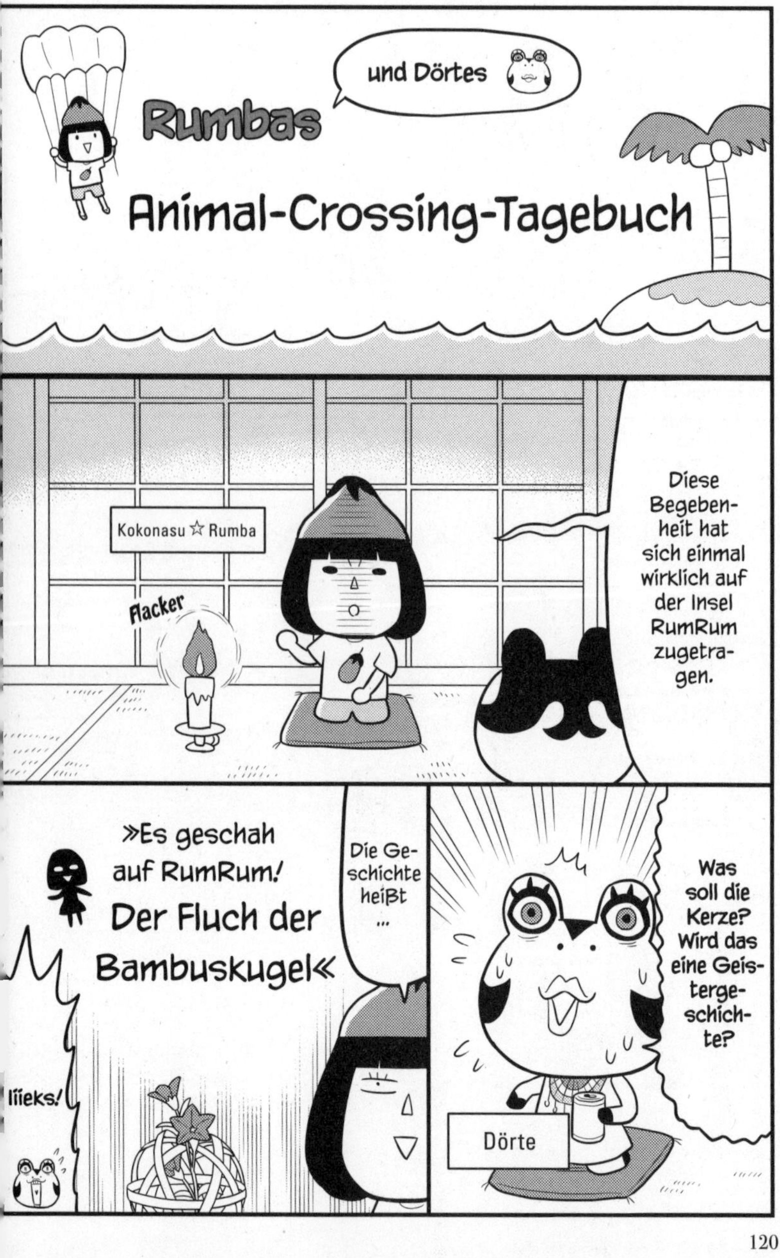
Rumbas
und Dörtes
Animal-Crossing-Tagebuch
Kokonasu ☆ Rumba
Flacker
Diese Begebenheit hat sich einmal wirklich auf der Insel RumRum zugetragen.
Was soll die Kerze? Wird das eine Geistergeschichte?
Dörte
Die Geschichte heißt …
»Es geschah auf RumRum! Der Fluch der Bambuskugel«
Iiieks!

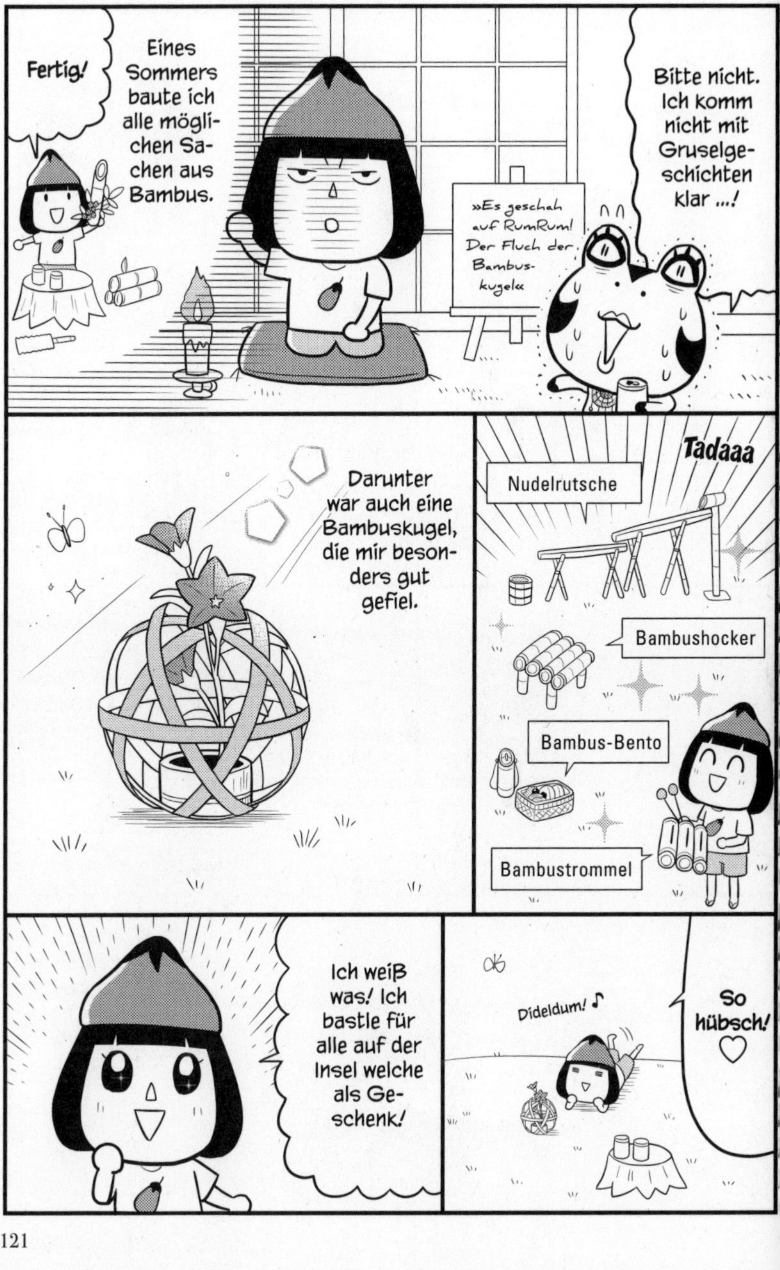
Fertig!
Eines Sommers baute ich alle mögli-chen Sa-chen aus Bambus.
»Es geschah auf RumRum! Der Fluch der Bambus-kugel«
Bitte nicht. Ich komm nicht mit Gruselge-schichten klar ...!
Darunter war auch eine Bambuskugel, die mir beson-ders gut gefiel.
Tadaaa
Nudelrutsche
Bambushocker
Bambus-Bento
Bambustrommel
Ich weiß was! Ich bastle für alle auf der Insel welche als Ge-schenk!
Dideldum! ♪
So hübsch! ♡

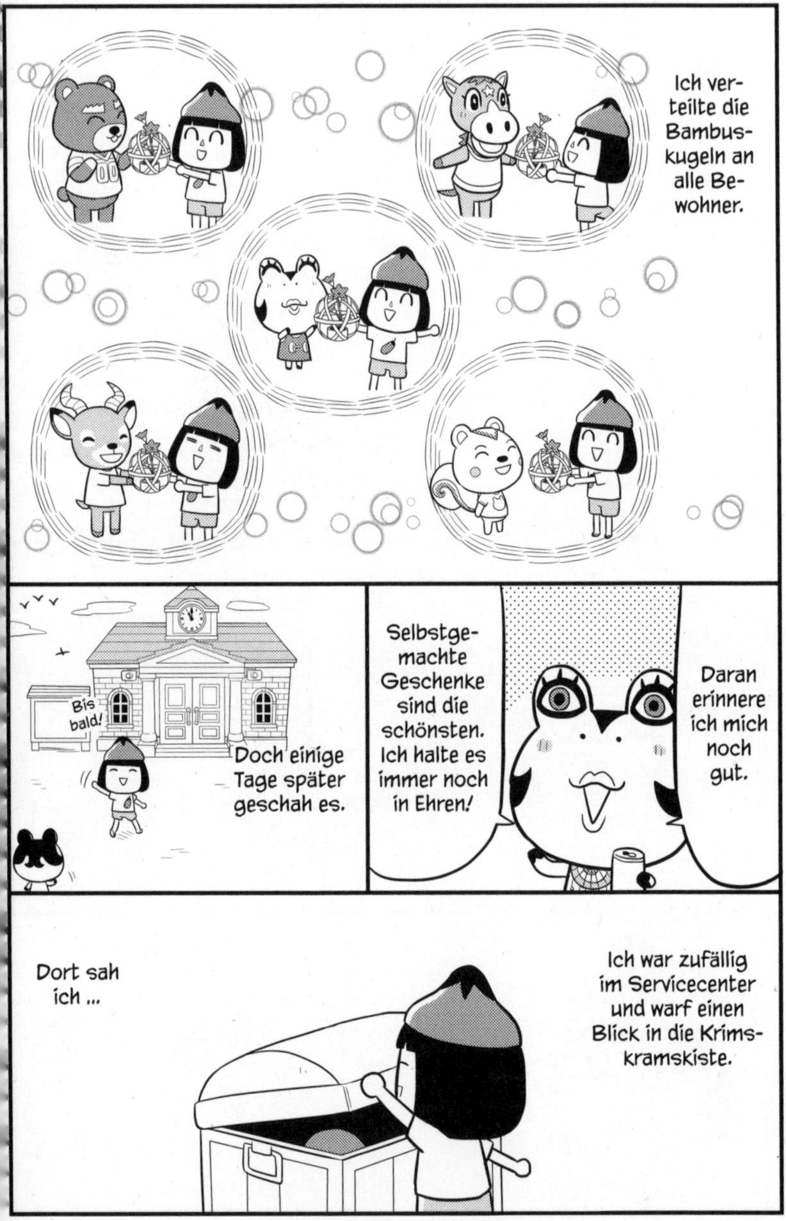
Ich verteilte die Bambuskugeln an alle Bewohner.
Bis bald!
Doch einige Tage später geschah es.
Daran erinnere ich mich noch gut.
Selbstgemachte Geschenke sind die schönsten. Ich halte es immer noch in Ehren!
Ich war zufällig im Servicecenter und warf einen Blick in die Krimskramskiste.
Dort sah ich …

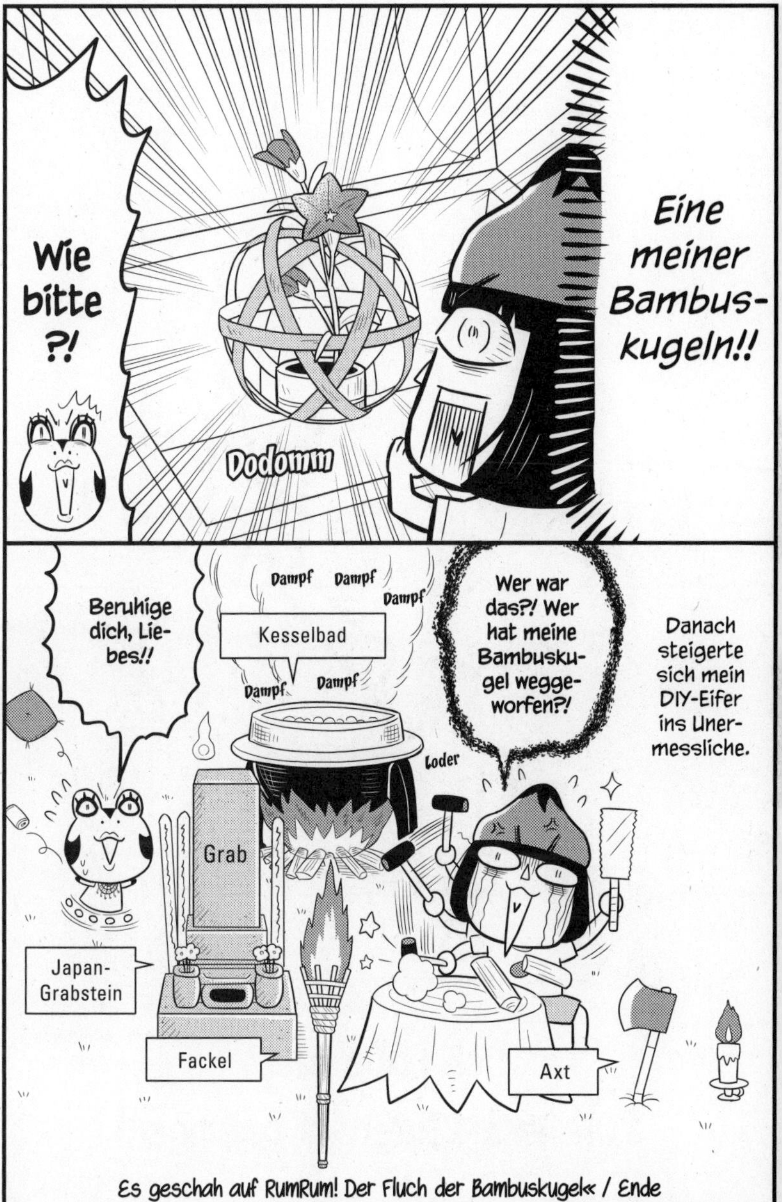

Weiter geht's in Band 3!

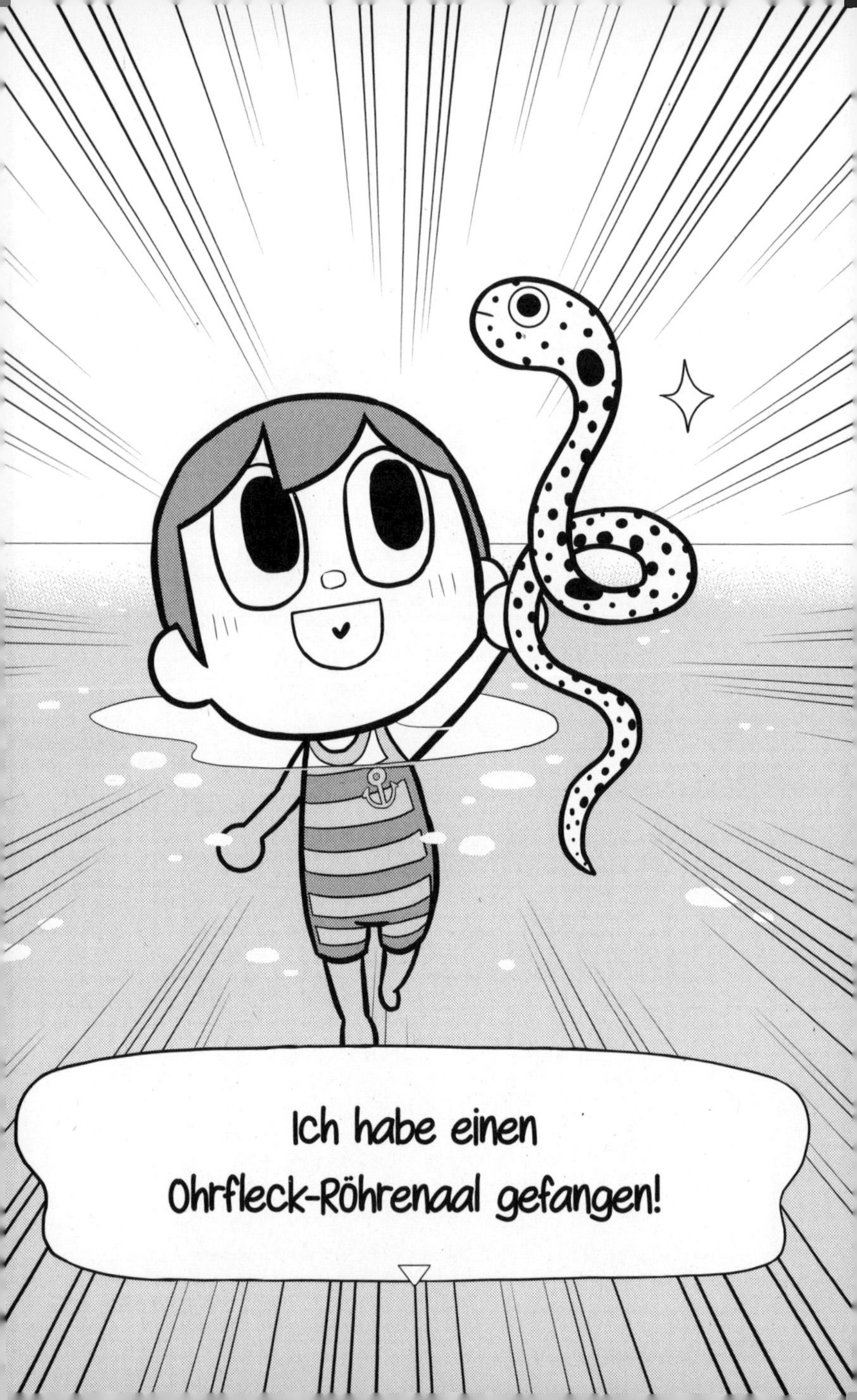
Ich habe einen
Ohrfleck-Röhrenaal gefangen!

Animal Crossing: New Horizons
Turbulente Inseltage
Band 2

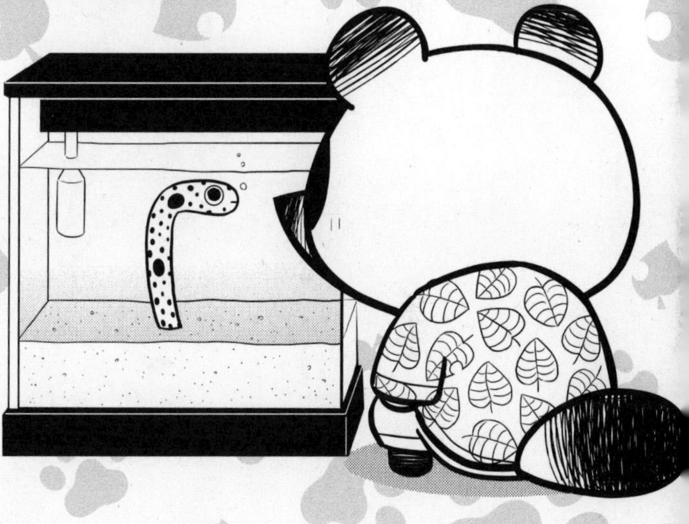

KOKONASU★RUMBA

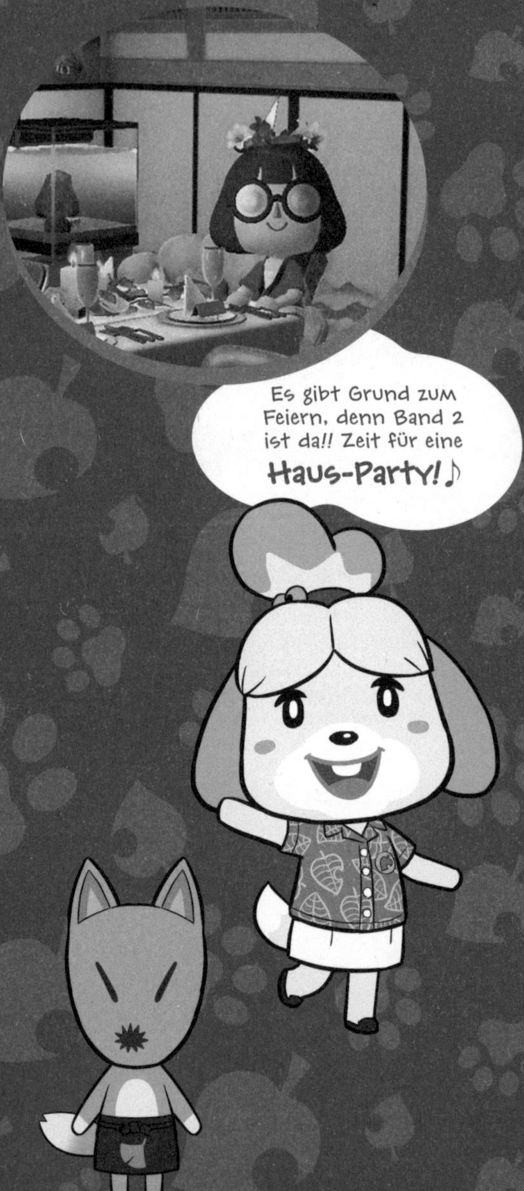

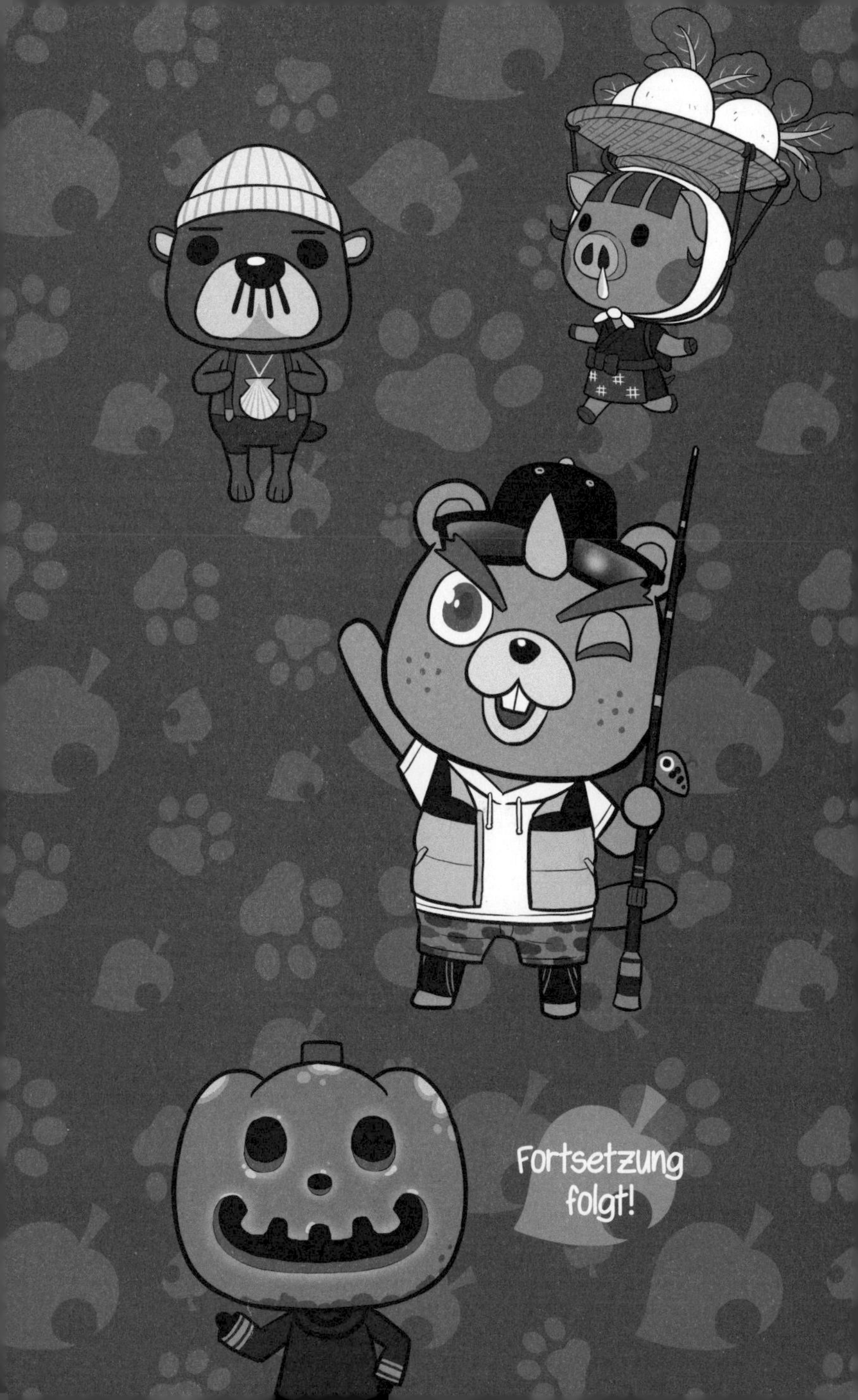
Fortsetzung folgt!

TOKYOPOP GmbH
Hamburg

TOKYOPOP
2. Auflage, 2023
Deutsche Ausgabe/German Edition

Aus dem Japanischen von Miryll Ihrens

ATSUMARE DOBUTSU NO MORI -MUJINTO DIARY- Vol. 2
by KOKONASU☆RUMBA

Original cover design: Takuya KUROSAWA

Redaktion: Benjamin Spinrath
Lettering: Vibrant Publishing Studio
Herstellung: Mathias Neumeyer
Druck und buchbinderische Verarbeitung:
CPI – Clausen & Bosse GmbH, Leck
Printed in Germany

MIX Papier FSC® C083411

Wir achten auf die Umwelt.
Dieses Produkt besteht aus FSC®-zertifizierten und anderen kontrollierten Materialien.

ISBN 978-3-8420-8108-6

www.tokyopop.de